GÉNÉRAL DUCHEMIN

LES

TROUPES COLONIALES

ET LA

Défense des Colonies

PARIS

LIBRAIRIE MILITAIRE R. CHAPELOT ET Cᵉ

IMPRIMEURS-ÉDITEURS

30, Rue et Passage Dauphine, 30

1905

LES
TROUPES COLONIALES

ET LA

Défense des Colonies

PARIS. — IMPRIMERIE R. CHAPELOT ET Cᵉ, 2, RUE CHRISTINE.

GÉNÉRAL DUCHEMIN

LES
TROUPES COLONIALES

ET LA

Défense des Colonies

PARIS

LIBRAIRIE MILITAIRE R. CHAPELOT et Cᵉ

IMPRIMEURS-ÉDITEURS

30, Rue et Passage Dauphine, 30

1905

AVANT-PROPOS

L'œuvre la plus considérable, et même, on peut le dire, la plus glorieuse de la troisième République, est la fondation de notre empire colonial actuel.

Après les longues séries de guerres de la Révolution et du premier Empire, les seules colonies restées en notre possession étaient : les îles de Saint-Pierre et Miquelon, dans l'Atlantique Nord ; les îles de la Guadeloupe, de la Martinique et leurs dépendances, dans la mer des Antilles ; la Guyane française, sur la côte Nord de l'Amérique du Sud ; le Sénégal et quelques établissements sur la côte occidentale de l'Afrique septentrionale ; l'île de la Réunion, dans l'Océan indien, et nous ne possédions plus, dans les Indes, que quelques comptoirs de peu d'importance.

Aux derniers jours de la Restauration, la prise d'Alger ; sous le règne de Louis-Philippe, la conquête des trois grandes provinces de l'Algérie ; le protectorat de la France établi à Tahiti ; sous le second Empire, la conquête et l'occupation de la Nouvelle-Calédonie, de la Cochinchine et du Cambodge ; une première extension de nos possessions au Sénégal et sur la côte occidentale d'Afrique : telle fut, à ses débuts, la marche progressive de notre expansion coloniale.

Mais, depuis 1870, cette marche s'accéléra glorieusement et fructueusement. Nous avons conquis, dans l'Afrique occidentale et centrale, d'immenses territoires. Pénétrant jusqu'au cœur du continent mystérieux, nous tendons à réaliser ce que l'on considérait comme un rêve, il y a quelques années à peine : la jonction de notre Soudan avec nos possessions de l'Algérie ; nous avons augmenté ces dernières du riche protectorat de la Tunisie. Nous avons constitué notre magnifique Union indo-chinoise, en adjoignant à la Cochinchine et au Cambodge les protectorats du Tonkin, de l'Annam et du Laos. Enfin, nous avons fait une colonie française de la grande île de Madagascar.

C'est ainsi que, dans la seconde moitié du dernier siècle, nous avons reconstitué un superbe empire colonial, qu'il serait sans doute sage de ne plus trop agrandir, avant de l'avoir complètement organisé, consolidé, avant qu'une expérience d'une certaine durée ait pu nous faire bien constater les avantages positifs que la métropole peut en tirer en dédommagement des sacrifices considérables d'hommes et d'argent qu'il lui a occasionnés.

Quoi qu'il en soit, nos colonies actuelles forment une partie essentielle de notre territoire national, et le devoir le plus impérieux, imposé à notre *souveraineté*, est d'y maintenir l'ordre à l'intérieur et la sécurité contre les ennemis éventuels à l'extérieur. Il faut, pour arriver à ce double but, entretenir dans ces possessions des forces militaires, une *armée coloniale*.

Quelle a été cette armée dans le passé ? Sur quels principes fondamentaux y a-t-il lieu de baser son organisation normale ? Quelle est-elle ? Que doit-elle être dans l'avenir ? Telle est l'étude que nous allons entreprendre.

PREMIÈRE PARTIE

CHAPITRE PREMIER

Les troupes de la Marine. — Leurs attributions.

Lorsque nos colonies n'étaient que de petites îles et des territoires continentaux peu étendus, leur administration générale,
la charge de leur occupation et de leur défense ressortissait au
ministère de la marine. Une *direction* spéciale, dans ce Département, était chargée des affaires civiles coloniales ; elle suffisait
à sa tâche administrative et politique ; l'état-major général et la
Direction du personnel (avec un *Bureau* spécial des troupes de
la marine) dirigeaient, en même temps que leurs services de la
flotte, l'administration des troupes de la marine, exerçaient le
commandement de celles-ci pour la garde et la défense des colonies.

Mais, sous la troisième République, avec l'accroissement
constant de nos colonies, la *Direction des colonies* prit une importance de plus en plus considérable. Elle fut d'abord érigée
en *sous-secrétariat d'État*, soit au Département de la marine,
soit à celui du commerce, et devint ensuite un nouveau ministère civil.

Pendant ces transformations successives, les troupes de la
marine, occupant les colonies, restaient rattachées au ministère
de la marine, qui conservait la charge de leur organisation, de

leur instruction, de leur discipline ; mais n'en exerçait le commandement que dans les ports de la métropole. Il prêtait les portions de ces troupes employées outre-mer au ministère *civil* des colonies, qui, par une étrange anomalie, endossait la responsabilité de la garde et de la défense des colonies, la direction et le contrôle des opérations militaires et l'administration des troupes.

*
* *

L'extension de notre territoire colonial entraîna progressivement l'accroissement des troupes de la marine appelées à son occupation. A leur organisation, sous Richelieu et sous Colbert, les troupes de la marine (infanterie et artillerie) justifiaient complètement cette appellation. Elles entraient en grande partie dans la composition des équipages des navires de guerre, gardaient les établissements de la marine et étaient de plus destinées aux opérations de débarquements. Elles étaient surtout des corps auxiliaires de la marine, et elles étaient toujours placées sous les ordres et le commandement supérieur des officiers des vaisseaux. Aussi, depuis la seconde moitié du XVIIe siècle jusqu'au règne de Louis-Philippe, et même jusqu'au second Empire, l'historique de l'infanterie et celui de l'artillerie principalement sont ils intimement liés à celui de notre marine militaire. Dans cette période de plus de deux siècles, ces deux armes subirent de nombreuses modifications dans leur organisation. Parfois elles disparurent complètement ; parfois elles furent fusionnées en régiments mixtes comprenant, avec des compagnies de fusiliers, des compagnies de canonniers et de bombardiers.

Il serait long, et il ne nous paraît pas bien utile, d'exposer ici le rôle (quoi qu'il ait été souvent glorieux) joué par les fusiliers et les canonniers de la marine sous les règnes de Louis XIII, Louis XIV, Louis XV, Louis XVI, sous la première République, le premier Empire, sous la Restauration et sous la monarchie de Juillet. Nous nous contenterons de dire que, depuis le règne de Louis-Philippe jusqu'à aujourd'hui, chaque année, presque chaque jour, les troupes de la marine ont tenu avec honneur notre drapeau national sur quelque point du globe en l'arrosant abondamment de leur sang généreux.

Sous la monarchie de Juillet, c'est la prise de Mogador, les combats livrés en Océanie pour assurer notre protectorat à Tahiti ; sous le second Empire, c'est la conquête de la Nouvelle-Calédonie, l'extension de notre colonie du Sénégal, les campagnes de Crimée, de la Baltique, d'Italie, du Mexique, de Chine, de Cochinchine et du Cambodge. On ne peut oublier l'héroïsme de la division Vassoigne à Bazeilles, ni les services rendus par les troupes de la marine aux armées de Paris, de la Loire, de l'Est et du Nord ; sous la troisième République, enfin, leurs longues et dures campagnes au Tonkin, en Annam, au Cambodge, à Formose, au Soudan, au Dahomey, à Madagascar.

Les *vieilles* troupes de la marine ont engendré la *jeune* armée coloniale ; celle-ci, nous n'en doutons pas, sera digne de son origine.

CHAPITRE II

Motifs de la création d'une armée coloniale. — Nécessité de la spécialisation des troupes coloniales. — Bases sur lesquelles il y a lieu d'édifier l'organisation des troupes coloniales. — Détermination des effectifs des troupes coloniales. — Troupes coloniales indigènes. — Autonomie de l'armée coloniale.

Les motifs qui ont amené l'opinion publique et déterminé le Parlement à organiser une armée spéciale pour le service des colonies ont été les suivants :

1° Les troupes de la marine ne pouvaient plus être maintenues dans les attributions du ministère de la marine, qui n'avait plus à les employer dans les équipages de ses vaisseaux, ni dans les colonies où il n'était plus chargé de la responsabilité et de la direction de leurs opérations.

Ces troupes constituaient bien encore, en temps de paix, une *partie* des garnisons des ports militaires; mais, en temps de guerre, ceux-ci rentraient dans la même catégorie que les autres places du territoire, devaient être gardés et défendus par des troupes de seconde ligne, sous le commandement supérieur du général de l'armée dans la zone d'opérations de laquelle ils seraient placés.

Enfin la marine a, dans son personnel spécial, des fusiliers et des canonniers-matelots, qui, à bord des navires de guerre, feraient double emploi avec des fusiliers et des canonniers des troupes de terre;

2° Il fallait nécessairement pourvoir à l'occupation militaire de nos colonies et pays de protectorat, et l'on ne pouvait plus le faire qu'à l'aide d'une *armée spéciale*, puisque la loi du 15 juillet 1889 sur le recrutement de l'armée édictait formellement que les troupes destinées à servir aux colonies ne seraient à l'avenir composées que de volontaires, engagés et rengagés.

Conformément aux lois antérieures de recrutement, les contingents destinés à la marine étaient fournis par les *bas numéros* du tirage au sort dans chaque classe. Les familles redoutaient de voir leurs enfants désignés par le hasard pour aller servir dans des pays lointains dont l'insalubrité, bien que réelle, était le plus souvent fort exagérée. Pour beaucoup de nos compatriotes, aller aux colonies, aux *Iles*, comme on disait autrefois, c'était aller à la mort. Aussi une grande majorité dans le pays réclamait-elle instamment la suppression de l'affectation des *bas numéros* au contingent de la marine et demandait-elle que les troupes appelées à servir aux colonies ne fussent plus composées que de volontaires, engagés et rengagés. Cette disposition fut sanctionnée par la loi de 1889 sur le recrutement ;

3° De plus, la même loi fixait à trois ans la durée du service actif dans l'armée. Pour ne pas augmenter dans de trop fortes proportions les dépenses de l'État, il est indispensable de porter à deux, trois ou quatre ans, suivant la plus ou moins grande rigueur du climat, la durée consécutive du séjour dans les colonies, sans compter, dans ce temps, celui des voyages aller et retour. On ne peut expédier les jeunes soldats aux colonies où, dès leur débarquement, ils peuvent être contraints de participer à des marches et à des combats, sans leur avoir donné au préalable une instruction militaire suffisante et les avoir soumis à un entraînement progressif, exigeant un apprentissage d'un an environ dans les garnisons de la métropole. Il serait donc parfois difficile, très souvent impossible, de recruter les troupes destinées au service des colonies parmi les contingents appelés à être maintenus trois ans seulement sous les drapeaux.

*
* *

Les anciennes troupes de la marine ne répondant plus aux besoins actuels de l'occupation et de la défense des colonies, et ne pouvant plus être recrutées de la même manière que les troupes de l'armée métropolitaine, il y a lieu d'examiner sur quelles bases fondamentales on doit édifier l'organisation nouvelle de troupes essentiellement coloniales.

L'armée coloniale doit constituer une partie distincte dans l'ensemble de notre armée nationale de terre, être une grande unité *spéciale et autonome*.

Elle a, en effet, un rôle particulier à jouer, celui d'occuper et de défendre les colonies et d'effectuer des expéditions lointaines en dehors du continent de la métropole.

Le service militaire dans nos colonies, en temps de paix comme en temps de guerre, exige, chez les chefs et les soldats, des aptitudes et des connaissances particulières.

De cruelles et encore récentes expériences démontrent à quelles pertes aussi inutiles que regrettables on expose des jeunes troupes métropolitaines en les enlevant tout d'un coup à la vie de garnison d'Europe pour les faire marcher et combattre dans les dures régions intertropicales.

Il est reconnu, d'une manière générale, que seuls les hommes faits, dont le développement physique est achevé, sont en état de s'acclimater dans les pays chauds, de combattre le paludisme et l'anémie.

Et, néanmoins, ces hommes, sauf de bien rares exceptions, ont encore besoin de revenir en France pendant quelque temps, après deux, trois ou quatre ans de la dure vie militaire aux colonies, pour retremper à l'air natal leurs forces physiques et morales, refaire leur instruction militaire quelque peu oubliée dans les marches et les détachements, reprendre les habitudes du tact des coudes, de la cohésion, de l'exacte et complète discipline.

Il suit de là que l'armée coloniale doit comprendre : aux colonies, des troupes européennes spéciales; en France, de grands *dépôts*, pour assurer la *relève*, pour refaire l'instruction et l'éducation des anciens militaires revenant des colonies, et faire celle des nouveaux incorporés allant relever les anciens.

L'armée coloniale étant destinée à combattre à terre et non sur mer, étant formée des mêmes armes que l'armée métropolitaine, mais ayant un service spécial et un mode particulier de recrutement pour les troupes, doit constituer une partie distincte et autonome dans le grand ensemble de l'armée de terre.

Le nombre des unités européennes de l'armée coloniale et les effectifs de chacune d'elles doivent être fixés de façon :

1° A assurer, en temps de paix et en temps de guerre, la garde et la défense de notre domaine colonial ;

2° A pourvoir à toutes les exigences de la relève de la troupe et des cadres ;

3° A conserver de plus dans la métropole une force minimum d'une division, toujours organisée avec tout son personnel, son matériel, ses munitions et ses approvisionnements, prête à être expédiée du jour au lendemain, pour une destination lointaine quelconque.

Dans des éventualités comme les affaires d'Égypte, de Madagascar, de Chine, quels services inappréciables aurait rendus et pourrait encore rendre dans l'avenir une telle *réserve coloniale !* On ne serait plus obligé, à un moment donné, de porter la moindre atteinte au système compliqué et délicat de la mobilisation générale de notre armée, ou de créer à la hâte des unités de marche, dont les éléments, puisés un peu partout, font perdre un temps précieux pour les réunir, sont disparates et ne sont susceptibles d'acquérir que lentement cette cohésion nécessaire aux corps de troupe, surtout au début d'une campagne ;

4° Il faut, enfin, déterminer le nombre des unités à entretenir en France et leurs effectifs, en raison de l'instruction des soldats et des cadres d'officiers et de sous-officiers des corps européens et indigènes aux colonies.

*
* *

Composer l'armée coloniale avec des éléments européens seulement, imposerait à la métropole des sacrifices beaucoup trop considérables en hommes et en argent.

L'expérience nous a montré que, dans nos grandes et nouvelles possessions, il était possible de créer des corps de troupes indigènes. Ces corps, instruits et commandés par des officiers et des sous-officiers européens, ont donné, maintes fois déjà, les preuves de leur fidélité et de leur valeur.

Il ne faudrait pas s'imaginer pourtant qu'il fût possible de composer les garnisons des colonies avec des corps indigènes seulement. Il est absolument certain que, sans de bons cadres européens, sans l'appui de troupes européennes, les corps indigènes perdraient vite, en même temps que leur loyalisme, leurs qualités actuelles et leur valeur réelle. Qu'il s'agisse de Sénégalais, de Malgaches, d'Annamites, les officiers les plus expérimentés ayant exercé des commandements en Afrique, à Madagascar, en Indo-Chine, reconnaissent qu'il ne serait pas prudent, dans la fixation des forces militaires à entretenir dans ces colonies, de dépasser la proportion de trois indigènes pour un Européen.

*
* *

Comment faut-il envisager ce qualificatif *autonome*, que nous avons déjà plusieurs fois attribué à l'armée coloniale?

L'armée coloniale ayant un recrutement particulier, un régime propre, un service spécial de paix et de guerre, s'accomplissant dans des conditions climatériques plus ou moins redoutables, l'armée coloniale, disons-nous, doit avoir une éducation, des traditions, acquises et augmentées par une expérience continue, se transmettant de proche en proche à tous les degrés de la hiérarchie. Dans chaque unité il faut, à tous les grades, que les nouveaux venus dans la vie militaire coloniale puissent être éduqués, guidés, soutenus par leurs anciens, qui ont précédemment pris l'habitude de cette vie, de ses multiples dangers, de ses nombreuses souffrances.

Cela ne veut certainement pas dire que les corps de l'armée coloniale doivent être complètement *fermés*, qu'il soit impossible d'en sortir une fois qu'on y est entré, ou d'y pénétrer à un moment donné avec un grade quelconque obtenu dans les corps similaires de l'armée métropolitaine. Il est avantageux, au contraire, de permettre à des officiers et à des sous-officiers qui, après un certain temps de service, ne sont plus dans de bonnes conditions physiques pour continuer leurs services aux colonies de ne pas être perdus, à cause de cela, pour les forces militaires du pays, et de voir leur carrière prématurément arrêtée ou terminée. Il doit donc leur être permis de continuer l'exercice de leur profession dans l'armée métropolitaine, où ils apporteront leurs qualités acquises, leur énergie morale, leur esprit d'initiative. De même il se trouve dans l'armée métropolitaine, parmi les officiers et les sous-officiers, des hommes au tempérament énergique et aventureux qui risquent de s'énerver, de s'amoindrir dans la monotonie de la vie de garnison. Ces hommes se sentent attirés vers les perspectives séduisantes des choses nouvelles et inconnues. Ils sont en réalité très aptes à rendre et ont effectivement rendu des services utiles et souvent brillants dans les troupes coloniales.

Par conséquent, s'il faut conserver à l'armée coloniale le principe fondamental de l'autonomie à tous les degrés de la hiérarchie, et principalement aux degrés supérieurs, il convient néanmoins de laisser les portes de cette armée entr'ouvertes, ainsi que celles de l'armée métropolitaine, afin de laisser à quelques membres de ces deux armées un *accès possible et mesuré* de l'une à l'autre.

En apportant certains tempéraments dans le principe de l'autonomie, il convient donc de rester dans une prudente réserve, afin que l'instruction et l'éducation spéciales, les traditions, nécessaires aux corps coloniaux, s'y maintiennent et s'y perpétuent.

*
* *

D'autres raisons encore militent en faveur de l'autonomie des troupes coloniales. L'avancement, dans ces troupes, est parfois plus rapide que dans les troupes métropolitaines; mais pourquoi? Parce que les pertes y sont plus nombreuses. N'est-il donc pas équitable que leurs membres profitent seuls des vides créés dans leurs rangs par le feu de l'ennemi et les maladies endémiques ou épidémiques des pays tropicaux? Et, d'autre part, ne serait-ce pas également faire œuvre d'injustice et de favoritisme que de permettre à certains officiers de l'armée métropolitaine de faire de courts passages dans l'armée coloniale pour y acquérir rapidement des grades et des décorations, au détriment des camarades qui, pour une raison ou pour une autre, restent toute leur vie dans les mêmes cadres.

Aux colonies, les nécessités de l'occupation exigent souvent l'emploi, dans des petits postes assez éloignés les uns des autres, de détachements d'une compagnie, d'un peloton, parfois même d'une section. Il est le plus souvent impossible d'affecter un médecin à chacun de ces postes ; leurs commandants, officiers ou sous-officiers, ont alors le devoir de soigner leurs soldats malades. On leur délivre, à cet effet, quelques médicaments ; mais, pour faire de ces médicaments un utile usage, ils ont besoin de l'expérience qu'ils ont acquise par eux-mêmes ou qui leur a été inculquée par leurs anciens.

Ce sont surtout les officiers supérieurs et généraux, qui ont le plus grand besoin, pour s'acquitter utilement de leurs fonctions, de la connaissance des choses de la vie militaire aux colonies, acquise dans les grades inférieurs, en ce qui concerne les besoins de leurs soldats, les mœurs, les habitudes de combattre des populations indigènes, et la juste mesure des efforts qu'ils doivent demander aux troupes européennes à cause des rigueurs du climat, des difficultés et des diversités des terrains.

Nous ne nous imaginons pas bien un officier général, ayant fait toute sa carrière en Europe, transporté subitement en Indo-Chine pour diriger de suite une opération militaire dans les hautes régions du Tonkin, aux frontières de la Chine. Malgré toute sa valeur, il manquerait certainement de compétence.

D'un autre côté, si les principes généraux de la stratégie et de la tactique sont les mêmes partout, — si les opérations aux colonies peuvent être considérées comme des cas particuliers des *petites opérations* de la guerre en Europe, — il n'en est pas moins vrai que la pratique des campagnes coloniales peut être une assez mauvaise préparation à la direction des grandes masses en Europe, dans des guerres entre nations également civilisées.

Peu habitués aux défaites, nous avons été stupéfiés par les désastres de 1870. A peine remis de notre douloureuse surprise, nous avons cherché les causes de notre fortuite infériorité ; on en a indiqué d'assez nombreuses, plus ou moins justifiées, et inspirées en grande partie par les passions politiques. Leur examen, même sommaire, nous entraînerait loin de notre sujet ; nous nous contenterons d'en citer une seule qui paraît s'y rattacher un peu.

On a dit que les campagnes de la conquête de l'Algérie

avaient été une fort mauvaise école pour nos officiers généraux, et que les habitudes des petites opérations de la guerre africaine, le maniement de petites colonnes, leur avaient fait perdre de vue et négliger l'étude de la grande guerre, l'habile utilisation de ces nombreuses agglomérations de troupes constituant les armées modernes en Europe. Cette assertion a peut-être quelque valeur. Nous ferons toutefois remarquer que les officiers supérieurs et généraux de l'armée coloniale d'aujourd'hui ont les mêmes origines que ceux de l'armée métropolitaine; que beaucoup ont suivi avec succès l'enseignement de l'École supérieure de guerre, et qu'ils ont pris part aux grandes manœuvres d'automne à la tête de leurs troupes. Les officiers et soldats coloniaux reçoivent donc la même instruction théorique et pratique que les officiers et soldats métropolitains ; mais, de plus, les premiers ont sur les seconds un avantage qui n'est pas absolument négligeable, celui d'avoir reçu le baptême du feu.

Nous estimons que les troupes coloniales, stationnées en France, doivent entrer dans la composition de nos armées de première ligne, et cette opinion n'est pas en contradiction avec la conclusion suivante, à savoir que ce ne doit être qu'exceptionnellement, dans les grades inférieurs, très exceptionnellement dans les grades supérieurs, et presque jamais dans les grades d'officiers généraux, qu'il est sage de permettre les permutations, d'office ou de gré à gré, des officiers de l'armée coloniale dans l'armée métropolitaine et réciproquement.

CHAPITRE III

A quel Ministère (Marine, Colonies ou Guerre) l'armée coloniale doit-elle être rattachée ? — De la garde de la défense des colonies. — Des Gouverneurs et des Commandants supérieurs des troupes aux colonies.

Pour terminer l'examen des bases principales sur lesquelles doit s'édifier l'organisation d'une bonne armée coloniale, il nous reste à résoudre cette importante question : A quel ministère (marine, colonies ou guerre) doit être rattachée l'armée coloniale ?

*
* *

Lorsque le ministère de la marine avait à la fois, dans ses attributions, l'administration supérieure et la charge de la garde et de la défense des colonies, les troupes spéciales, destinées à cette tâche militaire, étaient logiquement à leur place dans ce ministère. Nos colonies, après les longues guerres de la Révolution et de l'Empire, étaient d'ailleurs peu importantes au point de vue territorial. Elles étaient surtout des points d'appui, de refuge et de ravitaillement pour notre flotte de guerre. Les navires de l'État y transportaient les fonctionnaires, les troupes, le matériel de guerre, les approvisionnements de munitions, effets et vivres. Les gouverneurs des colonies étaient des officiers généraux ou supérieurs des divers corps de la marine ou des hauts fonctionnaires de ce Département. Il y avait unité parfaite de commandement et d'administration.

Cette situation a changé. La création d'un ministère spécial des colonies a eu pour conséquence d'enlever à celui de la marine, d'abord l'administration supérieure, et ensuite la garde et la défense des colonies. Les gouverneurs ont été choisis, en règle générale, parmi les fonctionnaires civils ; il n'y a plus aujourd'hui qu'une seule exception, le général Galliéni, qui est, à Madagascar, gouverneur général et commandant en chef ; il est permis de dire que cette exception unique ne sera sans doute que temporaire, car, bien qu'il soit avéré que toutes nos colonies aient été créées par des gouverneurs militaires, et qu'on puisse citer de ces derniers une longue et glorieuse liste, on a ou on affecte aujourd'hui une telle aversion et une telle crainte de la suprématie militaire que l'on considère comme un danger national de confier, même intérimairement, la première place dans une colonie à un officier. C'est ainsi qu'en Indo-Chine, par exemple, où le commandant supérieur des troupes est un officier général, marchant, dans l'ordre hiérarchique, immédiatement après le gouverneur général, le gouvernement par intérim, en cas d'absence ou d'empêchement du titulaire, est exercé par le fonctionnaire civil marchant après le commandant supérieur des troupes. Ce fonctionnaire devient le supérieur hiérarchique de celui qui, la veille, était son supérieur, et il redevient son inférieur quand l'intérim a pris fin. Cela, tout au moins, est bizarre.

Les transports des fonctionnaires, des troupes, du matériel, des approvisionnements se font aujourd'hui, non plus par les navires de l'État, mais par des paquebots et des affrétés des grandes compagnies de navigation.

Les colonies n'ont donc plus d'autres points de contact avec la marine que par quelques ports éventuellement appelés à servir à nos navires de guerre de points d'appui et de ravitaillement, dans les mêmes conditions que nos ports de France. Les ports militaires de France rentrent dans le système général de la défense de la métropole ; par analogie, les points d'appui de la flotte aux colonies doivent rentrer dans le système général de la défense de ces colonies.

Enfin les troupes coloniales sont devenues, depuis longtemps, exclusivement des troupes de terre, destinées à vivre et à combattre à terre, et elles n'ont plus aucun autre rôle à jouer à bord des navires de guerre que celui très exceptionnel de passagers non armés.

Il n'y a donc plus aucune raison pour placer l'armée coloniale dans les attributions du ministère de la marine.

*
* *

De prime abord, au contraire, il semblerait tout naturel de placer les troupes coloniales dans les attributions du ministère des colonies, responsable de la politique intérieure et extérieure, de l'administration et des budgets des colonies. En prenant en considération la nécessité d'une direction centrale unique, il semblerait logique que les affaires militaires des colonies fussent dans les mêmes mains que les autres, et qu'elles fussent, toutes, attribuées à un même département ministériel.

Mais cette solution est moins nette si on l'examine avec quelque attention.

En effet, le Parlement, en votant la création du ministère des colonies, n'a pas entendu créer un troisième ministère militaire, et, d'après les lois constitutionnelles, les corps organisés et armés ne peuvent dépendre que de deux ministères, celui de la guerre ou celui de la marine.

Nonobstant cette disposition de principe, en vertu d'actes ultérieurs des pouvoirs législatif et exécutif, le ministre civil des colonies a été investi, ainsi que les gouverneurs civils placés sous ses ordres directs, de la garde et de la défense des colonies, c'est-à-dire d'attributions essentiellement militaires, commandement et administration des troupes employées aux colonies.

Le ministre des colonies ne peut constituer, avec son personnel civil, ni conseil supérieur, ni comités d'armes, ni directions techniques, organes indispensables à un ministère militaire pour organiser, administrer et commander des troupes, établir des plans de défense et d'opérations, en contrôler l'exécution, etc., organes spéciaux existant aux ministères militaires de la guerre et de la marine.

Les gouverneurs civils ayant, sous l'autorité du ministre des colonies, la responsabilité de la garde et de la défense des colonies, à la tête desquelles ils sont placés, sont de hauts fonctionnaires choisis dans le personnel de l'administration des colonies, ou des hommes politiques en vue. La compétence et l'aptitude des uns et des autres, aussi grandes que l'on voudra en ce qui concerne la direction supérieure des affaires politiques, civiles et commerciales, est, on est bien forcé d'en convenir, absolument nulle au point de vue militaire.

On commettrait donc une grave et dangereuse erreur en conférant au ministre civil des colonies, l'organisation, l'administration et le commandement d'une fraction considérable de nos forces militaires nationales.

Il ne faut pas oublier, de plus, qu'en dehors des troupes stationnées outre-mer, l'armée coloniale compte, en France, de très gros contingents pour les besoins de la relève et de l'instruction des cadres. On ne peut admettre que ces contingents, qui doivent entrer dans la composition générale de nos forces mobilisées en temps de guerre, ne dépendent pas en tout temps du ministre de la guerre. L'armée coloniale doit former un seul *bloc*, qui ne peut être placé que sous une seule autorité supérieure.

L'armée coloniale, ne pouvant être placée dans les attributions du ministère de la marine, ni dans celles du ministère des colonies, doit donc être rattachée au ministère de la guerre.

*
* *

Dans cette discussion de rattachement de l'armée coloniale à un ministère quelconque, on a vu se présenter une question d'une grande importance, celle concernant la garde et la défense des colonies.

Il nous paraît évident que, pour les colonies comme pour la métropole, cette question doit être résolue, conformément aux mêmes principes généraux.

L'unité de direction et de commandement est fondamentale pour la bonne utilisation de toutes les forces militaires de la nation : ses armées de terre et de mer. Ces forces doivent être liées intimement les unes aux autres pour concourir au même but. Si l'on reconnaît que, pour les besoins de l'organisation, du recrutement, de l'administration, de l'instruction, du matériel, des approvisionnements, il soit nécessaire d'avoir deux Départements ministériels, l'un pour les forces de terre, l'autre pour les forces de mer, — ces deux ministères devraient être réunis en un seul, celui de la *Défense nationale* pour tout ce qui concernerait la préparation à la guerre, l'élaboration et l'exécution des plans de campagne.

Les peuples ont rarement sous la main des hommes d'un génie transcendant comme Napoléon Ier, qui concevait les plans de ses gigantesques opérations, savait les faire exécuter sur les théâtres les plus étendus et tirait de ses manœuvres les résultats les plus efficaces.

Il faudrait toujours, d'ailleurs, à un tel homme, un pouvoir absolu qui n'est plus en rapport avec nos mœurs et nos institutions politiques. Il faut reconnaître, de plus, que nos ministres de la guerre et de la marine, qui sont surtout des administrateurs de nos armées de terre et de mer, sont souvent choisis, plutôt en raison de leur situation politique que de leur valeur technique spéciale.

C'est donc à un conseil supérieur de la défense, composé des généraux et des amiraux les plus distingués par leurs connaissances spéciales et l'éclat de leurs services, qu'il appartient de tracer les grandes lignes des plans de défense et d'opérations, et à un généralissime des armées de *terre et de mer* d'en assurer l'exécution avec toutes les *forces militaires* de la nation, infanterie, cavalerie, artillerie, génie, marine, *forces* divisées en armées, corps d'armée, divisions, etc., ayant des commandants directs agissant sous l'autorité immédiate de leurs chefs hiérarchiques.

Si ces principes généraux doivent être les mêmes pour la défense de nos territoires continentaux et coloniaux, pourquoi donner au ministre civil des colonies, des attributions militaires qu'on n'a jamais songé à donner, dans la métropole, au ministre de l'intérieur ou à celui du commerce.

*
* *

Nous comprenons parfaitement que, dans chaque colonie, le commandant supérieur des troupes soit soumis hiérarchiquement, en temps de paix, à l'autorité du gouverneur civil, qui est le représentant et le délégué du gouvernement métropolitain ; mais ce que nous ne saurions jamais comprendre, c'est qu'un haut fonctionnaire civil, par la seule grâce de sa nomination de gouverneur, devint, du jour au lendemain, un spécialiste apte à dresser les plans de campagne, à ordonner des travaux de défense, à contrôler des opérations de guerre.

On dit le gouverneur responsable de la défense de la colonie ; jusqu'à quel point ira cette responsabilité ? Est-ce lui ou le commandant supérieur des troupes qu'on traduira devant un conseil de guerre, si la colonie a capitulé avant d'avoir épuisé tous les moyens de résistance ?

L'incompétence du ministre des colonies n'est-elle pas la même que celle des gouverneurs placés sous son autorité ? Diminuerait-on l'importance de ce secrétaire d'État en lui enlevant des attributions militaires, qui n'ont pas plus de raisons de lui appartenir, aux colonies, qu'au ministre de l'intérieur, en France.

La garde et la défense des territoires coloniaux doivent appartenir au ministre de la guerre. Seuls, ce ministre et ses délégués militaires doivent avoir la charge et la responsabilité de l'organisation, du commandement et de l'administration de toutes les troupes et de tous les services de l'armée coloniale, ainsi que la direction des opérations militaires de cette armée, de même que cela a lieu en France pour l'armée métropolitaine.

CHAPITRE IV

De la création d'un ministère spécial des colonies. — Discussion de cette question au Sénat (mai 1892). — Du rattachement de l'armée coloniale à ce ministère.

Dès qu'il fut question de créer un ministère spécial des colonies, le rattachement des troupes de la marine à ce nouveau Département fut considéré comme une conséquence de cette création par un certain nombre d'hommes politiques ayant, il faut bien le dire, une très grande influence et une compétence incontestable des choses coloniales. D'autres hommes politiques non moins autorisés, étaient d'avis que, malgré la création d'un sous-secrétariat spécial ou d'un ministère des colonies, les troupes chargées de la défense de ces pays lointains devaient être maintenues au ministère de la marine. D'autres enfin pensaient que ces troupes, étant des troupes de terre, destinées à combattre à terre, recrutées, armées, équipées, instruites, organisées et commandées comme les troupes similaires de l'armée métropolitaine, devaient être rattachées au ministère de la guerre, seul compétent pour les opérations militaires sur terre, de même que le ministère de la marine est seul compétent pour les opérations militaires sur mer.

Il serait un peu long de reproduire ici l'intéressante discussion engagée au Sénat en mai 1892 au sujet de la création du ministère des colonies et des attributions militaires que les partisans de ce nouveau Département cherchaient à lui faire donner par le Parlement ; nous nous contenterons d'en citer quelques courts extraits.

***

M. le sénateur Allègre, ancien gouverneur de la Martinique, expose que cette colonie, ainsi que la Guadeloupe et la Réunion, sont à un état de civilisation tel, qu'elles ne sont plus des colonies, et qu'il n'est plus possible désormais de leur appliquer un régime spécial ; et plus loin, il fait remarquer qu'on n'a jamais tant guerroyé en Indo-Chine et au Soudan que depuis que l'administration centrale des colonies n'appartient plus au ministère de la marine.

M. Isaac, sénateur de la Guadeloupe, est partisan du maintien à la marine de l'administration des colonies et des troupes coloniales. Il dit que le régime civil peut très bien se concilier avec le rattachement au ministère de la marine et qu'il aime encore mieux « une loi civile, une loi de garantie appliquée par un militaire, qui sera tenu de s'y conformer lui-même, qu'une loi militaire, une loi de rigueur appliquée par un civil »..... « Il y a actuellement un véritable désordre dans la législation coloniale, désordre auquel il est urgent d'apporter un remède. Cela provient de ce que les colonies sont restées régies par des institutions qui ne sont plus en parfaite harmonie avec la constitution nationale. »

Entrant dans le vif de la question, M. Isaac ajoute : « Nous craignons que ce nouveau ministère, pour justifier son existence, veuille s'approprier des attributions qui seraient *mieux placées dans d'autres mains.* »..... « C'est dans cette même pensée qu'on a pris le décret du 3 février 1890, qui a fait passer la défense des colonies au sous-secrétariat d'État, alors que la marine conservait le commandement des troupes ? Non, Messieurs, l'administration des colonies ne doit pas avoir son armée, la France ne doit pas avoir un troisième ministère militaire. »

A cela, nous ne ferons qu'une objection : si l'administration supérieure des colonies devait être rattachée à la marine, on pourrait craindre que ce Département militaire, mais spécial pour la guerre navale, voulut s'approprier des attributions qui *seraient mieux placées dans d'autres mains.*

Passons rapidement sur certains décrets dont M. Isaac affirme l'illégalité : créer au ministère du commerce, sous-secrétariat des colonies, un corps du commissariat et un corps de santé militaires, c'était une infraction formelle à l'article 8 de la loi du 15 juillet 1889. Le décret du 3 février 1890 présentait une irrégularité plus monstrueuse encore.

*
* *

M. Loubet, ministre de l'intérieur et président du conseil, estime que la situation actuelle justifie les vœux répétés depuis 1881 de la création d'un ministère des colonies. Il cite, à l'appui de son opinion, plusieurs extraits de discours prononcés à la Chambre des députés :

Par M. Rouvier, rapporteur de la commission du budget en 1885 : « Notre commission est d'avis que la direction administrative et politique des colonies entraîne des responsabilités trop lourdes, pour qu'elle puisse être attribuée à un Département ministériel dont la préoccupation doit être la défense de nos côtes et de nos possessions d'outre-mer..... »

Par M. de Lanessan : « La guerre pourvoira à la défense des frontières terrestres de nos colonies, et à la protection des colons européens contre les insurrections possibles des indigènes. Émet-elle pour cela la prétention d'englober les services coloniaux administratifs et financiers ? Pas le moins du monde. Pourquoi donc la marine invoquerait-elle la protection des côtes de nos colonies pour émettre une telle prétention..... »

Par le rapporteur de la commission du budget en 1886 : « N'est-il pas permis d'affirmer qu'il est difficile, sinon impossible, d'administrer nos colonies à titre d'annexes d'un ministère quelconque, et qu'il est urgent de créer un ministère spécial des colonies..... »

Après quelques autres citations, M. Loubet ajoute : « qu'il n'a jamais pensé et qu'il n'entend pas soutenir que la création d'un ministère spécial des colonies..... implique la constitution d'un troisième ministère militaire, ou l'attribution à ce ministère d'une flotte et d'une armée coloniale. Si la patrie doit être reconnaissante à la marine des conquêtes qu'elle lui doit, ce n'est pas une raison pour lui conserver l'administration perpétuelle des colonies..... », « Autant aurait valu laisser au ministre de la guerre l'administration de l'Algérie que l'armée a conquise il y a un demi-siècle..... » « A qui incombe la défense des colonies ? Ce n'est pas à tel ou tel ministre, c'est au Gouvernement tout entier, c'est à la métropole qu'il convient d'assurer cette défense. La décision prise sera exécutée, — lorsqu'il s'agira d'action sur les côtes, — par la marine, et pour une action dans l'intérieur, au delà de la sphère accessible aux canons de la flotte, par le ministre de la guerre, à qui l'on ne songera pas pour cela à confier l'administration des colonies..... »

*
* *

M. Trarieux est non seulement partisan du rattachement des colonies à la marine, mais il est encore convaincu « de la nécessité de mettre dans les mêmes mains l'administration générale et le commandement des troupes ». Nous répondrons à cela : le ministre des affaires étrangères, qui dirige la politique extérieure, a-t-il jamais songé à demander le commandement des armées destinées à appuyer sa politique ?

M. Trarieux dit que nos colonies des Antilles et de la Réunion doivent être traitées « comme les départements de la métropole ». D'accord ; mais alors un ministère spécial n'est pas nécessaire pour ces colonies ; il faut les traiter comme la Corse ou l'Algérie.

M. Isaac dit qu'en même temps que M. le président du conseil condamne le système d'un troisième ministère militaire, il est amené à l'accepter en partie en faisant prêter au ministère des colonies les troupes dont il aurait besoin. M. Isaac ajoute encore : « On comprend assez mal que des fonctionnaires civils, qui n'ont pas de compétence militaire, puissent être chargés d'une telle responsabilité..... » Cela est exact ; les fonctionnaires civils sont faits pour administrer, les officiers de terre et de mer pour faire la guerre sur terre et sur mer ; que chacun se contente de faire son métier, et les choses n'en iront que mieux.

M. Margaine ne voudrait pas un ministère spécial ; il expose, en parlant du sous-secrétariat des colonies que : « Les actes de l'administration centrale des colonies à Paris, de ses résidents, de ses gouverneurs là-bas, ont fait considérer l'armée coloniale comme une gêne, comme un *impedimentum*..... Les accidents qui se produisent, les faits militaires d'une certaine gravité étaient considérés comme choses fâcheuses, désagréables. Certains faits même, comme les pertes subies au feu, étaient regardés comme l'effet de fautes dues à la légèreté ou à l'imprudence de ceux qui en étaient les victimes..... Vous avez cherché à créer une force armée (les milices) indépendante de la force militaire réelle, sérieuse, qui ne dépendait pas intégralement de vous..... Dans les colonies l'administration (commissariat colonial) est indépendante du commandement. »

M. Jamais, sous-secrétaire d'État des colonies répond aux précédents orateurs que, par la création d'un ministère spécial ou par le rattachement des colonies à un ministère quelconque, le Sénat trancherait, sans l'avoir approfondie, une question qui doit lui être prochainement soumise, celle de la constitution d'une armée coloniale et celle accessoire de la désignation du ministère auquel elle serait rattachée. Il ne préjuge pas la solution de la question, bien qu'il paraisse croire que les troupes coloniales pourront être rattachées au ministère de la guerre, ainsi que la Chambre des députés l'a déjà voté à plusieurs reprises, mais il ajoute : « qu'il y a un point sur lequel il semble qu'on doit se mettre d'accord, si on veut qu'il existe unité de commandement, de direction dans les troupes coloniales : c'est que du jour où ces troupes auront été mises à la disposition de l'administration des colonies par le ministère auquel elles sont rattachées, cette administration doit avoir sur elles une direction et une autorité complètes ». Mais cela ne revient-il pas à dire que l'administration des colonies (ministère ou sous-secrétariat) devient un troisième ministère militaire, ce qui n'est pas dans la pensée du Gouvernement ainsi que l'a déclaré le président du conseil.

Le général Deffis combat pour le rattachement à la marine du sous-secrétariat des colonies et de l'armée coloniale. Il ne peut admettre : « qu'un ministère civil, qui n'a aucun état-major à sa disposition, puisse élaborer un plan de campagne et diriger des opérations militaires ». Le général, critiquant ensuite le décret du 3 février 1890, fait voir quels dangers résultent de cette extraordinaire inconséquence de rendre des fonctionnaires civils responsables du commandement des troupes et des opérations militaires.

Enfin, au moment de la clôture de la discussion, M. Loubet, président du conseil, insiste sur sa demande au Sénat d'ajourner son vote jusqu'au jour où sa commission de l'armée aura déposé son rapport sur le projet de loi concernant l'armée coloniale, et où le Sénat se sera prononcé sur les conclusions de ce rapport.

Cet ajournement est voté par 156 voix contre 91.

*
* *

Nous tirons de cette discussion, que nous avons résumée aussi succinctement que possible, les conclusions suivantes :

1º La création d'un ministère spécial des colonies est admissible;

2º Ce ministère civil ne doit pas avoir d'attributions militaires;

3º La garde et la défense des colonies doivent être dans les attributions des ministères de la guerre et de la marine chargés de la garde et de la défense du territoire national;

4º Les troupes de terre, formant l'armée coloniale, doivent être rattachées au ministère de la guerre, seul qualifié pour organiser, administrer et commander les troupes de terre.

II$^\text{E}$ PARTIE

CHAPITRE PREMIER

Les anciennes troupes de la marine. — Infanterie de la marine depuis la Monarchie de Juillet. — Infanterie de marine vers 1885. — Artillerie de la marine de 1822 à 1885. — Recrutement des troupes d'infanterie et d'artillerie de la marine. — Corps disciplinaires de la marine. — Corps indigènes.

Nous avons dit, au commencement de ce travail, que jusqu'à l'époque de la promulgation de la loi du 7 juillet 1900 sur l'organisation des troupes coloniales, la garde et la défense des colonies étaient confiées aux troupes de la marine, infanterie et artillerie.

S'il est inutile de faire ici l'historique de l'infanterie de la marine depuis sa création jusqu'à nos jours, nous croyons tout au moins intéressant de rappeler brièvement les augmentations successives de cette arme depuis la Monarchie de Juillet, époque à laquelle s'est manifesté le commencement de notre expansion coloniale, jusqu'à nos jours.

Le nombre des régiments d'infanterie de la marine tenant garnison dans les ports militaires et les colonies était :

En 1831, de 2 régiments, chaque régiment étant composé de 29 compagnies et d'une compagnie hors rang. (Ordonnance royale du 14 mai.)

En 1838, de 3 régiments comptant 90 compagnies et 3 compagnies hors rang. (Ordonnance royale du 20 novembre.)

En 1854, de 4 régiments comptant 122 compagnies et 4 compagnies hors rang. (Décret du 31 août.)

L'arme comptait 233 officiers en 1831, 371 en 1838, 515 en 1840, 525 en 1847, 483 en 1848, 516 en 1854, 609 en 1860, 667 en 1880.

En 1901, les dernières formations n'étaient pas encore complètement effectuées, il y a dans l'infanterie coloniale 2,250 officiers, soit environ dix fois plus qu'en 1831.

*
* *

Vers 1885, la composition des troupes de la marine était la suivante :

1° L'infanterie de la marine ;
2° L'artillerie de la marine ;
3° La gendarmerie maritime ;
4° La compagnie de discipline de la marine ;
5° Le corps des disciplinaires des colonies ;
6° Les tirailleurs sénégalais ;
7° Les cipahis de l'Inde ;
8° Les tirailleurs annamites ;
9° Les tirailleurs tonkinois ;
10° La compagnie de conducteurs sénégalais.

De plus le Ministre de la guerre prêtait à celui de la marine : la gendarmerie coloniale et l'escadron de spahis sénégalais.

*
* *

L'infanterie de la marine était affectée au service des colonies et constituait une partie de la garnison des ports de guerre. Elle pouvait être employée à exécuter des expéditions outre-mer, et à fournir des détachements sur les navires de la flotte militaire.

L'état-major général de l'infanterie de la marine se composait d'un général de division, inspecteur général de l'arme, et de trois généraux de brigade, inspecteurs généraux adjoints.

L'infanterie de la marine comprenait : 1° Quatre régiments (portions principales) tenant garnison permanente, le 1er à Cherbourg, le 2e à Brest, le 3e à Rochefort et le 4e à Toulon ; 2o des portions secondaires en service aux colonies.

Les 1er, 2e et 4e régiments avaient chacun 45 compagnies, le 3e en avait 47. Chaque régiment possédait un grand état-major, un petit état-major et une compagnie hors rang.

Un régiment de marche était stationné en Cochinchine ; il était composé de portions secondaires des régiments de France, restant attachées à ces régiments pour l'administration, mais placées pour le service, la police, la discipline et l'instruction sous les ordres d'un colonel, commandant ce régiment de marche.

Un autre régiment, ayant une organisation analogue, était stationné en Nouvelle-Calédonie, il était composé de portions secondaires des 2e et 3e régiments, et était commandé par un lieutenant-colonel.

Un bataillon à la Martinique, un bataillon à la Guadeloupe, un bataillon à la Réunion, ayant chacun un lieutenant-colonel et un chef de bataillon, un bataillon au Sénégal, un bataillon à la Guyane ayant un chef de bataillon seulement, un détachement d'une compagnie à Tahiti, étaient des portions secondaires des quatre régiments.

**

La période réglementaire de séjour aux colonies était la même pour les officiers, les sous-officiers et les soldats. Elle était de deux ans en Cochinchine, au Sénégal et à la Guyane, et de trois ans dans les autres colonies.

Tous les officiers en service en France étaient classés individuellement sur des listes d'après leur rang d'ancienneté de séjour en France, dans leur grade ou dans le grade précédent. Ils étaient désignés par le ministre, dans l'ordre de ces listes, pour la relève des officiers terminant leur séjour réglementaire colonial, ou rentrant en France par anticipation pour cause de santé ou de promotion. Les officiers rentrant en France par anticipation étaient portés à la tête ou à la queue des listes des tours de départ, suivant qu'ils avaient, ou non, accompli plus de la moitié réglementaire du séjour colonial.

On suivait des règles analogues pour la relève des hommes de troupe, en ayant soin de ne faire partir, pour les colonies, que des militaires ayant encore à accomplir deux ou trois ans de service, suivant la colonie à laquelle ils étaient destinés.

*
**

Une ordonnance royale du 9 août 1822 avait organisé le corps de l'artillerie de la marine, destiné au service des ports militaires et des colonies, et aux garnisons des vaisseaux.

Ce corps était formé de 5 compagnies d'ouvriers, de 5 compagnies d'apprentis canonniers, et du nombre d'officiers et d'employés nécessaires au service des forges, des fonderies et des directions d'artillerie dans les ports et les colonies; et d'un régiment à pied, composé d'un état-major et de 24 compagnies, ainsi réparties : 1 compagnie à Cherbourg, 5 compagnies à Brest, 9 compagnies à Lorient et aux colonies, 4 compagnies à Rochefort et 5 compagnies à Toulon.

En 1826, à la suite de la création des équipages de la flotte, les compagnies d'apprentis canonniers sont dissoutes et l'artillerie est dispensée de l'instruction du personnel marin des apprentis canonniers.

La commission d'expérience de Gâvres est créée en 1829, et composée de : 1 chef de bataillon et de 3 capitaines.

Le 14 septembre 1831, création au régiment d'une compagnie hors rang.

L'ordonnance du 1er mars 1832 spécifie que des détachements d'artillerie seront embarqués sur les vaisseaux de guerre en complément d'équipage pour le service du canonnage. Le régiment d'artillerie a donc à répondre à trois services : celui des ports et arsenaux, celui des colonies et celui de la flotte.

L'organisation du corps est la suivante en 1835 :

L'*inspection générale* de l'artillerie, qui est confiée à un maréchal de camp ou à un colonel.

Les *directions* d'artillerie, qui emploient 2 colonels et 3 lieutenants-colonels, directeurs; 3 chefs de bataillon, sous-directeurs; 9 capitaines en premier, adjudants des directions et inspecteurs d'armes; 1 capitaine, directeur de l'atelier des fusées de guerre et artifices; 5 capitaines en second, sous-adjudants.

Les *forges et fonderies* employant 4 chefs de bataillon, directeurs et 5 capitaines en premier, adjudants.

La *surveillance des fabrications* à l'industrie qui emploie : 1 capitaine en premier et 1 capitaine en second.

Deux *directions coloniales*, une à la Martinique et une à la Guadeloupe, par 2 chefs de bataillon et 2 capitaines.

Le *régiment*, qui est composé d'un état-major, de 12 compagnies, d'une compagnie de dépôt et d'une compagnie hors rang.

La répartition du régiment est la suivante :

Portion centrale et 4 compagnies actives à Lorient ;

2 compagnies à Brest ;

2 compagnies à la Martinique ;

2 compagnies à la Guadeloupe ;

1 compagnie à Bourbon ;

1/2 compagnie au Sénégal ;

1/2 compagnie à Cayenne.

Les compagnies d'ouvriers fournissent des détachements aux colonies.

Un capitaine d'artillerie pourra être embarqué sur chaque division ou force navale commandée par un officier général.

Le régiment cesse de fournir des détachements embarqués sur les vaisseaux de guerre.

La durée du service colonial est fixée à quatre ans.

En 1840, les cadres du corps sont augmentés de : 1 lieutenant-colonel, 1 chef de bataillon, 13 capitaines et 12 lieutenants. Le nombre des compagnies est porté à 40, ainsi réparties :

A Lorient, état-major et 10 compagnies ;

A Cherbourg, 2 compagnies ;

A Rochefort, 5 compagnies ;

A Toulon, 3 compagnies ;

Aux colonies, 8 compagnies.

En 1842, une ordonnance royale constitue une nouvelle organisation de l'arme, comportant :

Une *inspection générale du matériel ;*

Un *personnel d'officiers sans troupe*, nécessaire au service des forges, fonderies et directions ;

Un *régiment* d'artillerie ;

Six compagnies d'ouvriers ;

Un officier général et un inspecteur général.

Le personnel d'officiers, employé dans les arsenaux et établissements est légèrement augmenté.

Le régiment est ainsi réparti :

Lorient, état-major, 8 compagnies ;

Brest, 6 compagnies ;

Cherbourg, 2 compagnies ;

Rochefort, 4 compagnies ;

Toulon, 2 compagnies ;

Colonies, 8 compagnies.

Compagnies d'ouvriers :

Brest, 1re compagnie, 144 hommes ;

Toulon, 2e compagnie, 145 hommes ;

Rochefort, 3e compagnie, 114 hommes ;

Lorient, 4e compagnie, 114 hommes ;

Cherbourg, 5e compagnie, 114 hommes ;

Brest et colonies, 6e compagnie, 206 hommes.

Les compagnies actives fourniront des sergents et des caporaux d'armes aux navires de guerre, concurremment avec l'infanterie de la marine et les équipages de la flotte.

Le régiment reçoit un drapeau. Les tambours sont remplacés par des clairons.

Suivant une ordonnance royale de cette même année, l'armée de mer est chargée, sous les ordres du commandant des forces de terre, de l'armement, du service et de la garde des batteries qui ont une vue directe sur les ports, les rades intérieures, les passes et les goulets, toutes les fois que ces batteries n'intéressent pas principalement la défense du côté de terre. Le commandant de la division territoriale continuera à avoir, en cas d'attaque, l'entière disposition des troupes de mer, qui ne sont que des troupes auxiliaires prêtées aux forces de terre pour concourir à la défense de la frontière maritime.

Les événements de 1848 furent l'occasion de sérieuses réductions dans le corps de l'artillerie de la marine.

Le régiment fut réduit de 30 à 23 compagnies ; la compagnie de dépôt fut supprimée. Les officiers en excédent furent mis à la suite ou en disponibilité. L'état-major de l'arme fut diminué de 2 chefs de bataillon et 8 capitaines.

La répartition du régiment devint la suivante :

Lorient, état-major, 5 compagnies ;

Brest, 4 compagnies ;

Cherbourg, 2 compagnies ;

Rochefort, 2 compagnies ;

Toulon, 3 compagnies ;

Martinique, 2 compagnies ;

Guadeloupe, 2 compagnies ;

La Réunion, 2 compagnies ;

Sénégal et Cayenne, 1 compagnie.

La conséquence de ces diminutions fut la suppression de 52 officiers sur 225.

Un décret de juin 1855 reporte le nombre des compagnies du régiment de 23 à 25, rétablit le cadre de la compagnie de dépôt, crée deux emplois d'officier supérieur, un emploi d'adjudant et augmente chaque compagnie de 5 canonniers. Les compagnies d'ouvriers comportent : la première, 165 hommes ; la deuxième, 192 hommes ; la troisième, la quatrième et la cinquième, 94 hommes ; et la sixième, 316 hommes.

Un décret du 26 mars 1859 organise l'École de pyrotechnie.

En vertu d'un décret du 26 août 1860, les appellations de grades et autres en usage dans l'artillerie de terre deviennent réglementaires dans l'artillerie de marine.

Par décret du 14 avril 1861, le personnel de l'artillerie de la marine est ainsi fixé :

1º *État-major général*, deux généraux, l'un inspecteur général, l'autre inspecteur général adjoint ;

2º Un *État-major particulier*, comprenant 44 officiers, et 103 employés militaires, gardes, artificiers, ouvriers d'état ;

3º *Des corps de troupes*, comprenant un régiment à pied, six compagnies d'ouvriers, une section de fuséens, un corps d'armuriers.

Le régiment est ainsi composé : un état-major, un peloton

hors rang, 28 batteries à pied et une compagnie de canonniers conducteurs.

Le décret porte le cadre des officiers à :

2 officiers généraux ;

7 colonels ;

8 lieutenants-colonels ;

21 chefs d'escadron ;

99 capitaines ;

87 lieutenants.

Il n'est pas apporté de modifications aux compagnies d'ouvriers. L'effectif de la section de fuséens (artificiers) est fixé à 30 hommes. Les armuriers militaires sont au nombre de 49 chefs armuriers et de 292 maîtres, seconds maîtres et quartiers-maîtres.

En janvier 1862, la répartition de l'artillerie est la suivante :

Lorient, état-major et 7 batteries ;

Cherbourg, 3 batteries ;

Brest, 2 batteries ;

Rochefort, 2 batteries ;

Toulon, 3 batteries ;

Martinique, 2 batteries ;

Guadeloupe, 2 batteries ;

Tahiti, 1/2 batterie ;

Sénégal, une batterie 1/2 ;

Réunion, une batterie ;

Cochinchine, 3 batteries.

En 1864, une *direction* de l'artillerie est créée au ministère de la marine, ainsi qu'un comité consultatif de l'artillerie de la marine et des colonies.

L'inspection générale permanente de l'artillerie est supprimée. Un général est chargé chaque année de procéder à l'inspection générale, soit en France, soit aux colonies.

Le comité consultatif est ainsi composé : un général de division de l'artillerie de marine, un contre-amiral, un général de brigade de l'artillerie de marine, un général de brigade de l'artillerie de terre, un capitaine de vaisseau, un lieutenant-colonel d'artillerie de marine. Le lieutenant-colonel d'artillerie de marine remplit les fonctions de secrétaire avec voix délibérative.

Un général, un colonel d'artillerie de marine, et un capitaine de vaisseau, membres du comité consultatif, font partie du conseil des travaux de la marine, ainsi que le chef du bureau technique de l'artillerie.

La même année un général d'artillerie de marine est adjoint au comité d'artillerie de terre.

Par décret de la même année 1864, le cadre des officiers de l'artillerie de marine est porté à :

3 généraux ;
10 colonels ;
10 lieutenants-colonels ;
20 chefs d'escadron ;
102 capitaines ;
87 lieutenants.

Pendant la guerre de 1870-1871, l'artillerie de marine met sur pied 47 batteries ou détachements, en grande partie à Paris, tout en conservant ses garnisons et directions aux colonies.

Le 23 octobre 1871, la direction de l'artillerie au ministère de la marine est rattachée à celle du matériel.

En mars 1876, légère augmentation du cadre des officiers.

Un décret de la même année prévoit que plusieurs batteries à pied pourront être formées en batteries montées et détermine comme il suit la composition des batteries :

Sur le pied de paix : 102 hommes dont 4 officiers ;
Sur le pied de guerre : 155 hommes dont 5 officiers.
Répartition de l'artillerie en mai 1877 :
Guadeloupe, Guyane, la Réunion et Tahiti, 1/2 batterie ;
Martinique, Sénégal et Nouvelle Calédonie, une batterie ;
Rochefort une batterie ;
Cochinchine et Brest, 2 batteries ;
Cherbourg et Toulon, 4 batteries ;
Lorient, 10 batteries.
Soit 7 batteries aux colonies et 21 en France.

Le 23 octobre 1879, suppression des fonderies de Nevers,

Saint-Germain et de la Villeneuve, et accroissement considérable de la fonderie de Ruelle.

Le 26 juin 1880, remise à l'artillerie du service des constructions militaires et fortifications aux colonies, et création d'une section de gardes conducteurs de travaux. Le personnel officiers est augmenté en raison des besoins de ce nouveau service, et on crée une compagnie auxiliaire d'ouvriers.

Un décret du 3 septembre de la même année attribue à l'artillerie de marine, sous la haute autorité du gouverneur du Sénégal, le commandement des troupes dans le haut fleuve, et la direction des travaux dans ce territoire. Enfin, le 2 novembre, une 29e batterie est créée pour le haut Sénégal.

Un décret du 7 janvier 1881 réorganise le corps des armuriers et en fixe l'effectif à 43 chefs armuriers des deux classes, 71 maîtres armuriers, 87 seconds maîtres, 110 quartiers-maîtres et 60 ouvriers.

La même année, organisation d'une compagnie de conducteurs sénégalais, et d'un laboratoire central à Sevran-Livry.

En raison des besoins nouveaux, la guerre fournit à la marine 10 sous-officiers en 1881, 18 en 1882, 17 en 1883, 28 en 1884.

En 1884, 25 sous-lieutenants sortant de l'École polytechnique sont versés dans l'artillerie de marine.

En 1883, 6 batteries *bis* avaient été créées pour le Tonkin ; la même année les capitaines du régiment avaient été montés.

Comme l'infanterie de marine, l'artillerie de marine, en 1885, avait dans ses attributions les services de l'artillerie aux colonies ; elle était chargée, dans les ports militaires, des travaux des directions d'artillerie, de la fabrication des bouches à feu de la flotte, des projectiles, des artifices, des affûts, de l'armement des forts et batteries de la marine, et enfin du service du génie dans les colonies.

L'état-major général de l'artillerie comportait en 1885 :

1 général de division, inspecteur général de l'arme ;

2 généraux de brigade, inspecteurs généraux adjoints.

L'état-major particulier comprenait :

9 colonels ;

8 lieutenants-colonels ;

7 commandants ;

40 capitaines ;

et un certain nombre de gardes, comptables, artificiers, ouvriers d'état, contrôleurs d'armes, conducteurs de travaux ; de gardes auxiliaires et stagiaires conducteurs de travaux et des gardiens de batterie.

Les troupes d'artillerie se composaient de :

Un régiment ;

Six compagnies d'ouvriers ;

Une compagnie d'artificiers ;

Un corps d'armuriers ;

Une compagnie auxiliaire d'ouvriers.

Le *régiment*, dont la portion principale était stationnée à Lorient, comprenait :

Un état-major ;

Un petit état-major ;

Un peloton hors rang ;

Vingt-neuf batteries ;

Une compagnie de conducteurs.

L'artillerie (batteries et services) avait des portions secondaires et des détachements dans les ports de guerre et dans les colonies.

Les périodes réglementaires de séjour aux colonies étant les mêmes pour l'artillerie que pour l'infanterie, et les listes des tours de départ pour les officiers et pour la troupe étaient établies d'après les mêmes principes généraux.

*
* *

Antérieurement à la loi du 15 juillet 1889, le recrutement de l'infanterie et de l'artillerie de la marine s'effectuait parmi les jeunes gens des contingents annuels, ayant eu, au tirage au sort, les bas numéros de leurs classes, et parmi les engagés volontaires et les rengagés.

Conformément à la loi de 1872, les appelés servaient cinq ans dans l'armée active (de terre et de mer).

Pour contracter un engagement dans l'armée de mer, il fallait satisfaire aux conditions suivantes :

Être âgé de 18 ans au moins ;

Être sain, robuste et bien constitué ;

Avoir la taille exigée pour le corps où l'on désirait servir ;

Ne pas appartenir à l'inscription maritime ;

Jouir de ses droits civils, et n'avoir pas été condamné à une peine correctionnelle pour vol, escroquerie, abus de confiance, attentat aux mœurs ;

Enfin, si l'on a moins de 20 ans, être muni du consentement de ses père, mère ou tuteur.

Les sous-officiers, brigadiers, caporaux et soldats des troupes de la marine pouvaient être admis à contracter des rengagements d'une durée de deux, trois, quatre ou cinq ans.

Enfin on pouvait maintenir sous les drapeaux, en qualité de *commissionnés* : 1° Les sous-officiers ayant plus de dix ans de rengagement et moins de 47 ans d'âge ; 2° les militaires appartenant aux petits états-majors, les ouvriers, les clairons, les musiciens ; 3° le personnel de la gendarmerie.

Sous le régime de la loi de 1872 et des lois de recrutement antérieures à celles du 15 juillet 1889, la composition des troupes de la marine était excellente. Les *appelés*, incorporés dans ces troupes par le seul fait de leurs bas numéros, étaient l'essence même du contingent annuel, non écrémé pour les besoins de certains corps exigeant des conditions particulières de taille, de force ou d'agilité. Ces hommes, servant cinq ans, pouvaient être envoyés aux colonies dans de bonnes conditions, ayant pu servir, en France, dans les régiments, un an au moins, ayant reçu une bonne instruction professionnelle et ayant subi un bon entraînement. Ces appelés constituaient la plus nombreuse, la plus saine et la plus résistante partie des régiments de la marine, auxquels les engagés volontaires, gais et aventureux, communiquaient l'entrain et la bonne humeur, et auxquels les rengagés donnaient les utiles conseils et les exemples pratiques, fruits de leur expérience.

Les officiers des troupes de la marine étaient recrutés comme le sont aujourd'hui encore les officiers des troupes coloniales ; pour l'infanterie ils provenaient de Saint-Cyr et de Saint-Maixent ; pour l'artillerie, de Polytechnique et de Versailles.

* *
*

La gendarmerie maritime ne participait pas au service colonial. Elle était spécialement affectée à la police des arsenaux et des ports, au service de l'inscription maritime, à la police de la navigation.

Cette arme se composait, et se compose encore aujourd'hui de cinq compagnies à pied, une par arrondissement maritime. Elle était recrutée parmi les militaires des corps de troupes de la marine, les marins et les militaires de l'armée de terre.

*
* *

La compagnie de discipline de la marine avait été instituée pour recevoir les marins et les soldats des troupes de la marine qui, sans avoir commis des délits les rendant justiciables des conseils de guerre, étaient envoyés dans ce corps spécial pour inconduite persistante et fautes graves contre la discipline.

Cette compagnie était en garnison aux Saintes (Guadeloupe), et avait un dépôt à l'île d'Oléron.

*
* *

Le corps des disciplinaires des colonies était recruté :

1° Parmi les militaires condamnés, postérieurement à leur incorporation, à une peine correctionnelle de plus de six mois de prison pour délits communs;

2° Parmi ceux qui, postérieurement à leur incorporation, ont été condamnés à plus d'une peine correctionnelle;

3° Parmi les incorrigibles des bataillons d'infanterie légère d'Afrique.

Le corps comprenait une compagnie de dépôt, en garnison à l'île d'Oléron, et deux compagnies actives; la première au Sénégal, la deuxième à la Martinique avec un détachement à Saint-Pierre et Miquelon. Lors de la première formation, vers 1860, les compagnies de disciplinaires appartenaient au ministère de la guerre et étaient au nombre de quatre : la première en Nouvelle-Calédonie, la deuxième à la Guadeloupe, la troisième au Sénégal et la quatrième à la Réunion.

Les cadres de la compagnie de discipline et les compagnies disciplinaires des colonies, rattachés à la marine : officiers, sous-officiers, caporaux, clairons et soldats ordonnances, étaient fournis par l'infanterie de marine.

*
* *

Le corps des tirailleurs sénégalais, primitivement formé en un bataillon, était, en 1880, un régiment indigène de deux bataillons, le premier de cinq compagnies, le second de quatre. Il était commandé par un lieutenant-colonel, et avait un état-major et un petit état-major.

Une compagnie de tirailleurs sénégalais avait la composition suivante :

1 capitaine ....)
1 lieutenant .... } européens ;
1 sous-lieutenant ....)
1 lieutenant ou sous-lieutenant indigène ;
1 sergent-major ....)
1 fourrier . ... } européens ;
2 sergents....................)
4 sergents indigènes ;
8 caporaux indigènes ;
2 clairons européens ;
1 clairon indigène ;

Le nombre des soldats était de 200 à 220 indigènes.

Les cadres européens étaient fournis par l'infanterie de la marine. Les indigènes étaient recrutés par voie d'engagements et de rengagements, donnant droit à des primes de 240 francs, 120 francs, 50 francs, pour des engagements de 6, 4 ou 2 ans.

*
* *

Le corps des cipahis de l'Inde, commandé par un chef de bataillon, était composé de deux compagnies et son cadre était le suivant :

1 officier comptable............)
2 capitaines .... } européens ;
4 lieutenants..................)
2 lieutenants indigènes ;
2 sous-lieutenants indigènes.

Les sous-officiers, caporaux et soldats étaient tous indigènes.
Chaque compagnie comprenait :

1 sergent-major	
1 fourrier	
5 sergents	
13 caporaux	indigènes.
20 cipahis de 1re classe.........	
116 cipahis de 2e classe.........	
2 tambours..................	

Ainsi que pour les autres corps indigènes, les cadres européens étaient choisis par le ministre parmi les officiers d'infanterie de la marine, proposés par les inspecteurs généraux, sur
leur demande ou d'office.

Les officiers indigènes étaient nommés par décret, et choisis
parmi les sous-officiers du corps. La loi sur l'état des officiers
ne leur était pas applicable.

Les cipahis étaient des engagés volontaires, les indigènes
parlant français étaient choisis de préférence.

*
* *

Le régiment de tirailleurs annamites était un corps d'infanterie indigène destiné à concourir avec les troupes européennes,
à la garde et à la défense de la Cochinchine. Vers 1880, il comprenait neuf compagnies partagées en deux bataillons. Le
nombre des compagnies pouvait être porté à douze et celui des
bataillons à trois. Chaque compagnie devait compter au moins
200 soldats indigènes et au plus 250.

Le régiment avait un état-major et une section hors rang. Il
était commandé par un colonel ou un lieutenant-colonel.

Les cadres de chaque compagnie étaient les suivants :

1 capitaine	
2 lieutenants................	
1 sergent-major.............	européens ;
1 sergent fourrier...........	
5 sergents..................	

1 lieutenant ....
1 sous-lieutenant.............
1 sergent pour deux escouades de
   16 hommes ....
1 caporal par escouade de   } indigènes.
   16 hommes..............
2 clairons ....
2 élèves clairons ....

Le recrutement des cadres européens s'opérait comme dans les autres corps indigènes.

Le recrutement des indigènes était régional et s'opérait par voie d'appels suivant la coutume annamite, chaque commune restant responsable de la présence de son contingent au corps.

La durée obligatoire du service était de deux ans. Les indigènes pouvaient en outre être admis à contracter des rengagements de trois ans, et à accomplir une période de quinze ans de service donnant droit à une pension. Ils touchaient une prime pour le premier rengagement, et une haute paye; les autres rengagements donnaient droit seulement à une haute paye.

Les indigènes pouvaient être renvoyés dans leurs foyers, soit pour inaptitude, soit pour inconduite. Dans ces deux cas, comme pour celui de désertion, leur commune d'origine était tenue de les remplacer au corps.

*
* *

Le corps des tirailleurs tonkinois formait (décret du 16 mai 1884) deux régiments de trois bataillons de quatre compagnies. Chaque régiment était commandé par un colonel ou un lieutenant-colonel, et avait un état-major, un petit état major et une section hors rang.

Les cadres et les effectifs européens et indigènes étaient les mêmes que ceux du régiment de tirailleurs annamites.

Faisons ici une remarque importante. Dans ces régiments indigènes aux colonies, où le commandement devrait être plus fortement assuré qu'en France, car l'on ne peut y remplir une vacance du jour au lendemain, on ne plaçait qu'un colonel ou un lieutenant-colonel à la tête de ces grosses unités, tandis qu'en

France on juge nécessaire d'affecter à chaque régiment un colonel et un lieutenant-colonel. Cette fâcheuse anomalie ne peut s'expliquer que par une raison budgétaire. Elle présente un grave inconvénient, presque un danger : le commandement très lourd d'un régiment peut passer tout d'un coup d'un colonel à un chef de bataillon, pouvant parfois manquer des connaissances et des aptitudes justement exigées pour arriver au grade de lieutenant-colonel [1].

En vue de rendre possible la relève des officiers européens des corps indigènes, des décrets du 12 mai 1884, 2 avril 1885 et 28 juillet 1885 ont créé, dans l'infanterie de marine, en plus des cadres normaux, 259 officiers de remplacement, savoir :

  6 colonels ou lieutenants-colonels ;
 24 commandants ;
 76 capitaines ;
153 lieutenants et sous-lieutenants.

*
* *

La compagnie de conducteurs sénégalais d'artillerie était destinée au service général des transports par terre et au service de l'artillerie des colonnes expéditionnaires au Sénégal.

Elle comprenait des officiers et des sous-officiers européens fournis par l'artillerie de marine, des sous-officiers et des conducteurs indigènes. Les indigènes étaient recrutés par voie d'engagements et de rengagements.

---

[1] Nous aurons à revenir plusieurs fois dans le cours de cette étude sur la nécessité d'organiser le commandement plus fortement aux colonies qu'en France. Nous n'invoquerons ici qu'un fait typique à l'appui de cette assertion : la funeste retraite de Lang-Son dans laquelle le commandement tomba des mains du général de Négrier en celles d'un lieutenant-colonel insuffisamment préparé à cette lourde responsabilité.

CHAPITRE II

Dédoublement des régiments d'infanterie de la marine en
1890. — Infanterie et corps indigènes aux colonies en
1890. — Commandement des troupes de la marine. —
Fonctions des officiers généraux. — Inspections générales. — Comité technique. — Service de santé et services administratifs. — Inconvénients de l'ancienne
organisation des troupes de la marine.

En 1890, d'importantes modifications et augmentations avaient
été apportées à la situation des troupes de la marine que nous
avons exposée plus haut.

En France, les quatre anciens régiments d'infanterie étaient
dédoublés et en formaient huit attachés deux à deux aux ports
de Cherbourg, Brest, Rochefort et Toulon.

Aux colonies, il y avait :

3 régiments d'infanterie de marine en Indo-Chine ;
1 régiment en Nouvelle-Calédonie ;
1 bataillon au Sénégal ;
1 bataillon à la Réunion ;
1 bataillon à Diégo-Suarez ;
1 bataillon à la Martinique ;
2 compagnies à la Guyane ;
1 compagnie à la Guadeloupe ;
1 compagnie à Tahiti ;
1 détachement à Obock ;
1 détachement à Tananarive ;
1 régiment de tirailleurs sénégalais de 12 compagnies au
    Sénégal ;
1 régiment de tirailleurs annamites de 12 compagnies en
    Cochinchine ;

3 régiments de tirailleurs tonkinois à quatre bataillons au
      Tonkin (48 compagnies);
1 compagnie de cipahis de l'Inde;
1 compagnie de tirailleurs gabonais;
1 compagnie de tirailleurs sakalaves;
1 compagnie de discipline;
1 compagnie de disciplinaires des colonies;
1 dépôt des corps disciplinaires.

Quelques modifications de moindre importance eurent encore
lieu de 1890 à 1900.

*
* *

Bien que les corps de l'infanterie et de l'artillerie de la marine
eussent à leur tête un cadre assez complet d'officiers généraux,
divisionnaires et brigadiers, ces officiers généraux n'étaient pas
appelés, en temps de paix, à exercer les commandements
dévolus à leurs collègues de l'armée métropolitaine. Les troupes
de la marine étaient, en France, sous les ordres permanents et
directs des officiers généraux de la flotte. Dans les ports de
guerre, les vice-amiraux préfets maritimes, et les contre-amiraux
majors généraux, avaient, à leur égard, les attributions de commandants de corps d'armée, de généraux de division et de généraux de brigade. Dans les colonies, les commandants des troupes
avaient, suivant les grades dont ils étaient revêtus, certaines des
attributions des officiers généraux, sous la haute autorité des
gouverneurs civils placés sous les ordres du ministre des
colonies.

Pourtant, en cas de guerre en Europe, les officiers généraux
des troupes de la marine devaient recevoir le commandement
desdites troupes avec lesquelles ils ne vivaient pas en temps de
paix !

Quelles étaient donc les attributions de cet état-major général
qui, en 1890, comptait déjà :

Pour l'artillerie, 1 général de division ; 3 généraux de brigade ;

Pour l'infanterie, 3 généraux de division ; 5 généraux de
brigade.

Elles étaient fixées comme il suit par des décrets et les règle-
de la marine :

Les généraux de division sont inspecteurs généraux et inspecteurs généraux adjoints ; les généraux de brigade, inspecteurs
généraux adjoints ou commandants des troupes aux colonies.

Le général de division, inspecteur général de chaque arme,
assisté des inspecteurs généraux, dresse à la clôture des inspections générales, en France et aux colonies :

1° Une liste, par ordre de préférence, des officiers proposés
pour l'avancement dans chaque grade ;

2° Une liste, par ordre de préférence et par corps, de tous
les militaires proposés pour l'admission ou pour l'avancement
dans la Légion d'honneur, et pour l'obtention de la Médaille
militaire ;

3° Une liste des officiers proposés pour des emplois spéciaux.

Le conseil d'amirauté est chargé de l'établissement des
tableaux d'avancement. Ce conseil, composé d'officiers généraux
de la flotte, était donc, en réalité, le souverain dispensateur des
grades dans l'infanterie et l'artillerie de la marine. A la suite de
nombreuses protestations des intéressés en 1887, l'inspecteur
général et les inspecteurs adjoints, présents à Paris, furent
admis à ce conseil, avec voix délibérative pour l'établissement
des tableaux d'avancement. Enfin, plus tard encore, en février
1891, la charge de cet important travail fut donnée exclusivement
aux inspecteurs généraux et adjoints présents en France, vrais
juges naturels et compétents des candidats. Le directeur du
personnel au ministère de la marine était adjoint à cette commission de classement, avec voix délibérative.

Les inspecteurs généraux doivent exercer leurs fonctions conformément aux instructions ministérielles sur les revues d'inspections générales. Ils ne peuvent avoir d'action et de commandement sur les troupes que par délégation du ministre, et
seulement pendant le temps de leur présence dans les localités
où sont stationnées les troupes qu'ils ont à inspecter.

Le général de division, inspecteur général, est autorisé à
correspondre avec les chefs de corps, en France et aux colonies,
sous le couvert des préfets maritimes et des gouverneurs, pour
se tenir au courant de divers détails de service. Mais cette
correspondance ne doit pas sortir des limites de simples rensei-

gnements, ni comprendre des intimations d'ordres aux chefs de corps.

On voit de quelles précautions le ministère de la marine usait pour creuser plus profondément le fossé séparant les troupes de leurs chefs naturels.

L'inspecteur général est autorisé à prendre, auprès du ministre, l'initiative de propositions relatives à l'amélioration du service dans son arme. Il peut être consulté par les directeurs du ministère de la marine, sur les affaires concernant les troupes.

Les inspecteurs généraux adjoints remplacent l'inspecteur général absent ou empêché. Ils sont chargés, ainsi que l'inspecteur général, des missions annuelles d'inspections générales en France et aux colonies. Les uns et les autres reçoivent, à cet effet, des instructions particulières du ministre, auquel ils rendent directement compte.

C'est principalement par ces missions d'inspection, en France et aux colonies, que les officiers généraux des troupes de la marine prenaient un contact momentané avec les officiers et les corps de troupe à la tête desquels ils auraient été mis en cas de mobilisation générale, ou pendant les grandes manœuvres d'automne. Cela était peu, assurément; mais cela leur permettait de ne pas perdre complètement de vue leurs subordonnés. En même temps, comme pour ces missions ils recevaient personnellement les ordres du ministre de la marine, lui adressaient directement leurs rapports, celui-ci pouvait se faire une idée assez exacte de la situation et du service de ses troupes en France et aux colonies, y maintenir, par ses ordres et ses instructions, l'unité de doctrine indispensable à tous les corps militaires organisés, au double point de vue de la discipline générale et de l'instruction professionnelle.

*
* *

Par arrêté du 30 mai 1881, un *comité technique*, composé des inspecteurs généraux et inspecteurs généraux adjoints, était institué à Paris. Ce comité était présidé par le plus ancien des deux inspecteurs généraux.

Il était saisi, à titre consultatif, par le ministre de la marine :
de la préparation de la mobilisation des troupes de la marine;

de l'examen des rapports des préfets maritimes et des inspecteurs généraux sur l'instruction des troupes; de l'application, à ces troupes, des dispositions nouvelles prises aux troupes similaires de la guerre ; des améliorations à apporter au service, à l'organisation, à l'administration des troupes en France et aux colonies.

Les fonctions de secrétaire de ce comité étaient remplies par un officier d'état-major de l'infanterie, colonel ou lieutenant-colonel qui avait voix consultative.

Les lois, ordonnances, décrets, etc., concernant les officiers généraux de l'armée de terre, étaient applicables aux officiers généraux des troupes de la marine.

**

Le service médical était assuré, dans les corps de troupe de la marine, en France et aux colonies, par le corps de santé de la marine et celui des colonies.

Les médecins de la marine étaient détachés dans les régiments et les portions secondaires des troupes de la marine. Ils conservaient, en même temps que leur tenue, les droits à la solde et aux indemnités attribués à leur grade dans leur corps.

Ils exerçaient, dans les troupes, les fonctions de médecins-majors, de médecins aides-majors avec les grades de médecin principal, de médecin de 1re et de 2e classe.

Ils étaient désignés pour le service des troupes sur leur demande ou d'office, et ils ne pouvaient être replacés dans le service général de la flotte qu'après avoir passé deux ans dans le service régimentaire.

Ils continuaient à concourir pour l'avancement, à l'ancienneté et au choix, avec les officiers de leur grade dans le corps de santé de la marine.

En France, les militaires des troupes de la marine étaient traités dans les hôpitaux maritimes par les officiers du corps de santé de la marine, et aux colonies, dans les hôpitaux coloniâux par les officiers du corps de santé des colonies.

Les officiers du corps de santé des colonies ne dépendaient pas du commandant supérieur des troupes ; ils n'avaient d'ordres à recevoir que du chef du service de santé placé sous l'autorité directe du gouverneur de la colonie. Cela créait une situation fausse et difficile à l'autorité militaire au point de vue de la surveillance qu'elle doit conserver sur les militaires aux hôpitaux, en ce qui concerne la discipline, les soins qui doivent être donnés aux malades, les congés de convalescence, les réformes, etc.

*
* *

Les fonctions dévolues dans l'armée métropolitaine au corps de l'intendance militaire, étaient exercées pour les troupes de la marine, en France, par le commissariat de la marine, et aux colonies par le commissariat colonial.

Cet état de choses présentait, aux colonies surtout, de grands inconvénients. L'administration militaire n'était pas soumise au commandement, elle lui était parallèle ; elle prétendait, en raison de ce parallélisme, qu'elle n'avait pas d'ordres à recevoir de l'autorité militaire. De là, des difficultés, des conflits regrettables et contraires au bon fonctionnement du service. Une opération militaire pouvait être empêchée ou entravée, si le commissariat, pour une raison ou pour une autre, ne fournissait pas en temps utile les vivres et les approvisionnements nécessaires.

De plus, sans vouloir médire du commissariat de la marine et de celui des colonies, il nous est bien permis de faire observer que l'origine, les études, les fonctions générales des commissaires de l'un et l'autre Département ne les préparent pas beaucoup à remplir des emplois militaires administratifs. Ils n'ont jamais vécu de la vie des corps de troupe, ni en garnison, ni en campagne, tandis que tous les officiers du corps de l'intendance militaire ont servi activement dans les rangs de l'armée jusqu'au grade de capitaine inclusivement.

*
* *

Les militaires des troupes de la marine étaient justiciables des conseils de guerre maritimes se conformant, quant à la procédure, au Code de justice militaire pour l'armée de mer, et quant aux crimes et délits ainsi qu'à leur répression, au Code de justice militaire pour l'armée de terre.

**

Nous avons exposé, d'une façon générale, l'organisation des anciennes troupes de la marine, affectées en partie aux garnisons des ports de mer, et en partie à l'occupation de nos colonies, sauf l'Algérie et la Tunisie. Résumons maintenant les inconvénients de cette organisation.

Les troupes de la marine, employées généralement à opérer à terre, comme les troupes similaires de l'armée métropolitaine, étaient dans les attributions d'un ministère spécialement constitué pour le commandement, l'administration et l'instruction des armées navales, c'est-à-dire des forces militaires appelées à faire la guerre sur mer.

Elles échappaient en temps ordinaire, au commandement des officiers généraux provenant de leurs rangs, étant, en France, sous le commandement des officiers généraux de la flotte, sauf dans le cas d'une mobilisation générale.

La grosse partie de ces troupes, stationnée aux colonies, mise à la disposition du ministre des colonies, échappait presque complètement à la direction et entièrement à l'administration du ministre de la marine.

Depuis une trentaine d'années surtout, l'expansion coloniale croissant sans cesse, a nécessité l'augmentation successive des troupes destinées à conquérir, et ensuite à garder les vastes territoires nouvellement soumis à notre domination. Il a fallu grossir les corps existants et en créer de noûveaux. Cette œuvre fut accomplie au fur et à mesure des besoins ; les ministères de la guerre, de la marine et des colonies y ont tous trois collaboré, mais sans plan combiné d'avance, sans unité de vues, suivant la marche souvent imprévue des incidents ou des événements. Il en est résulté que souvent on a accru le nombre des petites unités (compagnies, batteries) sans créer, dans les proportions nécessaires, d'assez nombreux emplois d'officiers supérieurs et généraux, sans tenir compte des principes consacrés par l'expérience pour l'établissement d'une bonne loi des cadres.

C'est ainsi, par exemple, comme nous l'avons constaté plus haut, qu'en créant aux colonies de forts régiments indigènes, on ne prévoyait à leur tête qu'un colonel ou un lieutenant-colonel, alors qu'on reconnaît l'utilité d'affecter en France un colonel et un lieutenant-colonel à chaque régiment de l'armée métropolitaine.

C'est ainsi qu'on a laissé pendant des années, à la tête des troupes de l'Indo-Chine comptant environ 25,000 hommes, un général de brigade, commandant en chef, assisté d'un second général de brigade, dont les fonctions ne pouvaient guère être bien déterminées, et qui ne paraissait être mis là que pour remplacer le général en chef en cas de décès ou d'empêchement.

Au commencement de cette étude, nous avons indiqué la part glorieuse prise par la troisième République à la constitution de notre domaine colonial actuel. Mais qu'il nous soit permis de dire qu'en se laissant aller à ce si louable penchant d'augmenter la puissance de la métropole en lui adjoignant de nouvelles possessions coloniales, on a un peu trop perdu de vue cette première et inéluctable obligation de la *souveraineté*, celle de garantir l'ordre intérieur et la sécurité extérieure aux habitants de ces possessions nouvelles mettant leurs vies et leurs biens sous l'égide de notre drapeau. La France est devenue une puissance coloniale ; elle doit avoir une armée coloniale lui permettant de satisfaire aux obligations que cette situation lui impose. Si nous n'avons pas cette armée coloniale ou si les effectifs et les cadres de celle-ci ne sont pas calculés de telle sorte qu'elle puisse suffire à sa tâche, comment pourrons-nous remplir nos obligations de *souveraineté* ? Ne serons-nous pas obligés de faire un choix parmi nos colonies, d'abandonner certaines d'entre elles pour sauvegarder les autres ? Malheureusement, c'est ce que nous avons déjà fait ; car si nous avons maintenu des effectifs *à peu près* suffisants dans certaines colonies, en Indo-Chine, à Madagascar, au Sénégal, n'avons-nous pas paru reconnaître notre impuissance à conserver certaines autres, en ne laissant, par exemple, qu'une compagnie à la Guadeloupe, deux à la Guyane, trois à la Martinique ? Ne semblons-nous pas dire à nos adversaires éventuels, en leur montrant des forces aussi réduites : « Vous n'avez qu'à vous présenter devant ces colonies ; elles seront à vous quand vous voudrez. » La seule chance pour nous de les conserver serait que personne n'en voulût.

Bien que les propositions pour l'avancement, les augmentations et les diminutions des cadres et des effectifs, les décisions relatives à l'armement, à l'habillement, le service général, la discipline, l'instruction, restassent pour les troupes dans les attributions du ministre de la marine, celui-ci n'en avait pas l'entière direction, puisque dans bien des cas, pour la partie de ces troupes en service aux colonies, il devait s'entendre avec le ministre des colonies qui avait la disposition du budget colonial et qui était chargé des dépenses de ces troupes.

S'il avait été admissible jadis qu'un ministère spécial, tel que celui de la marine, pût avoir à sa disposition quatre ou cinq régiments de troupes de terre, il ne pouvait pas conserver dans ses attributions une véritable armée.

En résumé, il fallait donc procéder à une organisation nouvelle des troupes spéciales destinées à l'occupation des colonies ; l'urgence de cette mesure était en outre imposée par la loi du 15 juillet 1889 sur le recrutement de l'armée. Ce ne fut pourtant qu'en 1900, que le Gouvernement et le Parlement parvinrent à donner le jour à la dernière loi sur l'organisation des troupes coloniales.

IIIe PARTIE

CHAPITRE PREMIER

Loi du 7 juillet 1900

La loi du 7 juillet 1900 ne peut certainement pas être considérée comme une loi réelle d'organisation des troupes coloniales, car elle n'édicte en réalité qu'un ensemble de dispositions principales sur lesquelles cette organisation doit être fondée, et renvoie à des actes ultérieurs (lois et décrets) la fixation du du nombre des unités, leurs effectifs, la composition des cadres et des états-majors [1].

Avant d'entrer dans l'examen des principaux articles de cette loi, nous nous permettrons une remarque, bien qu'elle ne soit pas d'une grave importance, car elle ne porte que sur une question de mots.

Depuis l'époque, déjà assez lointaine, à laquelle on a reconnu que les anciennes troupes de la marine avaient besoin d'être réorganisées pour parer aux nécessités du service des colonies, l'opinion publique, les intéressés, le Gouvernement, tout le monde enfin semblait d'accord pour réclamer la création d'une *armée coloniale*. Pourquoi donc, dans le texte législatif, a-t-on substitué à ce vocable celui de *troupes coloniales*? Qu'est-ce qu'une armée, si ce n'est un ensemble des troupes de deux ou

---

[1] Il est néanmoins utile de jeter un coup-d'œil sur cette loi et d'examiner dans quelle mesure plus ou moins grande elle répond à tout ce qu'on était en droit de lui demander.

trois corps d'armée ? Or, les troupes coloniales constituent un groupe d'unités dont l'ensemble est, en quantité, supérieur à deux ou trois corps d'armée. Cette simple raison aurait donc justifié le maintien, dans la loi du 7 juillet 1900, de cette appellation *armée coloniale* sous laquelle tout le monde était déjà habitué à désigner les troupes spéciales destinées à l'occupation des colonies.

Passons à une observation plus importante et sur laquelle nous aurons plusieurs fois l'occasion de revenir.

Dans l'ancienne organisation des troupes de la marine, comme dans la nouvelle des troupes coloniales, le *bloc* spécial et autonome que ces troupes devraient constituer, depuis la création du sous-secrétariat des colonies, était et est encore coupé en deux parties quant à la direction et à l'administration supérieures des affaires; l'une, en France, étant dans les attributions des ministres de la marine ou de la guerre; l'autre partie, aux colonies, étant dans les attributions du ministre des colonies. A notre avis, toutes les affaires militaires de la métropole et des colonies devraient être entièrement dans les mains du ministre de la guerre. Mais si, dans l'état actuel de notre législation, on ne peut pas souder ainsi les deux parties du *bloc*, on arriverait à établir dans les troupes coloniales cette unité de commandement et de direction générale qui lui manque, en constituant une armée avec la totalité des troupes coloniales (France et colonies), et en lui donnant comme inspecteur d'armée le général de division membre du Conseil supérieur de la guerre provenant des troupes coloniales, placé vis-à-vis des deux ministres de la guerre et des colonies, dans la même situation que les autres inspecteurs d'armée vis-à-vis du ministre de la guerre,

*
* *

Passons maintenant à l'examen des points principaux des divers articles de la loi du 7 juillet 1900.

A l'article 1er, il est dit : « Ces forces (les troupes coloniales) « coopèrent, le cas échéant, à la défense de la métropole, ou « *prennent part* aux expéditions militaires hors du territoire « français. »

Ce second membre de phrase ne répond pas bien à notre manière d'envisager le véritable rôle d'une armée coloniale, ni aux desiderata maintes fois exprimés par l'opinion publique et par le Parlement. D'abord, nous aurions préféré la rédaction « *et* prennent part » à celle « *ou* prennent part. » De plus si l'on entend par *expéditions militaires hors du territoire français* des expéditions telles que celles qui ont eu lieu ces temps derniers à Madagascar et en Chine, nous sommes d'avis que les troupes coloniales non seulement doivent y prendre toujours part, mais bien être les seules à les exécuter, à former tout au moins la grande majorité de celles appelées à les exécuter. Nous n'admettrions la coopération avec les troupes de l'armée de terre que si les troupes coloniales ne disposaient pas d'effectifs suffisants, ou s'il s'agissait d'opérer avec plus d'une division un débarquement sur un territoire européen ou colonial.

*
**

Ce même article 1er mentionne que les troupes coloniales « peuvent être stationnées en un point quelconque du territoire « de la République ou de ses dépendances ».

Cette nouvelle disposition est des plus logiques. Il n'y a plus aujourd'hui aucune raison de maintenir exclusivement les troupes coloniales dans les ports militaires, dont la défense, en temps de guerre, doit être assurée par la marine et l'armée de seconde ligne. Il est, par contre, avantageux de réunir les troupes coloniales en masses aussi importantes que possible dans les régions du Centre et du Midi de la France, et à proximité des ports d'embarquement pour les colonies : Saint-Nazaire, Bordeaux, Marseille et Toulon.

*
**

Conformément au premier paragraphe de l'article 2, les troupes coloniales doivent conserver leur autonomie et rester sous le commandement de leurs officiers.

On doit conclure de cette affirmation de leur autonomie, qu'en aucun cas le commandement des troupes coloniales ne peut être légalement attribué à des officiers de l'armée métropolitaine et à des officiers de la marine. Nous verrons pourtant plus loin que la loi permet (article 9) d'attribuer à des officiers généraux de l'armée métropolitaine des emplois et des commandements dans l'armée coloniale et réciproquement. Cette mesure est, il est vrai, considérée comme devant être exceptionnelle; néanmoins, elle ne devrait être admise à ce titre exceptionnel qu'à la condition expresse que l'officier général d'une des deux armées, ayant obtenu un emploi ou un commandement dans l'autre, poursuivrait sa carrière dans cette autre armée ; de plus, aujourd'hui encore, dans les ports militaires, les troupes coloniales sont sous les ordres des vice-amiraux préfets maritimes.

*
* *

Le même article 2 traite la question budgétaire. Il pose en principe que les troupes coloniales sont distinctes des troupes métropolitaines, qu'elles ont un régime propre, en un mot qu'elles doivent former un tout autonome. Puis, en ce qui concerne leur administration supérieure, leur budget, on les coupe en deux morceaux !

Il est pourtant bien reconnu qu'on ne peut commander complètement sans administrer, et que la seule autorité qui a la disposition de l'argent, a le commandement effectif et réel. Prenons un exemple : Le ministre de la guerre dit, supposons-le du moins : « Dans un gros régiment de tirailleurs tonkinois, il faut un colonel et un lieutenant-colonel; il n'y a en ce moment qu'un lieutenant-colonel dans ce régiment, je vais y envoyer un colonel. »

Le ministre des colonies lui répond :

« A votre aise, mon cher collègue, mais je ne payerai à cet officier supérieur ni sa solde ni ses indemnités que je n'ai pas prévues au budget. » Lequel des deux aura le dernier mot? Évidemment celui qui tient les cordons de la bourse, c'est à-dire le ministre des colonies. Et ce sera donc le ministre *civil* des colonies qui sera le véritable maître de l'organisation des forces militaires employées aux colonies.

Enfin, il nous semble qu'il serait bien intéressant, pour le Parlement et pour le pays, de se rendre un compte exact et facile de toutes les dépenses militaires coloniales. Pour cela, il faudrait avoir un budget militaire colonial *unique*, administré par *un seul département* — (la loi indique le contraire) — comprenant *toutes* les dépenses coloniales, en France, en ce qui touche au personnel, au matériel, à l'armement, aux munitions, à l'habillement, aux approvisionnements, aux casernements, aux hôpitaux, et, de plus, aux colonies, à la construction et à l'entretien des fortifications. Or, d'après la législation actuelle, toutes ces dépenses sont réparties dans les budgets de trois ministères : guerre, colonies, marine, et, dans chacun de ces budgets, parfois égarées dans plusieurs sections, dans plusieurs chapitres. Ce ne peut être qu'à la suite d'un long, patient et difficile travail qu'un spécialiste exercé pourra arriver à se rendre un compte approximatif des dépenses, que l'occupation de notre domaine colonial impose à nos finances et à celles de nos colonies elles-mêmes.

Le Parlement et le pays n'y verront généralement rien d'exact.

*
* *

Une *Direction* spéciale, instituée au ministère de la guerre, est chargée de tout ce qui concerne le personnel, l'instruction et le commandement des troupes coloniales, ainsi que de l'administration et l'emploi de la partie de ces troupes entretenues sur le budget de la guerre.

La création d'une Direction spéciale des troupes de terre servant aux colonies avait été réclamée depuis longtemps au ministère de la marine pour être substituée au Bureau des troupes dépendant de la *Direction du personnel*. Le directeur du personnel avait seul qualité pour soumettre au ministre de la marine toutes les affaires des troupes, et ce directeur était un contre-amiral, un officier de vaisseau, auquel ses services antérieurs ne pouvaient donner qu'une compétence limitée.

La loi du 7 juillet 1900 réalisait donc un progrès très sérieux pour cette création; mais, là encore, toujours le même vice originel.

La Direction, créée au ministère de la guerre, ne paraît devoir s'occuper que des troupes coloniales entretenues en France sur le budget de la guerre. Y aura-t-il un organe semblable au ministère des colonies pour s'occuper des troupes entretenues outre-mer sur le budget des colonies ? On ne le dit pas, et dans la pratique, ce sera la Direction du ministère de la guerre qui dressera les listes des tours de départ et donnera les ordres pour les mouvements de la relève des officiers et des sous-officiers en France et aux colonies.

Plus on avance dans l'étude de cette loi, plus on constate l'anomalie et les inconvénients résultant pour le commandement des troupes coloniales de leur rattachement à deux déparments ministériels différents.

*
* *

L'article 3 règle d'une façon générale les rapports des commandants supérieurs des troupes avec les gouverneurs des colonies et les ministres de la guerre et des colonies. Il y a, à notre avis, trop d'autorités responsables. Plus il y a de responsables, moins il y a de responsabilité réelle. Le commandant supérieur des troupes est responsable, le gouverneur est responsable, le ministre des colonies est responsable, et le ministre de la guerre est responsable dans une certaine mesure, puisque le commandant supérieur des troupes correspond avec lui par l'intermédiaire du gouverneur et du ministre des colonies. Comment délimiter l'étendue de ces diverses responsabilités : Entre le commandant supérieur des troupes et le gouverneur, l'un soumis hiérarchiquement à l'autre, l'un compétent, l'autre incompétent ? Entre le gouverneur et le ministre des colonies, son chef hiérarchique ? Entre les deux ministres de la guerre et des colonies, indépendants l'un de l'autre ?

La rédaction de cet article 3 a dû être la conséquence d'une entente entre le ministre de la guerre et celui des colonies ; mais ne peut-on pas craindre que cette entente cordiale ne soit que passagère ? Pourquoi imposer à des autorités civiles des responsabilités militaires auxquelles elles ne sauraient être préparées ? Pourquoi introduire dans les colonies un régime différent de celui de la métropole ?

Seul, le ministre de la guerre est compétent pour la garde et la défense du territoire colonial, comme il l'est pour la garde et la défense du territoire métropolitain.

*
* *

Conformément à l'article 5, le nombre des régiments et unités des troupes coloniales est fixé par décret suivant les besoins du service et les crédits budgétaires.

Il est absolument bon de donner au gouvernement la faculté d'augmenter ou de diminuer le nombre des régiments ou unités, en raison de l'urgence souvent imprévue des besoins. Mais nous aurions aimé voir spécifier dans la loi, que l'augmentation et la diminution des effectifs devaient toujours entraîner des mouvements proportionnels dans les cadres à tous les degrés de la hiérarchie, et qu'il ne fût pas possible, en aucune circonstance, de fausser les rapports nécessaires que l'expérience impose, dans l'établissement des lois des cadres, entre le nombre des hommes de troupe et celui de leurs officiers, depuis le sous-lieutenant jusqu'au général de division. Les ministres de la marine et des colonies n'ont pas toujours tenu compte de cette impérieuse nécessité ; les ministres de la guerre, plus experts en ces matières, feront sans doute en sorte qu'on s'y conforme dans l'avenir plus rigoureusement que dans le passé.

Le même article exprime que chacun des régiments d'infanterie comporte un cadre complémentaire. Cette disposition est entièrement justifiée. En effet, les cadres partant pour les colonies suivant les besoins de la relève, laissent leurs places vides dans les corps où ils sont puisés, pendant le temps de leur voyage, celui du retour de ceux qu'ils sont allé relever, et celui du congé de convalescence ou de fin de campagne de ces derniers. Il est donc nécessaire que dans les régiments de France, il y ait des cadres complémentaires pour tenir les places des absents.

Il serait de même avantageux d'avoir des cadres complémentaires dans les régiments aux colonies pour permettre un meilleur encadrement des réserves qu'on pourrait y constituer en cas de mobilisation. Puis, dans l'éventualité d'une guerre avec une grande puissance maritime, il serait sans doute bien difficile, sinon impossible, d'opérer des mouvements de remplacement et de relève entre la métropole et les colonies ; il serait donc sage de prendre ses précautions d'avance.

La loi ne prévoit pas de cadres complémentaires pour l'artillerie, et l'on ne peut guère comprendre pourquoi. Les raisons qui ont motivé cette mesure pour l'infanterie ont au moins la même valeur pour l'artillerie [1].

Le même article 5 expose en son dernier paragraphe comment devra être fixée la composition des corps de troupe aux colonies et de leurs états-majors : après *entente* entre les ministres de la guerre et des colonies. Nous avons montré plus haut que de telles dispositions avaient pour conséquence de faire du ministre des colonies l'arbitre supérieur de l'organisation des troupes aux colonies.

*
* *

L'article 6 règle d'une façon fort juste deux points importants.

Il évite la création de corps, trop petits pour pouvoir vivre de leur vie propre, en détachant de l'armée métropolitaine le personnel de divers services, tels que le génie, la cavalerie, la gendarmerie.

De plus il fortifie le principe de l'autonomie des troupes coloniales en réservant aux seuls officiers de ces troupes les missions et les explorations coloniales. Mais il doit être naturellement entendu que le ministre des colonies doit être lié, comme son collègue de la guerre, par cette disposition de la loi.

*
* *

Un paragraphe de l'article 9 dit : « Le ministre de la guerre « pourvoit aux emplois et commandements des troupes colo- « niales en France, et aux colonies en ce qui concerne ces der- « nières, après entente avec le ministre des colonies. »

Toujours la même dualité ! Il faut que le ministre de la guerre

---

[1] Ainsi que nous le verrons plus loin, un décret du mois de septembre 1903 a organisé des cadres complémentaires dans l'artillerie coloniale.

s'entende avec celui des colonies pour répartir des emplois et des commandements entre des officiers supérieurs et généraux, dont il est pourtant le chef permanent, et le seul juge naturel et compétent.

Nous avons déjà dit ce que nous pensions de cette disposition finale de l'article 9 permettant de donner à des officiers généraux d'une des deux armées des emplois et des commandements dans l'autre. Nous nous contenterons de constater ici que cette disposition est en contradiction avec celles prévues aux articles 2 et 6 de la loi.

* *

Nous aurions préféré, dans l'intérêt du service, comme dans celui personnel des officiers un mode de passage d'une armée dans l'autre un peu différent de celui de l'article 13. Ce serait le suivant :

Dans chaque armée on dresserait, suivant l'ordre de leurs demandes, une liste des officiers désirant permuter, et à la liste de l'armée coloniale on ajouterait les officiers qui, jugés inaptes à continuer leur service aux colonies, seraient pourtant en état de poursuivre leur carrière en Europe. Le ministre prononcerait alors les permutations d'*office* entre officiers ayant, sur chaque liste, sensiblement le même rang d'ancienneté de grade. L'adoption de ce système n'empêcherait pas de laisser aux officiers la possibilité des permutations de *gré à gré* dans les conditions actuelles.

* *

Il est dit à l'article 14 : 1º que les troupes coloniales doivent être recrutées parmi des engagés volontaires, des rengagés et certains appelés ; 2º que les troupes coloniales à destination des colonies ne comprendront que des hommes ayant au moins six mois de présence au corps et vingt et un ans d'âge.

Nous savons qu'il est nécessaire d'avoir en France, dans de grands dépôts, de fortes unités pour l'instruction des hommes et de nombreux cadres d'officiers et de sous-officiers appelés à servir aux colonies dans les corps européens et indigènes.

Ce serait une trop lourde charge pour le budget que de compléter ces unités en France, au moyen d'engagés à long terme et de rengagés.

L'incorporation d'une certaine partie des contingents annuels normaux permet d'obtenir économiquement les effectifs indispensables dans les régiments de France, et de n'y admettre que le nombre de volontaires correspondant aux besoins de la relève coloniale.

Quant à la question de l'âge et de la durée du service au corps des jeunes soldats (appelés ou engagés) à classer pour être envoyés aux colonies, nous pensons que l'âge de vingt et un ans ne peut être considéré que comme un minimum exceptionnel, beaucoup d'hommes n'étant pas doués, à cet âge, d'une constitution assez solide pour pouvoir être exposés, dans de bonnes conditions, aux fatigues de la vie militaire aux colonies.

En ce qui concerne les six mois de présence sous les drapeaux, si ce temps peut suffire pour donner aux jeunes soldats une instruction technique à peu près complète, il est trop court pour parfaire leur éducation professionnelle et pour les *entraîner* à la nouvelle vie qu'ils vont mener. Ils seraient dans de meilleures conditions si on ne les embarquait qu'à l'âge de vingt-deux ans, et après un an de présence au corps.

*
* *

La loi (article 19) pose de forts bons principes sur la question des *milices coloniales*, dont le rôle, faute d'avoir été bien limité, lors de leur création, a été trop souvent dénaturé. Les milices avaient été instituées pour être des forces de police intérieure. Dans de trop nombreux cas, on les a transformées en véritables corps militaires. Leurs effectifs exagérés, quant à leur rôle de simple police, en faisaient bientôt, à côté de l'armée régulière, une *armée civile* que les autorités civiles avaient une tendance marquée à substituer à l'autre. Cela pouvait amener de funestes mécomptes.

Nous avons vu et jugé les milices à l'œuvre, en Cochinchine et au Tonkin.

Les indigènes, miliciens et sous-officiers, étaient presque tous d'anciens et bons tirailleurs annamites et tonkinois ; ils conservaient presque intactes les qualités militaires très sérieuses qu'ils avaient acquises dans leurs anciens régiments ; mais leurs cadres européens, gardes principaux et inspecteurs, provenant du corps des sous-officiers de nos troupes et dont quelques-uns, même, n'avaient jamais été militaires, presque tous de fort braves gens du reste et sachant au besoin se faire tuer vaillamment, ne possédaient que d'une façon par trop rudimentaire les connaissances techniques et l'expérience indispensables à l'exercice du commandement d'unités assez importantes sous la seule direction de résidents ou d'administrateurs le plus souvent moins compétents encore que ces gardes principaux et inspecteurs.

Il y a eu en Indo-Chine de véritables expéditions militaires exécutées par plusieurs centaines de miliciens réunis sous le commandement de résidents civils, et qui, malgré le dévouement et le courage de tous, n'ont donné que de médiocres résultats.

Il faut renoncer à de tels errements. Il faut, comme la loi le prescrit, renfermer les milices dans leurs attributions de police intérieure. Il faut que les miliciens ne soient plus que des espèces de gardiens de la paix indigènes, chargés de protéger les habitants des villes et des campagnes contre les voleurs et les pillards, des auxiliaires de la gendarmerie. Leurs effectifs doivent être calculés en raison de ces seules attributions.

Mais, en somme, comme ces milices, quelque réduites qu'elles soient, seront toujours des forces armées, elles pourront, en certaines circonstances, être employées auxiliairement à des opérations de guerre sous le commandement des chefs militaires. Cela a déjà eu lieu : au Tonkin, lors de la construction du chemin de fer de Langson, on a adjoint, pour la protection des travaux, aux troupes régulières, de forts détachements de milices placées sous les ordres du commandant du 2e territoire militaire.

Aucune observation sur les autres articles de la loi.

En exécution de la loi, parurent successivement au *Journal officiel* les décrets suivants :

Décret du 28 décembre 1900, créant au ministère de la guerre une Direction des troupes coloniales ;

Décrets du 28 décembre 1900, donnant la composition nouvelle des troupes coloniales (infanterie et artillerie), de leurs états-majors particuliers et de leur état-major général ;

Décret du 11 juin 1901 sur la nouvelle organisation des services administratifs et de santé des troupes coloniales ;

Décret du 22 mai 1901, portant création du Comité technique des troupes coloniales et de la section technique de ce comité ;

Décret du 11 juin 1901, organisant en un corps d'armée, dont le quartier général est à Paris, les troupes d'infanterie et d'artillerie coloniales stationnées en France.

CHAPITRE II

État-major général des troupes coloniales et état-major
particulier. — Régiments d'infanterie coloniale en France.
— Sections de secrétaires d'état-major, de télégraphistes.
— Dépôt des isolés. — Infanterie coloniale européenne
aux colonies. — Infanterie coloniale indigène. — Groupement des troupes coloniales en brigades, divisions et
corps d'armée.

L'infanterie coloniale est organisée par un décret du 28 décembre 1900, contresigné par les ministres de la marine et des
colonies [1].

L'infanterie coloniale comprend des troupes européennes et
des troupes indigènes, ayant un état-major général et un état-
major particulier communs à leur ensemble.

L'organisation définitive de l'état-major général est réservée
à une loi qui n'a pas encore vu le jour.

L'état-major particulier est fixé comme il suit :

Colonels, 2 en France et 3 aux colonies ;
Lieutenants-colonels, 5 en France et 5 aux colonies ;
Commandants, 6 en France et 10 aux colonies ;
Capitaines, 45 en France et 15 aux colonies ;
Lieutenants, 00 en France et 62 aux colonies.

Les troupes d'infanterie coloniale en France sont constituées
par :

A. 12 régiments d'infanterie.

---

[1] Cette organisation instituée par le décret du 28 décembre 1900 a été
modifiée par le décret de septembre 1903, ainsi que nous l'exposerons dans
la suite de ce travail.

Chaque régiment possède un état-major, un petit état-major, une section hors rang, un cadre complémentaire, et est composé de 3 bataillons à 4 compagnies.

État-major du régiment. — 1 colonel, 1 lieutenant-colonel, 3 commandants, 1 commandant-major, 1 médecin-major de 1re classe, 3 capitaines adjudants-majors, 1 capitaine de tir, 1 capitaine trésorier, 1 capitaine d'habillement, 1 lieutenant adjoint au capitaine d'habillement, 1 lieutenant d'armement, 1 lieutenant adjoint au trésorier, 1 lieutenant porte-drapeau, 1 officier de casernement, 3 médecins-majors de 2e classe ou aides-majors.

Petit état-major. — 1 chef de fanfare, 3 adjudants de bataillon, 1 sergent-major sous-chef de fanfare, 1 sergent-major ou 1 sergent clairon, 3 caporaux clairons, 1 caporal sapeur, 12 sapeurs ouvriers d'art, 19 musiciens.

Section hors rang. — 1 chef armurier, 1 adjudant vaguemestre, 1 adjudant maître d'escrime, 1 adjudant premier secrétaire du trésorier, 1 sergent-major deuxième secrétaire, 10 sergents secrétaires et maîtres ouvriers, 10 caporaux et 56 soldats, secrétaires et ouvriers.

Cadre d'une compagnie. — 1 capitaine, 1 lieutenant, 1 sous-lieutenant, 1 adjudant, 1 sergent-major, 1 sergent fourrier, 6 sergents, 1 caporal fourrier, 8 caporaux, 2 clairons et 105 soldats (chiffre variable).

Cadre complémentaire du régiment. — 1 chef de bataillon, 5 capitaines, 8 lieutenants ou sous-lieutenants, 2 adjudants, 4 sergents-majors, 16 sergents.

De plus, il est affecté *à la suite* des 12 régiments et répartis entre eux : 7 colonels, 11 lieutenants-colonels, 44 commandants, 106 capitaines, 145 lieutenants ou sous-lieutenants, 96 adjudants, 321 sergents et 213 caporaux.

B. *Une section de secrétaires d'état-major* (portion principale en France, portions secondaires aux colonies), employés dans les états-majors des troupes coloniales, comprend en France : 10 adjudants, 24 sergents, 24 caporaux et environ 40 soldats; et, aux colonies : 10 adjudants, 35 sergents, 36 caporaux et environ 50 soldats.

C. *Une section de télégraphistes coloniaux* (portion principale en France, portions secondaires aux colonies), comprenant :

En France : 1 capitaine, 2 lieutenants, 1 adjudant, 1 sergent-major, 1 sergent fourrier, 10 sergents, 1 caporal fourrier, 14 caporaux et 72 soldats.

Aux colonies : 3 lieutenants, 3 adjudants, 3 sergents-majors, 12 sergents, 3 caporaux fourriers, 15 caporaux, 81 soldats.

D. *Un dépôt des isolés,* ainsi composé :

1 capitaine, 1 lieutenant, 2 adjudants dont 1 vaguemestre, 1 sergent-major, 1 sergent fourrier, 1 sergent garde-magasin, 5 sergents dont 2 secrétaires, 1 caporal fourrier, 8 caporaux dont 2 secrétaires, 2 clairons, 4 soldats ouvriers, 16 soldats plantons, cuisiniers, hommes de corvée.

E. *Une section de secrétaires et ouvriers du commissariat.*

F. *Une section d'infirmiers coloniaux,* dont la composition sera indiquée par des décrets ultérieurs sur l'organisation des services administratifs et de santé des troupes coloniales.

Au moment de la promulgation du décret du 28 décembre 1900, l'infanterie coloniale ne comptait en France que 10 régiments, devant, *en cas de mobilisation générale,* constituer un corps d'armée de deux divisions. Le décret du 28 décembre porte à 12 le nombre de ces régiments, constituant par suite trois divisions. Une décision ultérieure réunira, *dès le temps de paix,* ces trois divisions en un corps d'armée.

*
* *

Les troupes coloniales d'infanterie européenne aux colonies comprennent :

1° 2 régiments à 3 bataillons de 4 compagnies en Indo-Chine ;

1 régiment à 4 bataillons de 4 compagnies également en Indo-Chine ;

1 régiment à 4 bataillons de 4 compagnies à Madagascar ;

1 régiment à 3 bataillons de 4 compagnies également à Madagascar ;

1 régiment à 2 bataillons de 4 compagnies à la Côte occidentale d'Afrique.

Les cadres de ces régiments ne diffèrent des cadres des régiments de France que parce qu'ils ne possèdent au total que 9 colonels et lieutenants-colonels au lieu de 12. De plus, les 11e et 14e n'ont pas d'adjudants-majors, les 11e et 15e n'ont ni drapeau ni fanfare ; le 14e n'a qu'un sergent clairon ; sauf le 10e et le 13e, qui ont un adjudant vaguemestre, les autres n'ont qu'un sergent vaguemestre ; enfin, au 14e, le major est un capitaine et le trésorier un lieutenant.

2° 1 bataillon en Nouvelle-Calédonie ;
1 bataillon à la Martinique ;
1 bataillon à la Réunion ;
2 compagnies à la Guyane ;
1 compagnie à la Guadeloupe ;
1 compagnie à Tahiti.

Le cadre d'un bataillon de 4 compagnies est ainsi constitué :

État-major. — 1 chef de bataillon, commandant ; 1 capitaine-major, 1 lieutenant comptable, 1 médecin-major de 2e classe ou aide-major.

Petit état-major et section hors rang. — 1 adjudant de bataillon, 1 chef armurier, 5 ou 6 sergents, 7 ou 8 caporaux, 9 soldats.

Compagnie aux colonies. — 1 capitaine, 2 lieutenants ou sous-lieutenants, 1 adjudant, 1 sergent-major, 1 sergent fourrier, 6 sergents, 1 caporal fourrier, 12 caporaux, 2 clairons, 1 élève clairon, 125 soldats.

Nous ferons encore constater ici l'insuffisance numérique des garnisons européennes de certaines colonies, la Nouvelle-Calédonie, la Réunion, la Guyane, la Martinique, la Guadeloupe. Les faibles garnisons qui leur sont attribuées ne peuvent permettre d'y maintenir l'ordre intérieur dans certaines circonstances, ni de les garantir efficacement contre des attaques extérieures. Et pourtant les citoyens français habitant ces colonies ne sont-ils pas en droit de réclamer de la métropole la protection absolue qu'elle doit à tous les habitants du territoire national ? La loi impose le service militaire aux habitants de certaines colonies pour participer à la défense de la métropole ; les habitants de la métropole, de leur côté, ont le même devoir équitable envers les colonies. A quoi bon posséder et accroître un domaine colonial, si l'on n'a ni la volonté ni la possibilité de le garder et de le défendre ? Les colonies, c'est notre territoire national prolongé. Il faut donc occuper et défendre sérieusement nos colonies, ou n'en pas avoir, ou ne conserver que celles que nous pouvons couvrir d'une réelle et efficace protection.

*
* *

L'infanterie coloniale indigène comprend :

1 régiment de tirailleurs annamites à 3 bataillons (Cochinchine) ;

4 régiments de tirailleurs tonkinois ; le 1er et le 4e, à 4 bataillons ; le 2e et le 3e, à 3 bataillons (Annam et Tonkin) ;

1 régiment de tirailleurs sénégalais à 3 bataillons (Sénégal) ;

1 régiment de tirailleurs sénégalais à 3 bataillons (Soudan) ;

1 régiment de tirailleurs sénégalais à 4 bataillons (Madagascar) ;

2 régiments de tirailleurs malgaches à 3 bataillons (Madagascar) ;

1 bataillon de tirailleurs sénégalais au Chari ;

1 bataillon de tirailleurs sénégalais à la Côte d'Ivoire ;

1 bataillon de tirailleurs sénégalais au Zinder ;

1 bataillon de tirailleurs sénégalais à Diégo-Suarez.

Les cadres des 10 régiments indigènes comprennent :

Européens. — 8 colonels, 8 lieutenants-colonels, 33 commandants, 175 capitaines, 185 lieutenants ou sous-lieutenants, 43 médecins ;

165 adjudants, 10 chefs armuriers, 1 chef de fanfare, 145 sergents-majors, 1 sous-chef de fanfare, 1265 sergents et fourriers, 235 caporaux et fourriers, 19 musiciens et 70 soldats.

Indigènes. — 36 lieutenants et sous-lieutenants ;

528 sergents, 2,112 caporaux, environ 22,256 tirailleurs.

Chaque bataillon indigène formant corps a les cadres suivants :

Européens. — 1 chef de bataillon, commandant ; 1 capitaine adjudant-major, exerçant les fonctions de major ; 1 lieutenant comptable, 1 médecin-major de 2° classe ou aide-major ;

1 adjudant de bataillon, 1 chef armurier, 3 sergents secrétaires, 4 caporaux (armurier, tailleur, cordonnier, clairon), 4 soldats (1 secrétaire et 3 ouvriers).

Indigènes. — 6 soldats (infirmiers et ouvriers).

Le cadre d'une compagnie comporte :

Européens. — 1 capitaine, 2 lieutenants ou sous-lieutenants ;

1 adjudant, 1 sergent-major, 1 sergent fourrier, 8 sergents, 1 caporal fourrier.

Indigènes. — 1 lieutenant ou sous-lieutenant ;

4 sergents, 16 caporaux, 2 clairons, 2 élèves clairons et environ 164 tirailleurs.

*
* *

Le même décret du 28 décembre 1900 spécifie que les troupes d'infanterie coloniale (corps européens et indigènes) seront groupées en brigades, divisions et corps d'armée, suivant l'importance des divers groupements.

D'après ces dispositions, l'infanterie coloniale devait former, en France, un corps d'armée de 3 divisions, 6 brigades, 12 régiments. Cela a été fait. Mais en Indo-Chine, où nous avons, sans compter les bataillons de légion étrangère et d'infanterie légère d'Afrique, 8 régiments d'infanterie, soit 2 divisions, 4 brigades, ces troupes ne sont ni endivisionnées, ni formées en corps d'armée, et ne constituent qu'une trop grosse division. A Madagascar, nous avons plus de 5 régiments, c'est-à-dire une forte division ; le gouverneur général (général Gallieni) est en même temps commandant supérieur des troupes avec un seul brigadier, gouverneur de la place de Diégo-Suarez. Enfin, en Afrique occidentale et centrale, où les troupes d'occupation représentent une forte division, il n'y a qu'un général de brigade commandant supérieur des troupes.

On voit donc que les prescriptions de la loi, en ce qui concerne les groupements les plus importants, n'ont pas été observées jusqu'ici. La loi qui doit fixer la composition de l'état-major général est encore à faire, et nous craignons bien qu'on l'attende encore longtemps, car elle aurait pour conséquence une augmentation de dépenses au budget du ministère des colonies, et cette considération retardera sans doute longtemps encore l'organisation normale du commandement que le ministre de la guerre désire donner à ses troupes, qu'elles soient en France ou aux colonies.

*
* *

Enfin, le même décret arrête comme il suit la composition des corps disciplinaires :

1° *En France :* Un dépôt des compagnies de disciplinaires des colonies et un dépôt des compagnies de discipline coloniales à l'île d'Oléron.

2° *Aux colonies :* 2 compagnies et 1 section de discipline en Indo-Chine, à Madagascar et à la Martinique:

2 compagnies de disciplinaires au Sénégal et à Diégo-Suarez.

Le décret d'organisation de l'infanterie coloniale a été contresigné par les ministres de la guerre et des colonies.

CHAPITRE III

Organisation de l'artillerie coloniale. — État-major général
et état-major particulier. — Régiments d'artillerie coloniale en France. — Dépôt des isolés. — Compagnies
d'ouvriers. — Artillerie coloniale aux Colonies. — Per·
sonnel d'artillerie détaché au Ministère de la marine.

Un second décret du 28 décembre 1900, modifié par décret du
3 juillet 1901, a statué sur l'organisation de l'artillerie coloniale.

D'après ce décret l'artillerie coloniale comprend :

1° Les troupes d'artillerie européennes et indigènes employées
à la garde et à la défense des colonies et pays de protectorat,
sauf l'Algérie et la Tunisie ;

2° Le personnel chargé du service technique de l'artillerie et
des services des constructions militaires et des fortifications aux
colonies, concurremment avec le service du génie ;

. 3° Le personnel détaché au ministère de la marine pour la
fabrication et l'entretien du matériel de la flotte.

Elle coopère aux opérations militaires, en France et aux colonies, dans les mêmes conditions que l'infanterie coloniale.

Ce décret ne fait aucune mention de l'état-major général de
l'artillerie. En fait, il y a pourtant des généraux de division et
des généraux de brigade provenant de l'artillerie coloniale. Le
décret d'organisation de l'infanterie dit bien que les officiers
généraux ne sont pas spécialisés dans leur arme d'origine ; mais
la hiérarchie, dans l'artillerie, ne s'arrête pas au grade de colonel. Le nombre des officiers généraux, comptant actuellement à
l'état-major général des troupes coloniales, est déjà insuffisant
pour exercer dans des conditions normales, le commandement
des troupes de l'infanterie coloniale, et il faut pourtant avoir des

généraux disponibles pour les mettre à la tête des troupes d'artillerie et des divers services techniques du ministère de la marine.

Le décret dont nous nous occupons n'a donc trait qu'à l'organisation de l'état-major particulier et aux corps de troupe de l'artillerie coloniale.

*
* *

L'état-major particulier comprend, en France et aux colonies, le personnel employé aux services techniques de la marine et des colonies, et les officiers détachés à un service d'état-major. Il est ainsi composé :

Officiers.

En France :
10 colonels, dont 9 à la marine :
12 lieutenants-colonels, dont 10 à la marine ;
24 commandants, dont 19 à la marine ;
100 capitaines, dont 83 à la marine.
Aux colonies :
3 colonels ; 4 lieutenants-colonels ; 10 commandants ; 64 capitaines.

Officiers d'administration.

En France :
38 comptables, dont 21 à la marine ;
17 artificiers à la marine ;
51 ouvriers d'état à la marine ;
39 conducteurs de travaux.
Aux colonies :
31 comptables ; 5 artificiers ; 20 ouvriers d'état ; 39 conducteurs de travaux.

Employés d'artillerie.

En France :
27 stagiaires comptables, dont 22 détachés à la marine ;
45 conducteurs de travaux ;

40 ouvriers d'état détachés à la marine ;
61 gardiens de batteries.
Aux colonies :
27 comptables ; 45 conducteurs de travaux ; 5 adjudants
gardiens de batterie.

**

Les troupes d'artillerie stationnées dans la métropole doivent
comprendre *3 régiments* à 12 batteries, dont 4 montées, 2 de
montagne et 6 à pied.

**

État-major d'un régiment : 1 colonel, 1 lieutenant-colonel,
6 commandants, 1 commandant-major, 1 médecin-major de
1re classe, 1 capitaine instructeur d'équitation, 2 capitaines adjudants-majors, 1 capitaine directeur du parc, 1 capitaine trésorier, 1 capitaine d'habillement, un lieutenant adjoint au trésorier,
1 médecin aide-major, 1 vétérinaire en premier, un vétérinaire
en second ou aide-vétérinaire, et 1 chef de musique (pour un régiment seulement).

Petit état-major : 3 adjudants, dont 1 chargé du casernement, 1 chef artificier, 1 maréchal des logis chef mécanicien et
gardien de parc, 1 maréchal des logis trompette, 1 brigadier
trompette, et, dans un seul régiment, 1 sous-chef de musique et
38 musiciens.

Peloton hors rang : 1 adjudant chargé de l'armement et du
harnachement, 1 chef armurier, 1 maréchal des logis chef du
peloton hors rang, 1 adjudant ou maréchal des logis maître
d'escrime ; 12 maréchaux des logis, 9 brigadiers et 54 canonniers.

Composition d'une batterie montée :

Officiers : 1 capitaine en premier, 1 capitaine en second,
1 lieutenant en premier, 1 lieutenant en second ou sous-lieutenant ;
Chevaux : 5 ;

Troupe : 1 adjudant, 1 maréchal des logis chef, 6 maréchaux des logis, 1 sous-chef artificier ou sous-chef mécanicien, 1 maréchal des logis fourrier, 1 brigadier fourrier, 7 brigadiers, 1 brigadier maître maréchal, 5 artificiers ou pointeurs, 4 ouvriers en fer et en bois, 1 aide-maréchal, 2 bourreliers, 2 trompettes, 30 canonniers servants, 40 canonniers conducteurs ;

Chevaux : 54.

Composition d'une batterie de montagne :

Officiers : Même composition que dans la batterie montée ;
Troupe : Même composition que dans la batterie montée ;
13 chevaux et 30 mulets.

Composition d'une batterie à pied :

Officiers : Même composition que dans la batterie montée ;
Troupe : Même composition que dans la batterie montée, sauf qu'il n'y a ni brigadier maréchal, ni aide-maréchal, ni bourrelier.

*
**

Les troupes d'artillerie coloniale stationnées en France comprennent de plus :

1° *Un dépôt des isolés* ainsi constitué :

1 capitaine, 1 lieutenant, 1 maréchal des logis chef, 1 maréchal des logis fourrier, 2 maréchaux des logis, 2 brigadiers, 1 trompette et 5 canonniers.

2° *Cinq compagnies d'ouvriers* :

1re compagnie, Cherbourg :

1 capitaine en premier, 1 capitaine en second, un lieutenant en premier, 1 lieutenant en second ou sous-lieutenant ;

1 maréchal des logis chef, 1 maréchal des logis fourrier, 7 maréchaux des logis, 1 brigadier fourrier, 8 brigadiers, 12 maîtres ouvriers, 2 trompettes et 87 canonniers ouvriers.

2e compagnie, Lorient :

Même composition que la précédente pour le cadre, mais 92 canonniers au lieu de 87.

3e compagnie :
Même cadre que la 1re compagnie ;
Détachement de Lorient : 56 ouvriers ;
Détachement de Gavres : 12 ouvriers ;
Détachement de Sevran-Livry : 1 capitaine en second, 4 maréchaux des logis, 1 brigadier fourrier, 4 brigadiers, 6 maîtres ouvriers, 12 canonniers ouvriers.

4e compagnie, Rochefort :
Même cadre que la 1re compagnie, 42 canonniers ouvriers.

5e compagnie, Toulon :
1 capitaine en premier, 1 capitaine en second, 1 lieutenant en premier, 2 lieutenants en second ou sous-lieutenants ;
1 maréchal des logis chef, 2 maréchaux des logis fourriers, 9 maréchaux des logis, 2 brigadiers fourriers, 10 brigadiers, 15 maîtres ouvriers, 2 trompettes, 158 canonniers ouvriers.

3° *Une compagnie d'artificiers,* comprenant :

1 capitaine en premier, 1 capitaine en second, 1 lieutenant en premier, 2 lieutenants en second ou sous-lieutenants ;
1 maréchal des logis chef, 9 chefs artificiers, 1 maréchal des logis fourrier, 7 maréchaux des logis, 1 brigadier fourrier, 8 brigadiers, 15 maîtres artificiers, 2 trompettes, 94 canonniers artificiers.

⁎ ⁎

Les troupes d'artillerie coloniale aux colonies comprennent :
1° *Au Tonkin :* 1 régiment à 8 batteries, dont 2 montées, 4 de montagne et 2 à pied ;
2° *En Cochinchine :* 1 régiment à 6 batteries, dont 2 montées, 2 de montagne et 2 à pied ;
3° *En Nouvelle-Calédonie :* 1 batterie à pied ;
4° *A Tahiti :* 1 section à pied.
5° *En Afrique occidentale,* trois groupes :
    1er groupe : 2 batteries à pied, et 1 batterie de montagne à Dakar ;
    2e groupe : 1 batterie à pied et une compagnie de conducteurs, au Sénégal ;

3e groupe : 1 batterie de montagne et 1 compagnie de conducteurs, au Soudan ;

6ᵃ *A Madagascar*, deux groupes :

1ᵉʳ groupe : 2 batteries à pied, Diégo-Suarez ;

2ᵉ groupe : 3 batteries de montagne et une compagnie de
conducteurs en Émyrne ;

7º *A la Martinique*, un groupe de 2 batteries à pied ;

8º *A la Guadeloupe*, 1 section à pied ;

9º *Au Chari*, 1 batterie à pied ;

10ᵒ *A la Réunion*, 1 batterie à pied ;

11º 1 compagnie d'ouvriers au Soudan et des détachements
d'ouvriers dans les autres colonies.

Etats-majors et cadres des régiments et des groupes au colonies :

Au Tonkin : 1 colonel, 3 commandants, un capitaine-major,
1 capitaine d'habillement, 1 lieutenant trésorier, 1 médecin-
major et 1 aide-major, 1 vétérinaire et 1 aide-vétérinaire ;

1 adjudant, 1 chef artificier, 1 maréchal des logis, mécanicien
et garde de parc, 1 brigadier trompette, 1 chef armurier, 1 adjudant d'armement et harnachement, 3 maréchaux des logis secrétaires, 1 maréchal des logis ou brigadier maître d'escrime.

En Cochinchine, 1ᵉʳ groupe :

1 lieutenant-colonel, 3 commandants, 1 lieutenant comptable,
1 médecin-major ou aide major, 1 vétérinaire ;

1 adjudant, 1 chef artificier, 1 maréchal des logis mécanicien
et garde de parc, 1 brigadier trompette, 1 chef armurier, 1 adjudant d'armement et de harnachement, 3 maréchaux des logis
secrétaires ;

2ᵉ groupe, cap Saint-Jacques :

1 commandant, 1 lieutenant comptable, 1 médecin, 1 chef
artificier, 1 brigadier trompette, 1 maréchal des logis secrétaire.

En Nouvelle-Calédonie et Tahiti : Néant.

En Afrique occidentale :

1ᵉʳ groupe (Dakar) : 1 commandant, 1 médecin major ou aide-
major, 1 vétérinaire, 1 lieutenant comptable, 1 chef artificier,
1 maréchal des logis mécanicien et garde de parc, 1 brigadier
trompette, 3 maréchaux des logis secrétaires ;

2ᵉ groupe (Sénégal) : Néant ;
3ᵉ groupe (Soudan) : Néant.

A Madagascar :

1ᵉʳ groupe (Diégo-Suarez) : 1 commandant, 1 médecin, 1 vétérinaire, 1 adjudant, 1 chef artificier, 1 brigadier trompette, 3 maréchaux des logis secrétaires ;

2ᵉ groupe (Émyrne) : 1 lieutenant-colonel, 2 commandants, 1 lieutenant comptable, 3 médecins-major et aides-majors, 2 vétérinaires ;

1 adjudant, 1 chef artificier, 1 maréchal des logis mécanicien et garde de parc, 1 brigadier trompette, 1 adjudant d'armement, 3 maréchaux des logis secrétaires.

A la Martinique :

1 commandant, 1 lieutenant comptable, 1 médecin-major ou aide-major ;

1 adjudant, 1 chef artificier, 1 brigadier trompette, 3 maréchaux des logis secrétaires.

A la Guadeloupe, au Chari et à la Réunion : Néant.

Composition des batteries d'artillerie coloniale aux colonies.

DÉSIGNATION DU PERSONNEL.	BATTERIE A PIED.			BATTERIE MONTÉE.			BATTERIE DE MONTAGNE.			COMPAGNIE de CONDUCTEURS.	
	Type A	Type B (mixte) Européens	Type B (mixte) Indigènes	Type C	Type D (mixte) Européens	Type D (mixte) Indigènes	Type E	Type F (mixte) Européens	Type F (mixte) Indigènes	Européens	Indigènes
Capitaine en 1er	— 1	— 1	»	+ 1	+ 1	»	+ 1	+ 1	»	— 1	»
Capitaine en 2e	— 1	— 1	»	— 1	— 1	»	— 1	— 1	»	— 1	»
Lieutenant en 1er	— 1	— 1	»	— 1	— 1	»	— 1	— 1	»	— 1	»
Lieutenant en 2e ou sous-lieutenant	— 1	— 1	»	— 1	— 1	»	— 1	— 1	»	— 1	— 1
TOTAL des officiers	4	4	»	4	4	»	4	4	»	4	1
Adjudant	1	1	»	— 1	— 1	»	— 1	— 1	»	— 1	»
Maréchal des logis chef	1	1	»	— 1	— 1	»	— 1	— 1	»	— 1	»
Maréchaux des logis	6	6	3	— 6	— 6	— 2	— 6	— 6	— 2	— 6	— 6
Sous-chef artificier	1	1	»	— 1	— 1	»	— 1	— 1	»	— 1	»
Maréchal des logis fourrier	1	1	»	— 1	— 1	»	— 1	— 1	»	— 1	»
Brigadier fourrier	»	»	»	— 1	— 1	»	— 1	— 1	»	— 1	»
Brigadiers	7	6	6	— 7	— 6	— 6	7	— 6	— 6	—10	—10
Brigadier maître maréchal	»	»	»	— 1	— 1	»	1	— 1	»	— 1	»
Artificiers	5	6	»	5	6	»	5	6	»	»	»
Ouvriers en fer et en bois	4	4	»	4	4	»	4	4	»	2	2
Aides-maréchaux	»	»	»	— 1	1	2	1	1	2	2	»
Bourreliers	»	»	»	2	2	»	2	2	»	2	»
Trompettes	2	1	2	— 2	— 1	— 2	— 2	— 1	— 2	— 1	— 2
TOTAL des cadres de la troupe	28	27	11	33	32	12	33	32	12	28	20
Canonniers servants	80	58	68	30	24	12	30	24	12	»	(b) »
Canonniers conducteurs	»	»	»	40	12	64	40	12	64	»	(b) »
TOTAL de la troupe (cadre non compris)	80	58	68	70	36	76	70	36	76	»	(b) »
EFFECTIF TOTAL de la troupe	108	164		103	156		103	156		(b) »	
Chevaux d'officiers	4	4		5	5		5	5		5	
Chevaux de selle	»	»		22	29		12	29		40	
Chevaux de trait léger	»	»		32	»		12	»		»	
Mulets	»	»		»	(a) 60		30	(a) 60		(b) »	
TOTAL des chevaux et mulets	4	4		59	94		59	94		(b) »	

OBSERVATIONS. — Les chiffres précédés du signe — indiquent les officiers ou hommes montés et pourvus d'un seul cheval; le signe + indique les capitaines pourvus de deux montures.
(a) En cas d'opérations militaires, le nombre des mulets est porté à 90.
(b) Nombre variable suivant les besoins et les ressources budgétaires.

*
* *

L'artillerie coloniale est recrutée, comme l'infanterie, au moyen d'engagés, de rengagés, de commissionnés, et de jeunes soldats des contingents annuels, ces derniers n'étant pas astreints au service colonial.

Les officiers proviennent de l'École polytechnique et de l'École de Versailles.

Les gardes auxiliaires d'artillerie, organisés en 1881, conservent leurs fonctions actuelles, mais ils seront supprimés par voie d'extinction. Il en sera de même pour les gardiens de batterie de l'artillerie coloniale, et les adjudants gardiens de batterie coloniaux.

Il a été spécifié, dans les deux décrets d'organisation de l'infanterie et de l'artillerie, qu'il ne serait pourvu aux créations et augmentations qu'ils comportaient, qu'au fur et à mesure des crédits votés par le Parlement.

*
* *

Un troisième décret du 28 décembre 1900 traite de l'organisation du personnel de l'artillerie coloniale détaché au ministère de la marine.

Les services et établissements dirigés par ce personnel sont les suivants :

1º Les directions de l'artillerie de la marine dans les ports militaires, Cherbourg, Brest, Lorient, Rochefort et Toulon;

2º L'inspection des fabrications de l'artillerie ;

3º La fonderie de Ruelle ;

4º La commission d'expériences de Gàvres ;

5º L'École de pyrotechnie de Toulon;

6º Le service du *Mémorial de l'artillerie de la Marine;*

7º La représentation de la marine dans les diverses commissions des poudres et explosifs du Département de la guerre ;

8º La représentation du service technique de l'artillerie dans les diverses commissions du ministère de la marine ;

9º Les cours et conférences d'artillerie à l'École supérieure de la marine, et au vaisseau-école de canonnage ;

10° La direction de l'artillerie au ministère de la marine ;

11° Le contrôle technique des services de l'artillerie de marine.

*
* *

Le personnel d'artillerie coloniale détaché au ministère de la marine, comprend :

1° Un état-major général (un général de division et trois généraux de brigade). Ces quatre officiers généraux sont compris dans l'ensemble de l'état-major général des troupes coloniales, ce qui par suite diminue d'autant d'unités le nombre des généraux affectés actuellement au service des troupes, nombre déjà insuffisant ainsi que nous l'avons dit plus haut ;

2° Un état-major particulier ;

3° Des corps de troupe.

Nous avons donné plus haut la composition de l'état-major particulier et des corps de troupe dans l'exposé de l'organisation générale du corps de l'artillerie coloniale.

Les officiers d'artillerie coloniale, appelés aux services techniques de la marine, sont pris sur des listes d'aptitude, sur lesquelles ils sont inscrits sur leur demande ou d'office. Ils sont demandés par le ministre de la marine au ministre de la guerre ; les listes sont arrêtées par ce dernier. Les officiers qui, ayant pris leurs fonctions, ne justifieraient pas des aptitudes nécessaires aux services techniques, seraient remis par la marine à la disposition de la guerre.

Les officiers détachés aux services de la marine sont exemptés du service colonial : les colonels pendant cinq ans ; les lieutenants-colonels et les commandants pendant quatre ans ; les capitaines et les lieutenants pendant trois ans. Ces exemptions sont renouvelables pour une seule période, dans la proportion d'un cinquième pour les colonels et les lieutenants-colonels, et d'un dixième pour les autres grades ; elles sont prononcées avec le consentement des intéressés, par le ministre de la guerre sur la proposition du ministre de la marine.

Ce personnel est inspecté par les officiers généraux placés à sa tête, et concourt pour l'avancement et les récompenses honorifiques avec l'ensemble du personnel de l'artillerie coloniale.

*
* *

De l'examen des décrets d'organisation de l'artillerie coloniale ressort une observation sur laquelle il n'est pas inutile d'attirer l'attention ; c'est celle-ci : En plus de ses attributions normales d'artillerie coloniale, on maintient à cette arme celles qui lui étaient dévolues lorsqu'elle était *l'artillerie de la marine.*

Il y a eu et il y a encore, dans l'artillerie de la marine devenue artillerie coloniale, des spécialistes fort distingués, qui ont obtenu dans la fabrication des bouches à feu, des projectiles, du matériel d'artillerie, des poudres, des explosifs, etc., des résultats considérables. Ces hommes remarquables ont été et sont autant des ingénieurs d'artillerie que des officiers canonniers. Mais leurs qualités d'officiers canonniers leur sont indispensables pour expérimenter et faire expérimenter en leur présence les inventions et les perfectionnements résultant de leurs travaux de cabinet et de laboratoire. Nous croyons donc que, malgré l'apparente simplification qu'on pourrait réaliser en créant, au ministère de la marine, un corps spécial d'ingénieurs d'artillerie navale, ayant les attributions actuellement exercées par l'artillerie coloniale, il est préférable de s'en tenir à la situation actuelle, bien qu'elle ait le grand inconvénient de faire dépendre l'artillerie coloniale de trois ministères différents : guerre, marine et colonies.

CHAPITRE IV

Organisation des services administratifs des troupes coloniales. — Commissariat des troupes coloniales. — Cadres,
leur recrutement. — Agents du commissariat colonial.
— Service de santé des troupes coloniales. — Cadres,
leur recrutement. — Agents du corps de santé des
troupes coloniales.

Le décret du 11 juin 1901, portant règlement d'administration
publique, rendu sur le rapport des ministres de la guerre, de la
marine et des colonies, en exécution des prescriptions de
l'article 11 de la loi du 7 juillet 1900, a eu pour objet de compléter
l'organisation des troupes coloniales en leur adjoignant les services auxiliaires d'administration et de santé, et en incorporant dans ces troupes le personnel des services en question.

Il nous paraît inutile d'entrer dans tous les détails de cette
organisation ; nous nous contenterons de mettre en lumière les
principes essentiels contenus dans ce décret, qui, d'une façon
générale tout au moins, tendent heureusement à établir l'unité de
commandement et d'administration, dont nous avons eu l'occasion de montrer l'absence presque complète dans les systèmes
précédents d'organisation des troupes de la marine.

Tout d'abord, dans cet ordre d'idées, le personnel du commissariat et du corps de santé des colonies devient une partie inté-
grante du personnel des troupes coloniales, rattaché au ministère de la guerre, — tandis que, dans la précédente organisation,
il appartenait à un ministère autre que celui auquel étaient rattachées les troupes dont il constituait les services auxiliaires.

*
* *

Le décret du 11 juin expose que le contrôle des services des troupes coloniales appartient, en France, au corps du *contrôle de l'armée*, et aux colonies au corps de *l'inspection des colonies;* qu'en France, la *direction* doit appartenir aux services de l'artillerie, du génie, des corps de l'intendance et de santé de la métropole, et la *gestion* aux officiers, fonctionnaires et agents des troupes coloniales.

Ces dispositions ne nous paraissent pas bien conformes à l'esprit de la loi du 7 juillet 1900, qui prescrit l'autonomie des troupes coloniales, leur régime propre, leur budget spécial ; — par suite, sinon le contrôle, du moins la direction et la gestion devraient, complètement et exclusivement, être réservées à des services spéciaux des troupes coloniales, et nous ne voyons pas la nécessité qu'il peut y avoir à faire intervenir les intendants et les médecins de l'armée de terre dans les affaires des troupes coloniales en France, sauf dans les cas spéciaux où ces affaires ressortiraient du commandement territorial.

*
* *

Aux colonies, le chef du service administratif est *directeur*, et en même temps *ordonnateur* par délégation du ministre des colonies.

« Le commandant supérieur des troupes, en tout temps et en toutes circonstances, a sous son commandement les forces de l'armée active, de la réserve, de l'armée territoriale et de sa réserve, ainsi que *tous les services et établissements affectés à ces forces.*

« Il est, sous l'autorité supérieure du gouverneur, *le chef responsable de l'administration militaire...*

« Les directeurs des services sont sous les ordres immédiats du commandant supérieur. »

Il nous semble que des dispositions analogues, sauf certaines réserves, provenant de ce que les commandants des grosses unités des troupes coloniales en France, n'exercent pas le commandement territorial, auraient pu être appliquées partout, et qu'on aurait pu ne pas imposer aux directeurs des divers services métropolitains la tâche supplémentaire de diriger des services dont la gestion ne leur appartient pas.

* *

Après avoir fixé le mode de correspondance entre les directeurs, les commandants des troupes, les gouverneurs et les ministres des colonies et de la guerre, l'article 3 du décret expose que le commandant supérieur des troupes a le devoir :

« De prévoir et exposer au ministre des colonies, en temps opportun, les besoins des troupes sous ses ordres ;

« De donner, quand il y a lieu, l'ordre de pourvoir et de distribuer, suivant les besoins et les ressources, conformément aux règlements, et dans la limite des allocations accordées ;

« De veiller à ce que les troupes sous ses ordres soient pourvues de tout ce qui leur est alloué par les règlements et les décisions ministérielles ;

« De visiter et inspecter les magasins, et de s'assurer que les approvisionnements sont au complet déterminé, en bon état d'entretien, et disponibles pour l'entrée en service ;

« De tenir la main à ce que les lois et règlements soient exactement appliqués dans tous les services. »

* *

Le commissariat des troupes coloniales a, pour celles-ci, les attributions générales dévolues à l'intendance pour l'armée métropolitaine. Il a une hiérarchie propre, dont les grades correspondent comme il suit à ceux de la hiérarchie militaire :

Commissaire de 3e classe : sous-lieutenant ;
Commissaire de 2e classe : lieutenant ;
Commissaire de 1re classe : capitaine ;
Commissaire principal de 3e classe : commandant ;
Commissaire principal de 2e classe : lieutenant-colonel ;
Commissaire principal de 1re classe : colonel ;
Commissaire général : général de brigade.

Le cadre est fixé comme il suit :

2 commissaires généraux ;
8 commissaires principaux de 1re classe ;
8 commissaires principaux de 2e classe ;

28 commissaires principaux de 3e classe ;
21 commissaires de 1re classe ;
58 commissaires de 2e et 3e classe.

Les officiers du commissariat se recrutent parmi les élèves de l'École coloniale, parmi les agents comptables et les agents de 3e classe du commissariat et du corps de santé des colonies, parmi les élèves de l'École polytechnique (deux places par an sont réservées à ces derniers).

Un quart des places vacantes de commissaires de 1re classe peut être attribué, par voie de concours, à des capitaines des troupes coloniales, à des agents comptables et à des agents de 1re classe du commissariat et du corps de santé des colonies, comptant au moins un an de grade.

Un cinquième des places vacantes de commissaire principal de 3e classe peut être attribué, par voie de concours, à des commandants des troupes coloniales, à des agents principaux et agents comptables principaux du commissariat et du service de santé des colonies, et à des capitaines des troupes coloniales, ainsi qu'à des agents comptables et agents de 1re classe du commissariat et du service de santé, comptant quatre ans de grade et proposés pour l'avancement.

Ouvrir les portes du commissariat aux officiers des troupes est une fort bonne mesure ; et il serait certainement avantageux de n'employer que ce mode de recrutement ; cela donnerait à ce corps une organisation plus en rapport avec son rôle d'administration militaire, et analogue à celle qu'une longue expérience a fait adopter pour l'intendance de l'armée.

*
* *

Le commissariat colonial a sous ses ordres :

1º Les agents comptables, affectés aux magasins (agents principaux de 1re, 2e et 3e classe) ;

2º Les agents employés aux écritures (agents de 1re, 2e et 3e classe).

Tous ces agents jouissent du bénéfice de la loi du 19 mai 1834 sur l'état des officiers ; mais ils ne sont assimilés qu'en ce qui concerne le taux des pensions de retraite.

Les agents de 3e classe sont recrutés parmi les sous-officiers des troupes coloniales sortant de l'École d'administration militaire.

Le décret crée aussi une section de secrétaires et ouvriers militaires du commissariat affectés aux travaux d'écriture et d'exploitation.

*
* *

Le corps de santé des colonies comprend des médecins et des pharmaciens. Il est affecté au service des troupes coloniales en France et aux colonies. De plus, il est chargé, aux colonies, des hôpitaux et de divers services civils.

La hiérarchie du corps est la suivante :

Médecin ou pharmacien aide-major de 2ᵉ classe : sous-lieutenant ;

Médecin ou pharmacien aide-major de 1ʳᵉ classe : lieutenant ;

Médecin ou pharmacien-major de 2ᵉ classe : capitaine ;

Médecin ou pharmacien-major de 1ʳᵉ classe : commandant ;

Médecin ou pharmacien principal de 2ᵉ classe : lieutenant-colonel ;

Médecin ou pharmacien principal de 1ʳᵉ classe : colonel ;

Médecin inspecteur : général de brigade.

Le cadre doit comporter : 2 médecins inspecteurs, 10 médecins principaux de 1ʳᵉ classe, 17 médecins principaux de 2ᵉ classe, 78 médecins-majors de 1ʳᵉ classe, 167 médecins-majors de 2ᵉ classe, 161 médecins aides-majors ;

1 pharmacien principal de 1ʳᵉ classe, 2 pharmaciens principaux de 2ᵉ classe, 5 pharmaciens-majors de 1ʳᵉ classe, 19 pharmaciens-majors de 2ᵉ classe et 19 pharmaciens aide-majors.

*
* *

Les médecins et pharmaciens se recrutent parmi les élèves des écoles du service de santé, et parmi les docteurs en médecine ou maîtres en pharmacie admis comme stagiaires à la suite d'un concours. Les uns et les autres suivent pendant un an les cours d'une école d'application spéciale.

*
* *

Il est créé :

1° Un corps d'agents comptables du service de santé analogue à celui des agents du commissariat ;

2° Une section d'infirmiers militaires des troupes coloniales, comprenant des infirmiers commis aux écritures, des infirmiers de visite et des infirmiers d'exploitation du service général.

*
* *

Le personnel des deux corps du commissariat et du corps de santé des colonies est administré par la Direction des troupes coloniales au ministère de la guerre.

La répartition de ce personnel est arrêtée entre les deux ministres de la guerre et des colonies. Les feuillets du personnel sont tenus dans ces deux ministères.

La loi métropolitaine sur l'avancement est applicable aux deux corps ; toutefois, nul ne peut être promu aux grades correspondant à ceux de capitaine, commandant et lieutenant-colonel, s'il n'a accompli dans le grade précédent une période réglementaire de séjour aux colonies.

Un feuillet technique, établi par le directeur du service de santé, est joint à la feuille de notes de chaque médecin employé dans les corps de troupe.

Les propositions pour l'avancement et pour la Légion d'honneur, ainsi que pour la médaille militaire, sont classées par une commission instituée chaque année pour chacun des deux corps de santé et du commissariat, et présidée par un général de division des troupes coloniales.

Les tableaux d'avancement et de concours sont arrêtés par le ministre de la guerre après entente avec le ministre des colonies.

*
* *

Dans les deux corps, « l'autorité disciplinaire s'exerce sur toutes les parties du service conformément aux dispositions des décrets sur le service dans les places de guerre et villes de garnison, et sur le service intérieur des troupes métropolitaines.

**

Nous ne nous arrêterons pas sur les dispositions finales du décret du 11 juin, prises pour procéder à la première formation des deux corps, en y incorporant en totalité, conformément à la loi du 7 juillet 1900, l'ancien personnel appartenant au ministère des colonies, et une certaine partie du personnel du corps de santé de la marine. Ces dispositions, bien qu'importantes au moment de la transition, n'offrent pas d'intérêt, quant à l'ensemble de la nouvelle organisation.

CHAPITRE V

**Direction des troupes coloniales (8e Direction du ministère
de la guerre). — Ses attributions. — Son importance. —
Comité technique et Section technique des troupes coloniales. — Comité consultatif des colonies.**

Au moment du rattachement des troupes coloniales au ministère de la guerre, le colonel Famin, de l'infanterie de marine,
était chargé de la Sous-Direction des troupes au ministère de la
marine. Un décret du 28 décembre 1900 nomma cet officier
supérieur chef de la Direction nouvelle des troupes coloniales au
ministère de la guerre ; et, peu de temps après, en raison des
remarquables services rendus dans une laborieuse et difficile
période d'organisation, le colonel Famin fut promu général de
brigade, et maintenu dans son poste de directeur.

Conformément au décret du 21 janvier 1901, la Direction des
troupes coloniales (8e Direction du ministère de la guerre) est
divisée en quatre bureaux dont les attributions sont les suivantes :

1er BUREAU. — *Bureau technique.*

Organisation, mobilisation, instructions générales, inspection ; emploi des troupes coloniales entretenues sur le budget de
la guerre.

Règlements de manœuvres et autres.

Règlements concernant les services administratifs et de santé
des troupes coloniales.

Missions militaires coloniales.

Correspondance avec le Comité technique des troupes coloniales.

2ᵉ Bureau. — *Personnel de l'infanterie coloniale.*

État civil, situations d'effectifs, mutations des militaires colo-niaux et indigènes.

Relations avec les directions compétentes en ce qui concerne les troupes d'infanterie de l'armée métropolitaine détachées dans les colonies.

Personnels de l'état-major particulier de l'infanterie et du ser-vice d'état-major des troupes coloniales, des bureaux de recru-tement et du service de la justice aux colonies.

Nominations et promotions, contrôle des officiers, service cou-rant.

Application des lois, décrets et règlements relatifs au recru-tement des troupes coloniales, aux engagements et rengage-ments.

Administration et mode de rappel des réservistes aux colo-nies.

Dons et legs.

Statistique et préparation de l'*Annuaire.*

3ᵉ Bureau. — *Personnel de l'artillerie coloniale.*

État civil, situations d'effectifs, mutations dans les divers corps de l'artillerie coloniale.

Relations avec les directions compétentes en ce qui concerne les troupes d'artillerie, du génie et de la cavalerie de l'armée métropolitaine détachées aux colonies.

Personnel de l'état-major particulier de l'artillerie coloniale.

Nominations et promotions. — Contrôle des officiers.

Personnel du service administratif et du service de santé (toutes questions relatives à ce personnel).

Service courant.

Dons et legs.

Statistique et préparation de l'*Annuaire.*

Gendarmerie coloniale.

4ᵒ Bureau. — *Matériel et Comptabilité.*

Soldes et indemnités pour tous les corps et tous les services des troupes coloniales en France, en Algérie et en Tunisie. —

Administration, comptabilité, finances et matières.—Liquidation des masses individuelles. — Vérification des revues et décomptes. — Délégations de solde.

Rapports avec la Direction de l'intendance en tout ce qui se rapporte à l'entretien des troupes coloniales stationnées en France, en Algérie et en Tunisie.

Mêmes rapports avec la Direction de l'artillerie en tout ce qui a rapport au matériel de guerre, et avec les autres Directions en ce qui concerne la remonte, le casernement et les hôpitaux.

Rapports avec le ministère des colonies pour tout ce qui concerne l'administration des troupes coloniales.

*
* *

L'énumération des attributions de la 8e Direction (troupes coloniales) permet de se rendre compte de l'importance de ce nouveau service du ministère de la guerre. Cette Direction ne constitue pas une simple *Direction d'arme*, comme la Direction de l'infanterie, de la cavalerie, etc. ; car elle administre non seulement l'infanterie et l'artillerie des troupes coloniales, mais leurs services administratifs et de santé.

On peut dire qu'elle forme une *Direction générale* en réunissant les attributions d'une Direction d'infanterie, d'une Direction d'artillerie et du génie, d'une Sous-Direction de cavalerie (gendarmerie), Direction de l'intendance et d'une Direction du corps de santé. Elle a, il est vrai, un personnel moins nombreux à administrer dans chacune de ces parties; mais les affaires qu'elle a à traiter, au lieu d'appartenir généralement à une catégorie spéciale, se rapportent à cinq ou six.

Il est permis d'affirmer que l'organisation de la 8e Direction est aussi parfaite que possible, en ce qui concerne la partie des troupes stationnées en France ; mais elle se ressent fatalement du vice capital de la loi du 7 juillet 1900 : la dualité du commandement et de l'administration des troupes coloniales en service dans les colonies.

Par suite de cette dualité, ce n'est qu'après une *entente* entre les deux ministères de la guerre et des colonies, entente exigeant de longs pourparlers, de nombreux échanges de correspondance, que peuvent être réglées presque toutes les affaires concernant en même temps les troupes coloniales et leurs services, en France et aux colonies. Toutes les affaires spéciales aux troupes et aux services dans les colonies échappent presque entièrement à la 8e Direction.

Il n'est pas nécessaire d'insister ; il est certain pour nous que l'armée coloniale ne sera réellement bien organisée que lorsqu'elle sera tout entière sous le commandement et l'administration d'un seul ministre, celui de la guerre, en France et aux colonies, et qu'on mettra fin à cette malheureuse dualité, dont nous ne cesserons de proclamer l'illogisme et le danger.

* *

Le passage des troupes de la marine au ministère de la guerre avait eu pour conséquence la suppression du Comité technique des troupes de la marine.

Sur un rapport du ministre de la guerre exposant la nécessité de créer un Comité technique pour l'étude des questions intéressant les troupes coloniales, les modifications suivantes furent apportées, par un décret du 22 mars 1901, au décret du 31 juillet 1888, réglant la composition et les attributions des comités et sections techniques, modifié lui-même par les décrets du 8 novembre 1894 et du 22 juillet 1900 :

Il est créé un Comité technique des troupes coloniales.

Les comités techniques ont la composition suivante :

Comité d'état-major. — 9 membres parmi lesquels devront figurer :

Un représentant de chaque arme, pris autant que possible parmi ceux désignés pour remplir les emplois élevés du service d'état-major ;

Un des sous-chefs de l'état-major général de l'armée ;

Le commandant de l'École supérieure de guerre ;

Un représentant des troupes coloniales.

Comité d'infanterie. — 9 membres, dont 6 appartenant à l'arme :

2 aux autres armes ;

1 à l'infanterie coloniale.

Comités de l'artillerie et du génie. — 9 à 11 membres chacun, dont :

6 à 8 appartenant à l'arme ;
2 aux autres armes ;
1 à l'artillerie coloniale.

Comité de l'intendance. — 9 à 11 membres, dont :

6 à 8 appartenant à l'intendance ;
2 aux différentes armes ou services ;
1 au commissariat colonial.

Comité de santé. — 9 à 11 membres, dont :

6 à 8 appartenant au corps de santé militaire, y compris le pharmacien inspecteur.
2 empruntés aux différentes armes ou services ;
1 au corps de santé des troupes coloniales.

Comité des troupes coloniales.

Neuf membres, dont sept appartenant à l'infanterie et à l'artillerie coloniales ;

Deux empruntés à l'infanterie et à l'artillerie métropolitaines.

En outre un représentant du commissariat colonial, et un représentant du corps de santé des colonies, siègent comme membres toutes les fois que les opérations étudiées au Comité intéressent les corps qu'ils représentent.

Les membres des comités sont nommés par le ministre, et choisis autant que possible parmi les officiers généraux ou fonctionnaires en service dans le gouvernement militaire de Paris, les régions voisines ou qui sont disponibles.

A défaut d'officiers généraux, les comités pourront admettre des membres du grade de colonel et assimilés.

Les membres du Comité de l'artillerie appartenant à cette arme peuvent être choisis parmi tous les officiers généraux de l'arme.

Le président du Comité technique des troupes coloniales est pris parmi les officiers généraux appartenant à ces troupes.

Le personnel de la Section technique des troupes coloniales est formé d'officiers appartenant à ces troupes.

**

Le Comité des troupes coloniales, assisté par sa Section technique, est chargé par le ministre de l'étude des questions se rapportant au service colonial et à l'instruction spéciale à donner aux troupes en France en raison de ce service.

Les autres questions doivent être étudiées par les comités d'armes pour les troupes coloniales comme pour les troupes métropolitaines. Mais l'officier général, qui représente les troupes coloniales dans chacun de ces comités, pourra consigner au besoin ses observations aux procès-verbaux des séances. Le ministre éclairé par ces observations, prendra une décision spéciale, après avoir consulté, s'il le juge convenable, le Comité des troupes coloniales.

***

La Section technique des troupes coloniales comprend : un colonel ou lieutenant-colonel, chef de la Section, un officier supérieur et quatre capitaines.

La Section technique est chargée de la direction de la *Revue des troupes coloniales* [1].

**

Un *Comité consultatif de la défense des colonies* a été créé

---

[1] A la première formation (avril 1901) le Comité et la Section techniques étaient composés comme il suit :

Comité technique.

Président :	Général de division Duchemin, commandant du corps d'armée colonial.	

	Général de division Michaud,	armée
	— — Julliart,	métropolitaine.
	— — Archinard,	troupes coloniales.
Membres :	Général de brigade Dumas,	
	— — Pujol,	troupes
	— — Lefèvre,	coloniales.
	— — Clamorgan,	
	— — Bertin.	

auprès du ministre des colonies, par un décret du 29 juillet 1902, contresigné par les ministres de la guerre, de la marine et des colonies.

Remplaçant le *Comité technique militaire des colonies*, qui avait été créé le 1er août 1899 avec la mission de donner des avis techniques au point de vue spécial de la défense des points d'appui de la flotte aux colonies, le nouveau Comité était appelé à étudier les questions plus nombreuses et plus complètes que soulève l'organisation défensive des colonies.

En dotant le ministère civil des colonies de cet organe militaire consultatif, le Gouvernement a semblé reconnaître l'incompétence de ce ministère à assumer la responsabilité de la défense des colonies avec ses seuls moyens, et la nécessité de recourir aux lumières des personnels spéciaux des ministères militaires de la guerre et de la marine.

Le décret du 29 juillet fixe comme il suit la composition de ce nouveau Comité :

3 généraux de division des troupes coloniales dont 1 provenant de l'artillerie, et 1 est président du comité ;

4 généraux de brigade des troupes coloniales, dont 2 provenant de l'artillerie coloniale ;

1 général sous-chef d'état-major de l'état-major général de l'armée ;

1 contre-amiral, sous-chef d'état-major général de la marine ;

Le directeur des troupes coloniales au ministère de la guerre ;

Le chef du bureau militaire au ministère des colonies ;

De plus ce comité peut être assisté, suivant les besoins, par les directeurs du ministère des colonies, par les inspecteurs généraux de l'artillerie et du génie pour la défense des côtes en France, par l'officier général de la marine chargé des questions

---

Section technique.

Lieutenant-colonel DITTE, chef de la section.

Membres :
- Commandant SCAL.
- Capitaine OLIVIER.
- — CONDAMY.
- — NELNUH.
- — CARPINETTI.

ressortissant aux points d'appui de la flotte, par un médecin-inspecteur du corps de santé des troupes coloniales, par un commissaire général des troupes coloniales, et éventuellement par des officiers généraux et supérieurs ayant exercé avec leur grade les fonctions de commandant supérieur des troupes ou d'une force navale dans les colonies; enfin, par les gouverneurs des colonies en fonctions, momentanément présents dans la métropole.

Une *section d'études* est attachée au comité consultatif pour l'aider dans ses travaux et préparer les éléments de ses délibérations. Le chef de cette section doit être un officier supérieur des troupes coloniales.

*
* *

Ce comité est évidemment appelé à rendre les plus grands services, si le ministère des colonies lui demande ses avis, et les suit, au sujet de toutes les questions concernant l'organisation de la défense des colonies. Mais dans le décret de création de cet organe, rien n'indique qu'il sera obligatoirement consulté sur toutes les autres affaires militaires des colonies ayant trait à l'organisation, au commandement et à l'administration des troupes coloniales aux colonies; il n'est donc pas encore remédié à tous les graves inconvénients qu'il y a à laisser ces affaires sous la direction d'un ministère civil incompétent.

Le président du comité consultatif des colonies est le général de division Voyron, des troupes coloniales, membre du conseil supérieur de la guerre, et qui préside également aujourd'hui le comité technique des troupes coloniales, depuis le passage du général Duchemin au cadre de réserve.

CHAPITRE VI

Étude du décret du 28 décembre 1900 sur le service colonial. — Tours du service colonial pour les officiers et assimilés. — Tours de départ pour les sous-officiers et les employés militaires. — Service colonial pour les caporaux, brigadiers et soldats. — De la justice militaire. — Rétablissement du corps des cipahis de l'Inde.

En exécution des prescriptions de la loi du 7 juillet 1900, le ministre de la guerre, d'accord avec le ministre des colonies, a soumis le 28 décembre à la signature du chef de l'État un long décret exposant les règles à suivre : pour l'établissement des listes des tours de départ pour les colonies, et pour les diverses opérations de la relève en ce qui concerne le personnel des troupes coloniales et de leurs divers services.

* *

Le titre 1 de ce décret traite des tours du service colonial des officiers et assimilés, des agents et agents comptables, des troupes coloniales.

Les commandants des troupes et ceux des places fortes, les directeurs des services administratifs et de santé dans chaque colonie, les officiers employés à des services spéciaux ou occupant des positions politiques ou administratives sont affectés, hors tours, à chaque colonie, par le ministre de la guerre après entente avec le ministre des colonies.

Les officiers et agents, qui n'ont pas reçu du ministre une affectation déterminée, sont mis à la disposition du commandant supérieur des troupes, qui les répartit suivant les besoins du service après le visa du gouverneur. Ce dernier rend compte au ministre des colonies, s'il y a désaccord entre lui et le commandant supérieur des troupes.

Par cette disposition, on envisage la possibilité d'un conflit entre l'autorité civile et l'autorité militaire locales. C'est là une éventualité qui sera exceptionnelle, il faut l'espérer, mais qu'il aurait été sans doute préférable d'écarter. Pourquoi faire intervenir le pouvoir civil dans l'affectation d'officiers à un service militaire quelconque ?

*
* *

Des listes de tours de départ dans chaque grade, comprenant chacune tous les officiers et agents du même grade, sont établies, pour chaque arme et chaque service, par la Direction des troupes coloniales au ministère de la guerre, d'après les règles suivantes (art. 2 du décret) :

a) Les sous-lieutenants nouveaux promus sont inscrits d'après leur rang d'ancienneté ;

b) Les officiers d'administration de l'artillerie coloniale prennent rang d'après la date de leur débarquement en France comme sous-officiers ;

c) Les officiers et agents sont inscrits d'après la date de leur débarquement en France, et ceux débarqués le même jour d'après le temps du dernier séjour aux colonies ;

d) Les mêmes, rentrés avant la fin de leur séjour réglementaire, sont classés en tenant compte de la durée de ce séjour conformément à la règle suivante : leur rang est avancé, par rapport à celui que leur assignerait la date de leur débarquement d'une quantité équivalente de la fraction du service colonial qu'il leur resterait à accomplir ;

e) Les officiers venant de l'armée de terre par permutation prennent la place de leurs permutants ;

f) Les officiers et agents, occupant des fonctions spéciales, déterminées par arrêtés du ministre, sont distraits des listes des tours de départ pendant la durée de ces situations. Il sont ensuite classés d'après la date de leur débarquement ;

g) Les officiers assimilés et employés militaires de l'artillerie coloniale, détachés aux services techniques de la marine, sont distraits du service colonial, suivant les prescriptions du décret sur l'organisation de ce personnel ;

h) Tout officier ou agent promu prend, sur la liste des tours de départ des officiers ou agents de son nouveau grade, le rang résultant de la date de son débarquement.

*
**

Les listes des tours de départ sont publiées officiellement chaque mois. Les désignations pour les colonies sont faites suivant ces listes.

Toutefois, ne doivent pas être désignés pour partir aux colonies les officiers et agents qui, en raison de leur âge, n'ont plus le temps d'accomplir un séjour réglementaire aux colonies, et ceux qui, ayant au moins vingt-quatre ans de service, s'engagent à prendre leur retraite l'année suivante.

Comme on l'a vu plus haut, les officiers désignés pour remplir les fonctions de commandants supérieurs des troupes, des places fortes, les directeurs des services administratifs et de santé, peuvent être désignés sans tenir compte de leur rang sur les listes de tours de départ.

Le tour de départ peut être avancé pour les officiers demandant à être affectés :

1º Au service d'état-major ;

2º Au service des constructions militaires ;

3º A des services spéciaux ou à des fonctions administratives ;

4º A des colonies pour lesquelles ils ont reçu des brevets de langue indigène ;

5º A des emplois de comptables ;

6º Aux services du recrutement et de la justice militaire.

*
**

La durée réglementaire du séjour colonial pour les officiers et assimilés est fixé ainsi qu'il suit :

3 ans. — Inde, Martinique, Guadeloupe, Réunion, Nouvelle-Calédonie, Tahiti ;

2 ans. — Indo-Chine, Madagascar, Afrique occidentale (moins les territoires militaires), Guyane ;

20 mois. — Territoires militaires de l'Afrique occidentale, territoires militaires et protectorat du Tchad.

Tout officier ou agent, promu dans une colonie, y est maintenu s'il y existe un ou plusieurs emplois vacants de son nouveau grade ; dans le cas contraire l'officier du même grade que le promu, le plus ancien de séjour dans la colonie, est désigné pour rentrer en France ; si ce dernier ne veut pas profiter de cette diminution de séjour colonial, elle est attribuée au suivant, de telle sorte que le nouveau promu n'est rappelé à rentrer que si tous les officiers de son grade. plus anciens de séjour que lui dans la colonie, demandent à y être maintenus.

Lorsqu'un officier, rentrant en France, obtient un congé ou une permission pour effectuer un voyage par une voie non directe, la date de son débarquement en France est celle qui aurait résulté de son rapatriement par la voie directe.

Tout officier ou agent provenant de la non-activité prend rang sur la liste des tours de départ à la date de son dernier débarquement en France.

Dans les colonies dans lesquelles la durée du séjour est de deux ans ou de vingt mois, les officiers et agents peuvent être autorisés par le commandant supérieur des troupes à la prolonger d'une année ou de vingt mois, sur le vu d'un certificat d'un médecin désigné à cet effet constatant que l'intéressé est dans un état de santé permettant de donner suite à sa demande. L'approbation du ministre de la guerre est nécessaire pour l'autorisation d'une seconde prolongation. Cette approbation est également nécessaire pour toute prolongation de séjour dans une colonie dont la période réglementaire de séjour est fixée à trois ans.

*
* *

Les officiers qui ont obtenu une période de séjour coloniale prolongée peuvent être autorisés, sur leur demande, à rentrer en France, en congé de six mois, à solde entière ; à l'expiration de ce congé, ils sont mis en tête de la liste des tours de départ, et envoyés dans la dernière colonie qu'ils ont quittée pour y accomplir un nouveau séjour réglementaire. Dans ce cas les intéressés doivent adresser leur demande au commandant supérieur des troupes de la colonie trois mois avant la fin de leur congé ; cette demande, accompagnée de l'avis du commandant des troupes, du gouverneur et du ministre des colonies, est soumise à la décision du ministre de la guerre.

Ces dernières dispositions sont des innovations méritant d'attirer l'attention et critiquables à notre avis. Nous reconnaissons l'utilité d'accorder à des officiers très valides, rendant de bons services dans une colonie, la faculté de porter à trois ou quatre ans la durée de leur séjour ; mais faire davantage, les autoriser à accomplir une nouvelle période de trois ou quatre ans dans la même colonie, après six mois passés en France *en congé*, sans avoir paru dans un régiment, ce serait leur rendre à eux un fort mauvais service au point de vue de leur instruction professionnelle ; ce serait de plus faire baisser, sans utilité bien appréciable au point de vue colonial, le niveau de la valeur générale des cadres d'officiers des troupes coloniales. Cette mesure, en se généralisant aurait pour résultat de transformer nos troupes coloniales en une véritable garde nationale.

Qu'on se représente ce que deviendrait, quant à sa valeur générale, à son instruction technique, un capitaine, partant pour une colonie, ayant deux ou trois ans de grade, et ne reparaissant dans un régiment, en France, que six ou huit ans après, à la veille d'être promu commandant. En admettant qu'il n'ait pas oublié la plus grande partie de ce qu'il savait étant jeune capitaine, il ne sera plus au niveau de ceux de ses collègues, candidats comme lui au grade d'officier supérieur. Ainsi que nous l'avons déjà dit, des unités considérables de troupes coloniales sont constituées dans la métropole, non seulement pour assurer le fonctionnement du service d'une relève nécessaire pour la santé des officiers, mais aussi pour entretenir et perfectionner, à tous les degrés de la hiérarchie, leur instruction professionnelle qui, dans presque toutes les colonies ne peut que se maintenir tout au plus stationnaire. S'il reste longtemps dans une même colonie, l'officier y acquiert certainement une expérience fort utile en ce qui concerne les affaires de ce pays, la manière d'y vivre, d'y marcher, d'y faire la guerre ; les mœurs des habitants et comment il faut les traiter. Mais il arrivera précisément à trop se spécialiser et à ne plus pouvoir être employé utilement ailleurs.

Nous ne voyons qu'inconvénients à cette spécialisation à outrance. L'expérience montre que ce n'est pas en se consacrant toute sa vie à une seule colonie que l'officier devient un bon officier colonial ; au contraire il se perfectionne, il agrandit le cercle de ses connaissances par la diversité des cas particuliers qu'il rencontre dans des pays différents. Cela, nous avons été à même de le constater maintes fois ; et, pour ne mettre à l'appui de l'opinion que nous émettons qu'un seul exemple entre beaucoup d'autres nous citerons celui du général Galliéni. Le général Galliéni, venu pour la première fois au Tonkin avec le grade de colonel et y exerçant le commandement du 2e territoire militaire, y donna la preuve des plus grandes qualités militaires et administratives. Ensuite, promu général et envoyé comme gouverneur général et commandant en chef à Madagascar, où il venait également pour la première fois, il y a accompli une dure et laborieuse tâche avec la réussite glorieuse que l'on sait. Le Sénégal et le Soudan l'avaient préparé au Tonkin, et le Tonkin à Madagascar.

Nous ne sommes donc que fort peu partisan de l'innovation introduite à l'article 9 du décret que nous examinons, et nous espérons d'ailleurs que peu d'officiers, et ce ne sont sans doute pas les meilleurs, demanderont à en user.

*
* *

Nous considérons, par contre, comme une meilleure mesure, la faveur accordée aux officiers et assimilés, se trouvant dans leur deux dernières années de service, d'aller occuper la première place vacante dans la colonie de leur choix, sans tenir compte du rang qu'ils occupent sur la liste des tours de départ s'ils s'engagent à prendre leur retraite dans cette colonie, lorsqu'ils y auront droit.

*
* *

L'article 11 du décret autorise les permutations de tours du service colonial à condition toutefois que l'officier demandant à avancer son tour de départ soit muni, s'il a moins d'un an de séjour en France, d'un certificat constatant que son état de santé lui permet de recevoir de suite une destination coloniale.

Nous aurions aimé voir imposer aussi une seconde condition : un certificat de son chef de corps attestant que son instruction professionnelle lui permet d'abréger son séjour dans un régiment de France.

*
* *

Les officiers et assimilés peuvent, après un examen médical, être exemptés du service colonial pendant quatre périodes consécutives de trois mois. A l'expiration de la quatrième période, s'ils ne peuvent suivre leur destination, ils sont proposés pour la non-activité à titre d'infirmités temporaires.

*
* *

Des contrôles, tenus à la Direction des troupes coloniales au ministère de la guerre, sont établis par arme, par service et par grade pour les désignations coloniales des sous-officiers et employés militaires assimilés, d'après les mêmes principes que ceux exposés ci-dessus pour les officiers.

Les désignations sont faites en suivant l'ordre des contrôles.

Les listes des tours de départ comprennent le nombre d'inscriptions nécessaires pour combler les vacances pendant trois mois. Elles sont publiées mensuellement.

Le tour de départ peut être avancé sur leur demande :

1º Pour les sous-officiers ayant encore plus de vingt-six mois de service à accomplir, afin de leur permettre de séjourner deux ans aux colonies avant leur libération ;

2º Pour ceux qui doivent être envoyés dans une colonie pour laquelle ils ont reçu un brevet de langue indigène ;

3º Pour ceux des sections de secrétaires d'état-major, de télégraphistes, ou ayant une profession et des aptitudes techniques pour une mission ou un service spécial ;

4º Pour les sous-officiers qui, ayant près de quinze ans de service, commissionnent pour être envoyés dans une colonie déterminée, afin d'y prendre leur retraite après avoir accompli le temps réglementaire de séjour dans une colonie de leur choix ;

5° Pour les sous-officiers appelés à servir aux corps disciplinaires.

Les sous-officiers, auxquels il restera moins de vingt-six mois de service à accomplir avant leur libération, pourront être désignés, quel que soit leur rang sur les contrôles, à la condition qu'ils aient été de retour en France depuis au moins six mois pour ceux ayant fait un précédent séjour aux colonies.

La durée réglementaire du premier séjour des sous-officiers aux colonies ne peut dépasser :

4 ans, dans l'Inde, à la Martinique, à la Guadeloupe, à la Réunion, en Nouvelle-Calédonie, à Tahiti ;

3 ans en Indo-Chine et à Madagascar ;

30 mois, à la Guyane et dans l'Afrique occidentale, moins les territoires militaires ;

2 ans, dans les territoires militaires de l'Afrique occidentale et du Tchad.

A partir du deuxième séjour colonial, la durée réglementaire du séjour colonial est la même pour les sous-officiers que pour les officiers.

Les sous-officiers peuvent être autorisés à prolonger leur séjour colonial, à permuter sur la liste des tours de départ, à obtenir des congés de six mois avec solde coloniale entière, dans les mêmes conditions que celles énoncées ci-dessus pour les officiers.

*
* *

Dans chaque corps de troupe, une liste des tours de départ est établie pour les brigadiers et caporaux, et une pour les soldats. Les militaires, portés sur ces listes, doivent avoir au moins vingt et un ans d'âge, et six mois de présence au corps. Elles comprennent :

a) Les engagés volontaires pour trois ans, les hommes du contingent ayant devancé l'appel pour servir aux colonies, et les appelés incorporés faisant la même demande ;

b) Les engagés volontaires pour quatre et cinq ans ;

c) Les rengagés et commissionnés n'ayant pas ou ayant déjà servi aux colonies.

Le rang, sur ces listes, est déterminé par la date de la rentrée en France ou de la demande faite.

*
* *

Les désignations coloniales sont faites en suivant l'ordre des listes des tours de départ, sous cette réserve que les militaires désignés doivent avoir au moment de leur départ au moins vingt-six mois de service à accomplir, et, s'ils ont déjà servi aux colonies, avoir au moins six mois de présence en France.

Nous trouvons que cette durée de six mois de présence en France est insuffisante, car elle ne représente pas toujours six mois de présence au régiment, temps minimum nécessaire pour redonner aux soldats une bonne instruction professionnelle. Il serait meilleur d'exiger une période de six mois de service réel au régiment.

Peuvent être désignés en dehors des listes des tours de départ :

1° Les hommes demandant à partir pour se faire libérer ou retraiter dans une colonie déterminée, à la condition d'y accomplir la période de séjour réglementaire ;

2° Les militaires ayant certaines spécialités et demandés pour y être utilisés.

Les militaires désignés sont soumis à un examen médical, et ceux qui ne paraissent pas en état de suivre leur destination sont ajournés au départ suivant.

Des permutations sur les listes des tours de départ peuvent être autorisées par les chefs de corps et de services entre militaires rengagés, mais pas plus de deux fois de suite. Elles ne le sont pas, si elles ont pour conséquence de rendre l'un des permutants ultérieurement indisponible pour le service colonial.

La durée du séjour réglementaire dans les colonies est la même pour les caporaux, brigadiers et soldats, que pour les sous-officiers.

Le décret dont nous venons de donner la substance a été contresigné par les ministres de la guerre et des colonies.

*
* *

La loi du 7 juillet 1900 avait spécifié que le service de la justice militaire des troupes coloniales serait organisé par un décret.

Ce décret fut, à la date du 6 janvier 1901, signé par le Président de la République, sur le rapport du ministre de la guerre, après entente avec le ministre des colonies. Ses dispositions principales furent les suivantes :

A partir de leur passage à l'armée de terre, les troupes coloniales en France, sont justiciables des conseils de guerre et de revision permanents établis dans les circonscriptions territoriales où elles sont stationnées.

Les troupes coloniales, aux colonies, continuent à être justiciables des conseils de guerre et de revision permanents établis dans ces colonies.

Toutes les fois qu'aux colonies, l'inculpé sera du grade supérieur à colonel ou assimilé à ce grade, les conseils seront formés par le gouverneur de la colonie au moyen des officiers des troupes coloniales ou de l'armée de terre présents dans la colonie, et, seulement à défaut de ces officiers ayant le grade requis, au moyen d'officiers de marine.

Les conseils de guerre aux colonies appliqueront à leurs justiciables les pénalités prévues par le Code de justice militaire pour l'armée de terre. Toutefois ils pourront, dans tous les cas, admettre des circonstances atténuantes en faveur des militaires indigènes de tous les corps indigènes.

Dans les expéditions de guerre, aux colonies ou en dehors des colonies, les dispositions du Code de justice militaire pour l'armée de terre, relatives à la composition et à la procédure des conseils de guerre aux armées, sont applicables aux troupes coloniales.

*
* *

Ces dispositions ne paraissent donner lieu qu'aux observations suivantes en ce qui a trait à l'exercice de la justice militaire pour les troupes coloniales stationnées en France.

Les peines édictées par les codes de justice militaire ne sont pas prononcées et subies seulement pour punir les coupables, pour *réprimer*, mais elles doivent avoir pour but principal de *prévenir*, et d'agir par l'influence bienfaisante de l'*exemplarité* sur la masse des militaires. Dans les troupes coloniales, en conséquence de leur recrutement général de volontaires jeunes et vieux, l'exemplarité est plus utile encore que dans les autres corps de l'armée. Il serait donc avantageux de procéder aux parades d'exécution dans les places où sont stationnés les corps auxquels appartiennent les condamnés. Cela n'a pas lieu actuellement, les garnisons des troupes coloniales n'étant pas dans les places, sièges des conseils de guerre. Il en résulte que dès qu'un accusé a été écroué sous la prévention de conseil de guerre, on ne le revoit plus au régiment, et ses anciens camarades ne savent ce qu'il est devenu que s'ils lisent, par hasard, sur les murs de la caserne, l'extrait du jugement par lequel il a été condamné.

De plus, à cause de leur recrutement spécial, de leur service particulier, les militaires des troupes coloniales doivent être traités avec une plus grande sévérité que les autres dans certaines circonstances, ou avec une plus grande indulgence dans certaines autres. C'est à leurs chefs directs habituels, à leurs collègues aussi, qu'il appartient de bien saisir ces nuances, et d'en tenir un compte judicieux dans leurs jugements. Or, les conseils de guerre dont les militaires des troupes coloniales sont justiciables ne siégeant pas dans les places, garnisons de ces troupes, ne comptent parmi leurs juges, aucun membre des troupes coloniales.

Il serait donc utile, suivant nous, de placer dans des villes comme Cherbourg, Brest, Rochefort et Toulon, où sont actuellement stationnées les plus fortes unités des troupes coloniales en France, un des conseils de guerre permanents de chacune des régions dans lesquelles se trouvent ces places, et de composer ces conseils, en majorité tout au moins, de militaires des troupes coloniales ; enfin de procéder dans ces places aux parades d'exécution.

*
* *

Le corps des cipahis de l'Inde n'avait pas été compris dans la nouvelle organisation des troupes coloniales indigènes.

Après un nouvel examen de la question, sur les pressantes demandes des représentants de la colonie, la conservation de ce corps fut décidée (décret du 11 mars 1901).

Le corps comprend une compagnie ainsi constituée :

État-major : 1 capitaine commandant, 1 lieutenant comptable, 1 médecin aide-major, et 1 lieutenant (tous Européens) ;
1 lieutenant et 1 sous-lieutenant, indigènes ;

Troupe indigène : 1 sergent-major, 5 sergents, 1 sergent fourrier, 12 caporaux, 2 tambours, et 139 soldats dont 24 de 1re classe.

IVᴱ PARTIE

CHAPITRE PREMIER

Commencement de l'exécution de la loi du 7 juillet 1900.
— Formation de deux divisions d'infanterie coloniale
et d'une brigade d'artillerie coloniale en France. —
Inspections générales. — Dispositions concernant l'avancement. — Régime antérieur pour l'établissement des
tableaux d'avancement (loi de 1832). — Dernière proposition de la loi concernant l'avancement.

Le 1ᵉʳ janvier 1901, les troupes coloniales passèrent sous le
commandement et l'administration du ministre de la guerre, en
vertu des dispositions de la loi du 7 juillet 1900.

Par décision ministérielle du 14 février 1901, l'infanterie coloniale, stationnée en France, fut constituée en deux divisions
avec les dix régiments alors existants. On devait attendre, pour
former une troisième division, la création des deux autres régiments d'infanterie et du régiment d'artillerie prévus par les
décrets du 28 décembre 1900.

La 1ʳᵉ division avait son quartier général à Brest. La 1ʳᵉ brigade, composée des 1ᵉʳ et 5ᵉ régiments d'infanterie coloniale
était à Cherbourg. La 2ᵉ brigade, composée des 2ᵉ, 6ᵉ et 21ᵉ régiments d'infanterie, était à Brest.

La 2ᵉ division avait son quartier général à Toulon. La 3ᵉ brigade, composée des 3ᵉ et 7ᵉ régiments d'infanterie coloniale,

était à Rochefort; la quatrième brigade, composée des 4e, 8e et 22e régiments, était à Toulon.

Ces deux divisions sont placées sous l'action directe des généraux des troupes coloniales et sous l'autorité supérieure des généraux de division commandant les corps d'armée sur le territoire desquels elles sont stationnées, et cela dans les conditions prescrites par l'instruction sur le service courant du 12 avril 1899 pour le commandement des divisions de cavalerie (décision ministérielle du 27 février 1903).

Les dispositions précédentes avaient un grave inconvénient qui saute aux yeux. Les quatre brigades, formant les deux divisions coloniales, étaient sous le haut commandement de quatre commandants de corps d'armée différents. Chaque général, commandant une division coloniale, était obligé de prendre les ordres d'un premier commandant de corps d'armée pour l'une de ses brigades, et d'un second commandant de corps d'armée pour l'autre. De là, une correspondance double, une direction supérieure pouvant différer pour chacune des deux unités constituant au général de division coloniale l'ensemble de son commandement. Il y avait donc, pour les troupes coloniales en France, quatre grands chefs différents, disposition peu propice, on en conviendra, à leur conserver l'homogénéité, l'unité dans l'instruction, la discipline, la préparation à un service spécial, et, en même temps, assez contraire ou principe fondamental *d'autonomie* contenu dans la loi du 7 juillet 1900. Cette loi dit en effet formellement dans son article 1er :

« Les troupes coloniales conserveront leur autonomie, et resteront sous le commandement des officiers des troupes coloniales. »

L'état-major de chaque division était ainsi composé : 1 commandant, 1 capitaine et 1 officier d'ordonnance (capitaine ou lieutenant), et 3 secrétaires.

Le quartier général de la brigade d'artillerie coloniale était maintenu à Lorient. Mais, pour tout ce qui avait trait à la discipline intérieure, les batteries coloniales, stationnées à Toulon, relevaient hiérarchiquement des généraux commandant la 4e brigade et la 2e division d'infanterie coloniale, ainsi que du commandant du 19e corps d'armée.

*
**

Un décret du 27 février 1901, rendu sur la proposition du ministre de la guerre, supprime, en principe, les inspections générales dans l'armée. Des exceptions sont faites pour l'application de cette mesure en ce qui concerne l'armée coloniale, la gendarmerie et certains services spéciaux.

L'inspection générale de l'infanterie coloniale et celle de l'artillerie coloniale continuèrent donc à fonctionner, jusqu'à division ultérieure à intervenir du moins, telles qu'elles avaient été constituées au ministère de la marine.

Un décret de la même année posa des règles nouvelles pour l'établissement des tableaux d'avancement. Ces règles, qui étaient les suivantes, étaient applicables aux troupes coloniales. Nous allons donc les résumer :

Les chefs de corps et de services dressent, par ordre d'ancienneté, les listes des candidats de tout grade, jusqu'à celui de lieutenant-colonel ou assimilé, qui remplissent au 31 décembre de l'année courante les conditions légales pour être proposés à l'avancement au choix, pour être nommés ou promus dans la Légion d'honneur et recevoir la Médaille militaire. Sur chacune de ces listes, les chefs de corps et de services donnent un numéro d'ordre aux candidats qu'ils jugent susceptibles d'être proposés, et inscrivent la mention « ajourné » aux autres.

Les candidats classés l'année précédente, et non promus, sont présentés de nouveau.

Les généraux de brigade dressent des listes semblables, en y comprenant les colonels sous leurs ordres et leurs officiers d'ordonnance.

Les généraux de division, les commandants de corps d'armée, les gouverneurs militaires de Paris et de Lyon, opèrent de même pour les généraux de brigade et les officiers de leurs états-majors.

Dans les corps et services relevant des gouverneurs militaires de Paris et de Lyon, et des commandants de corps d'armée, les listes ainsi établies sont successivement remises aux divers supérieurs hiérarchiques, qui les fusionnent chacun dans une liste unique par ordre d'ancienneté, avec leurs numéros de préférence ou la mention « ajourné. »

Ces dernières listes sont fusionnées par grade, par arme ou par service, et centralisées par le ministre de la guerre pour établir les tableaux d'avancement et de concours.

Le mode de procéder que nous venons d'exposer n'a pas paru bien bon, car quelque temps après le ministre de la guerre a déposé au nom du gouvernement, un nouveau projet de loi sur l'avancement dans l'armée.

Il nous paraît intéressant d'examiner ce projet de loi, qui serait applicable aux troupes coloniales, mais auparavant il n'est pas inutile de jeter un coup d'œil sur les anciennes institutions légales à ce sujet, que le gouvernement a l'intention de modifier.

*
* *

La question de l'avancement, c'est-à-dire de l'avenir de tous les militaires, est une des plus importantes de toutes celles qui se rapportent à l'organisation générale d'une armée. Elle est complexe, car elle ne doit pas être seulement envisagée au point de vue des intérêts personnels des militaires, mais encore à celui plus capital de la bonne constitution des forces militaires de la nation.

En raison de nos institutions démocratiques, et des principes égalitaires qui nous sont si chers, cette vieille image « que tout soldat porte dans sa giberne son bâton de maréchal de France » est plus frappante que jamais. Tout militaire, s'il en est digne, peut prétendre à l'obtention du grade supérieur à celui dont il est revêtu. Toutefois l'avancement ne doit pas être considéré seulement comme la récompense *due* aux bons et loyaux services, à la régularité et à l'honorabilité de la vie militaire et privée, aux actes de courage et de dévouement, mais il doit aussi et principalement procéder de ce fait que le militaire qui peut en être l'objet possède réellement les aptitudes et les connaissances nécessaires pour bien exercer les fonctions du grade supérieur. Les distinctions honorifiques, médailles commémoratives, Médaille militaire, décorations de la Légion d'honneur, telles sont les récompenses attribuables aux actions d'éclat, aux anciens et bons services ; mais l'accès aux grades doit être réservé à ceux qui les méritent par leur expérience, leur intelligence et leurs capacités professionnelles en même temps que pour leurs bons services.

Il y a, dans la hiérarchie, des degrés successifs. De l'égalité des droits ne résulte pas l'égalité des capacités. Tel excellent soldat sera incapable de faire un bon sous-officier ; tel bon sous-officier sera incapable de faire un officier subalterne même passable : tel officier subalterne ne pourra devenir qu'un officier supérieur incomplet. Et si nous regardons autour de nous, nous constaterons la même gradation dans toutes les professions. Dans toutes, il faut des capacités grandissant avec les situations qu'on y occupe. L'égalité absolue n'existe pas dans la nature. Tous les hommes n'ont pas la même taille, le même poids, les mêmes qualités physiques, intellectuelles et morales. Le droit *égal* à l'avancement ne peut appartenir, dans l'intérêt supérieur de la bonne constitution de l'armée, qu'à ceux qui, étant au même grade, justifient des capacités nécessaires pour monter au rang supérieur.

Il suit de ce qui précède que l'ancienneté des services ne peut constituer *seule* un droit à l'avancement, et que ce droit doit être justifié par des capacités spéciales proportionnées aux grades.

On a souvent agité la question du rajeunissement des cadres supérieurs de l'armée. A une époque de longues séries de guerres, comme sous la Révolution et le premier Empire, ce rajeunissement se faisait tout naturellement par suite des pertes au feu et des occasions fréquentes dans lesquelles les militaires pouvaient montrer au grand jour des batailles leurs qualités individuelles. Il n'en est pas de même dans les longues périodes de paix que nous traversons. Ce qu'on obtiendrait, en faisant arriver vite aux grades élevés des officiers jeunes, se distinguant par leur *valeur théorique* générale, ne pourrait être qu'un rajeunissement passager ; car, à moins de faire baisser démesurément les limites d'âge (ce qui grèverait énormément le budget des retraites), les officiers arrivant plus jeunes aux grades plus élevés, les posséderaient plus longtemps, y vieilliraient, arrêteraient le cours de l'avancement de ceux marchant après eux, qui vieilliraient à leur tour.

Pour en finir avec ces considérations générales, nous ferons remarquer que, dans l'armée le nombre des emplois de chaque grade devient d'autant moins grand qu'on s'élève davantage sur les degrés de l'échelle hiérarchique. Il résulte de ce fait que tous les militaires ne peuvent pas arriver aux degrés les plus élevés, et que le plus grand nombre s'arrête fatalement à une distance plus ou moins éloignée du sommet.

*
* *

Passons maintenant à l'examen sommaire des dispositions principales des lois sur l'avancement antérieures à l'instruction ministérielle que nous avons analysée plus haut.

L'avancement au grade de caporal et aux divers emplois de sous-officier a lieu au choix. Les nominations sont faites par le chef de corps, qui choisit parmi les sujets portés sur les tableaux d'avancement.

Pour être nommé caporal, il faut avoir au moins six mois de service, savoir lire et écrire, et connaître les fonctions de ce grade.

Pour être nommé sergent, il faut connaître les fonctions de ce grade, et avoir servi six mois au moins dans le grade de caporal [1].

Les sous-lieutenants sont recrutés :

1º Parmi les sous-officiers ayant au moins deux ans de grade, et ayant, en temps de paix, suivi avec succès les cours des écoles militaires instituées pour chaque arme (Saint-Maixent pour l'infanterie, Saumur pour la cavalerie, Versailles pour l'artillerie et le génie);

2º Parmi les élèves de l'École polytechnique et de l'École spéciale militaire de Saint-Cyr, ayant satisfait aux examens de sortie de ces écoles.

Le tiers des vacances de sous-lieutenants est donné aux sous-officiers de l'arme dans laquelle la vacance se produit ; les deux

---

[1] L'avancement des sous-officiers au grade d'adjudant dans les troupes coloniales n'est plus laissé au chef de corps. Un tableau d'avancement spécial est établi par le ministre qui fait les nominations.

autres tiers aux élèves des Écoles polytechnique et de Saint- . Cyr, à la non-activité ou à des sous-officiers.

Toutes les promotions aux grades d'officier sont faites par décret du chef de l'État sur la proposition du ministre de la guerre.

L'avancement des officiers a lieu de deux manières : à l'*ancienneté* et au *choix*.

L'avancement à l'ancienneté est donné à l'officier le plus ancien dans le grade immédiatement inférieur.

L'avancement au choix est donné aux officiers inscrits sur les tableaux d'avancement.

Pour être promu lieutenant ou capitaine, il faut avoir servi au moins deux ans dans le grade immédiatement inférieur. L'avancement à ces deux grades est donné dans la proportion de deux tiers à l'ancienneté et un tiers au choix.

Pour être promu commandant, il faut avoir servi pendant quatre ans au moins dans le grade de capitaine. L'avancement à ce grade a lieu moitié à l'ancienneté, et moitié au choix.

Les grades suivants sont obtenus au choix seulement.

Pour être promu lieutenant-colonel, il faut avoir au moins trois ans de grade de commandant, et pour être promu colonel avoir au moins deux ans de grade de lieutenant-colonel.

Pour être promu général de brigade, il faut avoir au moins trois ans de grade de colonel, et trois ans de grade de général de brigade pour être promu général de division.

Les tableaux d'avancement pour les grades de caporal et de sous-officier sont établis annuellement par les chefs de corps et arrêtés par les inspecteurs généraux.

Les propositions d'inscription sur les tableaux d'avancement pour les divers grades d'officier étaient faites par les chefs de corps et les officiers généraux. Les tableaux étaient établis par des commissions de classement qui les soumettaient à l'approbation du ministre. Conformément à la dernière décision ministérielle que nous avons analysée plus haut, l'inscription au tableau d'avancement (en attendant l'adoption du nouveau projet de loi soumis au Parlement) est faite par le ministre sur la production des listes dont nous avons indiqué plus haut la facture.

Cette modification peut donner lieu à quelque critique. Autrefois on a pu, dans certains cas, attaquer les commissions de classement, prétendre qu'elles pouvaient subir des influences extérieures, et se laisser aller à des actes de favoritisme. Nous croyons ces attaques peu justifiées. Pendant de longues années, il nous a été donné de faire partie de commissions de classement, et même d'en présider ; nous n'affirmerons pas que nous n'avons jamais commis d'erreurs ; mais ce que nous pouvons certifier, c'est que les officiers étaient certains de trouver les plus sérieuses garanties humainement possibles de justice, d'impartialité dans les décisions prises en commun, après examen et discussion, par un certain nombre d'officiers généraux. Ceux-ci s'éclairaient les uns les autres par la connaissance personnelle qu'ils pouvaient avoir des officiers candidats. Ils avaient sous les yeux les états de services de ces officiers, les notes successives qu'ils avaient obtenues depuis le commencement de leur carrière, en un mot tous les renseignements nécessaires pour estimer la valeur relative, les aptitudes des candidats, et les classer entre eux. Le ministre de la guerre peut-il se substituer seul aux commissions de classement, accomplir le même travail dans les mêmes conditions ? Sans vouloir douter un seul instant de son impartialité, nous affirmons qu'il n'a ni les moyens ni le temps nécessaires pour un aussi gros travail, et qu'il doit le faire exécuter en grande partie, sinon complètement, par un certain nombre d'officiers de son cabinet n'offrant pas aux officiers les garanties que leur présentaient les commissions de classement.

Nous estimons qu'en toutes choses il est prudent, il est sage de tendre au bien plutôt par des améliorations successivement expérimentées que par des mesures immédiates et radicales.

*
* *

Dans l'exposé des motifs de la proposition de loi (la plus récemment déposée par le ministre à la Chambre et non encore discutée) sur l'avancement, le ministre de la guerre constate que la loi du 14 avril 1832, jugée par une expérience de soixante-dix années, a donné à la solidité des cadres de notre armée « la charpente qui a subi victorieusement les épreuves les plus diverses », et il ajoute que « la loi sur l'avancement, en ménageant par de sages dispositions l'accès des grades élevés, a obtenu pour ceux qui y parviennent le respect et l'obéissance de leurs inférieurs, en même temps que ceux-ci trouvaient dans les garanties offertes à leurs justes ambitions une sécurité très appréciable ».

Cet éloge de la loi de 1832, très justifié quant au passé, le serait bien moins dans le présent, d'après le même exposé des motifs, en raison des longues périodes de paix que nous traversons. Les officiers n'ont plus le *criterium* de la guerre pour faire ressortir leurs mérites, et on ne peut plus en trouver les preuves que dans les travaux du temps de paix. Cette recherche et cette constatation des capacités sont des plus difficiles et des plus ardues, et c'est dans le but de faciliter cette tâche à l'autorité supérieure que le gouvernement inscrit dans sa proposition de loi les dispositions que nous allons examiner.

*
* *

L'article 1ᵉʳ du projet de loi conserve la hiérarchie des grades adoptée par la loi de 1832, à l'exception de la dignité de maréchal de France.

Les articles 2 et 3 limitent à quatre mois de service le temps exigé pour être nommé caporal, et à dix mois de service le temps exigé pour être nommé sous-officier. Ces modifications ne seraient justifiables que si la durée du service actif était réduite à deux ans, ce qui, heureusement, n'est pas encore fait. Mais, quoi qu'il en soit dans l'avenir, nous craignons fort que des caporaux de quatre mois de service, et des sous-officiers de dix mois de service, ne puissent jamais être que des porte-galons, et non de véritables gradés.

L'article 4 ne change rien aux conditions relatives à l'accès au grade de sous-lieutenant pour les élèves des Écoles polytechnique et de Saint-Cyr, mais il impose trois ans de grade au lieu de deux aux sous-officiers pour être nommés sous-lieutenants. Cette modification nous paraît bonne, et elle n'est pas en contradiction réelle avec la loi de 1832, puisqu'aujourd'hui les sous-officiers candidats à l'épaulette passent une année dans les Écoles de Saint-Maixent, Saumur ou Versailles, et ne servent réellement que deux ans comme sous-officiers dans les corps de troupe.

D'après l'article 5, la moitié au moins des vacances de sous-lieutenants est réservée aux sous-officiers. Dans la loi de 1832, cette proportion était du tiers seulement. Cette disposition est bonne, car elle doit avoir pour effet de faciliter la sélection pour les grades supérieurs.

L'article 6 reproduit cette mesure déjà en vigueur que les sous-lieutenants sont de droit promus lieutenants à deux ans de grade. Ce droit n'existait dans la loi de 1832 que pour les sous-lieutenants des armes spéciales.

Les articles suivants renferment les parties essentielles de la loi qui s'écartent notablement de l'esprit et du texte des lois antérieures. Le but qu'on se propose est de se procurer d'une façon sensiblement mathématique, en temps de paix, pour chaque officier, des éléments d'appréciation assez complets pour classer ces officiers par ordre de mérite, et faire arriver les plus capables aux grades les plus élevés.

Les moyens exposés à cet effet dans les articles 7, 8 et 9 du projet de loi sont la création de certaines *majorations* d'ancienneté accordées dans des conditions déterminées, s'ajoutant à l'ancienneté effective, et ayant pour résultat d'établir une liste par *ancienneté majorée* remplaçant l'ancien tableau d'avancement. Cette opération s'appliquerait au classement des officiers jusqu'au grade de lieutenant-colonel inclusivement.

Les majorations d'ancienneté, se décomptant par mois, seraient proposées par les chefs de corps, et attribuées aux officiers par les commandants de corps d'armée et le ministre.

Un tableau, annexé au projet de loi, indique, d'après les positions des officiers, les conditions ouvrant des droits aux majorations, écoles diverses, cours d'instruction, brevet d'état-major, séjour aux colonies, services spéciaux, administration centrale du ministère, état-major de l'armée, sections techniques, missions à l'étranger, maisons militaires, travaux exceptionnels, blessures et actions d'éclat, aptitudes au commandement et manière de servir.

Ce système paraît bien compliqué et pourrait, dans bien des cas, ne pas être très équitable. Par exemple, tous les officiers ne peuvent pas aller à certaines écoles, tous ne peuvent pas, même à mérite égal, faire partie des maisons militaires, avoir des missions à l'étranger ; et pourtant ceux qui auraient la chance ou la faveur d'obtenir ces situations exceptionnelles, désirées en vain par presque tous, obtiendraient vis-à-vis de leurs camarades une ancienneté majorée que ceux-ci n'auraient aucun moyen d'atteindre.

La participation personnelle du ministre dans la répartition des majorations nous semble particulièrement discutable. Si un chef de corps, un commandant de corps d'armée peuvent connaître et apprécier les officiers directement sous leurs ordres, un ministre de la guerre, quel qu'il soit, ne peut pas connaître tous les officiers de l'armée, et il lui est matériellement impossible d'étudier lui-même les dossiers de tous les officiers susceptibles d'obtenir des majorations. Il doit donc confier ce soin aux officiers de son cabinet, c'est-à-dire, dans beaucoup de cas, à des égaux ou à des inférieurs des officiers qu'il s'agit d'apprécier. De plus, c'est le ministre seul qui affecte les officiers à certains postes donnant droit à des majorations. Enfin, en ce qui concerne l'aptitude au commandement et la manière de servir, le ministre peut accorder une majoration de six mois, alors que le commandant de corps d'armée ne peut accorder que trois mois dans la même occurrence.

Après l'adoption de la loi proposée il y aurait, dans l'armée, deux anciennetés : l'ancienneté effective et l'ancienneté majorée, cette seconde se modifiant annuellement.

Au lieu de voir comme aujourd'hui un certain nombre d'officiers, ceux en passe d'obtenir une proposition, s'énerver dans l'attente de la publication des tableaux d'avancement, c'est chaque année, et presque toute l'année, que tous les officiers de l'armée seront en butte à cette préoccupation personnelle des majorations, conquises ou à conquérir, grandement néfaste à la bonne exécution du service et au bon esprit militaire.

La liste d'ancienneté majorée sera publiée officiellement et les numéros de classement sur cette liste varieront forcément d'une année à l'autre. Voici par suite ce qui pourra se produire : tel capitaine, porté une année sur la liste avec le numéro 50, pourra n'avoir sur la liste de l'année suivante que le numéro 75 ; les subordonnés de ce capitaine penseront que depuis un an leur chef a perdu quelque chose de sa valeur réelle, ce qui pourtant ne sera pas toujours vrai. En tout cas, une telle remarque serait mauvaise au point de vue de la bonne discipline et de la confiance que les subordonnés doivent avoir dans la valeur de leurs supérieurs.

L'ancienneté majorée devenant le seul mode d'accès à certains grades, les officiers de ces grades sont privés des droits de l'ancienneté effective que leur garantissait la loi de 1832. Cela est-il bon? Nous ne le pensons pas. Il est reconnu qu'un militaire jugé capable d'être nommé sous-lieutenant, soit qu'il provienne des sous-officiers, soit qu'il provienne des écoles spéciales, est susceptible de parvenir aux grades de lieutenant et de capitaine à l'ancienneté effective, et de remplir convenablement les fonctions de ces grades. La loi de 1832, en adoptant ce principe, donnait aux officiers subalternes, en leur assurant l'avancement à l'ancienneté, la garantie d'une légitime ambition, qu'il ne semble pas nécessaire de leur retirer. Mais considérant, d'autre part, qu'il faut à l'officier supérieur des capacités bien plus étendues qu'à l'officier subalterne, nous pensons que l'accès au grade de commandant et aux suivants ne devrait appartenir qu'au choix, c'est-à-dire à l'ancienneté majorée.

En résumé, le projet de loi ne détermine, jusqu'au grade de lieutenant-colonel inclusivement, qu'un seul mode d'avancement, celui de l'ancienneté majorée.

Quant aux grades supérieurs à celui de lieutenant-colonel (art. 10), les nominations seraient au choix du Président de la République, sur la proposition du ministre de la guerre.

Les lois antérieures ne donnaient également qu'*au choix* l'accès aux grades de lieutenant-colonel, de colonel, de général de brigade et de général de division. Mais, ce qui peut inspirer certaines craintes, c'est que rien ne fait pressentir comment s'éclairera le ministre de la guerre pour faire le choix qu'il devra seul faire. Ce qui justifie notre appréhension, c'est cette phrase de l'exposé des motifs : « Il a paru que la nomination à ces grades constituait une *prérogative gouvernementale* à laquelle il était interdit de porter la moindre atteinte. »

Ne peut-on pas redouter que l'exercice d'une telle prérogative ait pour effet d'introduire la politique dans l'armée? de faire avancer tels ou tels officiers, non en raison de leurs capacités et de leurs mérites, mais en raison de leurs opinions politiques? L'officier ne doit avoir, ou tout au moins ne doit manifester *aucune* opinion politique. L'armée nationale n'a qu'un souverain, la *Nation*, représenté légitimement, hier, aujourd'hui et demain, par le gouvernement de son choix. L'officier ne doit donc s'inféoder à aucun gouvernement, car il risquerait de devenir un jour rebelle à la *Nation souveraine,* si celle-ci, selon son droit incontestable, venait à changer son régime gouvernemental, ce qui d'ailleurs s'est vu assez fréquemment en France depuis un siècle. Les gouvernements passent, l'armée reste.

L'avancement aux grades élevés ne doit pas être la récompense de sympathies ou de services politiques, mais la conséquence des hautes capacités professionnelles, des services loyaux et distingués rendus à la patrie.

Le ministre de la guerre *seul,* malgré son dévouement à ses devoirs, ses sentiments de justice et d'impartialité, a trop d'occupations et de préoccupations pour pouvoir dresser des tableaux d'avancement, sans que cet important travail soit tout au moins préparé par des commissions spéciales de classement.

En résumé, nous pensons que l'on ne devrait pas adopter cette proposition de loi sans y apporter de très sérieuses modifications.

CHAPITRE II

Pouvoirs militaires des vice-amiraux, préfets maritimes.
— Décret du 29 mars 1901. — Décret du 3 juin 1902
concernant les places fortes, points d'appui de la flotte
aux colonies. — Possibilité d'appliquer les dispositions
de ce décret aux places fortes, ports militaires en France.

———

Le passage des troupes coloniales au ministère de la guerre
et le maintien, provisoire tout au moins, de ces troupes dans les
ports militaires de la métropole mettaient le gouvernement dans
l'obligation de définir exactement la situation des vice-amiraux,
préfets maritimes ; de fixer leurs attributions du temps de paix ;
de régler leurs relations avec les commandants de corps d'armée
dans la région desquels ils se trouvaient placés et avec les
troupes en garnison dans les chefs-lieux des arrondissements
maritimes. Dans ce but, le ministre de la marine, d'accord avec
le ministre de la guerre, a élaboré un décret, qui a été signé par
le Président de la République le 29 mars 1901. Les dispositions
de ce décret sont les suivantes :

Les vice-amiraux, préfets maritimes, sont *gouverneurs* de la
place de guerre, chef-lieu de leur arrondissement maritime. Ils
relèvent, à ce titre, du commandant du corps d'armée, dans la
région duquel se trouve cette place de guerre, pour tout ce qui
concerne la défense sur terre, ainsi que les troupes et les établissements dépendant du ministère de la guerre ;

Ils sont *commandants d'armes* avec les pouvoirs définis par le
décret du 4 octobre 1891 ;

Ils ont la *préséance* sur les commandants de corps d'armée,
quand ils se trouvent sur les terrains et établissements de la
marine.

Ces dispositions donnent lieu à quelques observations.

Il ne peut y avoir d'*égaux* dans la hiérarchie militaire ; il y a seulement des supérieurs et des subordonnés. Du moment qu'un préfet maritime *relève* d'un commandant de corps d'armée, il ne peut être que le subordonné de ce dernier, et, par suite, dans aucune circonstance, il ne devrait avoir la *préséance* sur lui.

De plus, bien que la fonction de commandant de corps d'armée ne constitue pas un grade (et il en est de même de la fonction de préfet maritime), — en fait, les commandants de corps d'armée sont tous des généraux de division, ayant passé plusieurs années à la tête d'une division, et qui commandent à plusieurs généraux de division. La situation des préfets maritimes n'est pas la même. Ceux-ci reçoivent généralement le commandement d'un arrondissement maritime dès qu'ils sont promus vice-amiraux. En même temps que la troisième étoile tombe sur leurs épaulettes, les plumes blanches montent à leurs chapeaux. C'est un fait exceptionnel pour un vice-amiral de porter les plumes noires, tandis que c'est une règle pour la très grande majorité des généraux de division.

Cette question de panache est d'ailleurs de peu d'importance ; revenons à des choses plus sérieuses. Les préfets maritimes, gouverneurs des ports militaires, devraient rester, dans toutes les circonstances ayant trait au service militaire à terre, les subordonnés des commandants de corps d'armée desquels le décret les fait relever. Le commandant d'un corps d'armée du territoire est chez lui, à terre, aussi bien dans les établissements de la marine (laquelle n'est en réalité qu'une arme spéciale combattant sur l'eau) que dans les établissements de l'artillerie et du génie, qui sont aussi des armes spéciales.

En faisant du préfet maritime le gouverneur et le commandant d'armes du chef-lieu de l'arrondissement maritime, le décret crée une situation assez délicate. En effet, comme nous venons de le dire, un préfet maritime est, le plus souvent, un vice-amiral nouvellement promu, et le général commandant la division coloniale peut être d'une ancienneté supérieure à la sienne. Le fait s'est déjà produit. Il en résulte qu'on méconnaît cette subordination à l'ancienneté qui est de principe dans l'armée comme la subordination au grade. On peut objecter, il est vrai, que le préfet maritime a une lettre de commandement comme le commandant de corps d'armée, et qu'un commandant de corps d'armée a autorité sur tous les généraux de division de son corps d'armée, quelle que soit leur ancienneté. Mais dans une préfecture maritime, si le préfet, pourvu d'une lettre de commandement, est absent ou empêché, qui exercera les fonctions dont il est investi? Il est absolument logique que ce soit un des contre-amiraux placés sous ses ordres qui exerce les fonctions toutes spéciales de préfet maritime qui exigent une compétence ne pouvant appartenir qu'à un officier de marine. Mais pourra-t-on donner les fonctions de gouverneur de la place et de commandant d'armes à ce même contre-amiral, inférieur en grade au général commandant la division coloniale ou pouvant être moins ancien de grade que les autres généraux de brigade en service dans la place ?

Que faire en pareil cas et qu'a-t-on fait d'ailleurs? On a donné en cas d'absence ou d'empêchement du vice-amiral les fonctions intérimaires de préfet maritime à un contre-amiral, celles de gouverneur à l'officier général de l'armée de terre adjoint au vice-amiral gouverneur et celles de commandant d'armes, suivant la règle posée dans le décret sur le service des places, au plus ancien, dans le grade le plus élevé, des officiers généraux en service dans la place.

De tels problèmes ne seraient pas à résoudre, si l'on ne tenait pas d'une façon absolue à ce que le vice-amiral préfet maritime fût toujours, quelle que fût son ancienneté, la première autorité dans une place de guerre port militaire.

Les chefs-lieux de nos arrondissements maritimes sont des places-frontières, qui peuvent être exposées à des attaques venant de la mer et de la terre, qui peuvent être brûlées et plus ou moins détruites par le feu des navires ennemis ; mais qui ne peuvent être *prises* que par terre au moyen de troupes débarquées. La défense contre les navires ennemis doit se faire par les moyens de la marine, savoir : les navires de guerre, les torpilleurs, les batteries des fronts de mer, les torpilles fixes, les personnels des armées de mer et de terre. La défense contre les troupes débarquées doit être exercée par les moyens de l'armée de terre, ses fortifications, ses batteries et ses troupes. Le suprême effort de la défense, celui qui, surmonté, entraînerait la prise de la place, appartiendra aux troupes de terre ; il serait donc logique que le gouverneur de la place fût un officier général de ces troupes, relevant directement du commandant d'armée ou de corps d'armée dans la zóne de commandement duquel cette place serait comprise. Le vice-amiral, préfet maritime, chargé seulement dans la place des services spéciaux de la marine, relèverait de l'autorité du gouverneur, commandant d'armes, ét serait, en cas de guerre, sous ses ordres, comme les chefs des armes spéciales de l'artillerie et du génie.

Rien n'empêcherait d'ailleurs de donner ces fonctions exclusives de gouverneur, commandant d'armes, à un officier général de la marine, offrant par son ancienneté, son expérience de la guerre et la distinction de ses services, les garanties et les aptitudes nécessaires à l'exercice de ce haut commandement. Nous ne nous élevons que contre la prétention d'attribuer *toujours* le commandement supérieur d'une place de guerre, port militaire, à un officier général chef d'un service spécial dans cette place.

*
* *

Cette question des pouvoirs des vice-amiraux, préfets maritimes, ne semble donc pas avoir été réglée jusqu'ici d'une manière bien conforme aux principes militaires admis généralement, et qui sont pourtant pris en grande considération dans un acte postérieur du gouvernement. Nous voulons parler du décret du 3 juin 1902, concernant les places coloniales, points d'appui de la flotte, et la désignation de l'officier chargé d'en exercer le commandement.

Nous lisons, dans le rapport au Président de la République inséré au *Journal officiel* en tête de ce décret, qu'un décret antérieur (du 1er avril 1899), relatif aux points d'appui de la flotte, « ne contient aucune disposition concernant la désignation de l'officier chargé d'exercer le commandement de ces places coloniales », et que, « suivant le décret précité, le commandant de la marine est simplement adjoint au commandant de la place, et que ses attributions vis-à-vis de ce dernier sont différentes, suivant qu'il s'agit du temps de paix et du temps de guerre. *Il y a lieu de faire disparaître cette anomalie et, pour réaliser l'unité de direction et de commandement, il convient de placer en tout temps le commandant de la marine sous l'autorité du commandant de la défense pour toutes les questions concernant la défense du point d'appui ».*

Fixons un moment notre attention sur les importantes déclarations qui précèdent. Il est bien évident qu'une place de guerre, point d'appui de la flotte aux colonies, a exactement à jouer dans ces pays le rôle d'un port militaire en France pendant le temps de paix et le temps de guerre, c'est-à-dire : servir de lieu de refuge, de ravitaillement, de réparation, de construction aux navires de guerre, et contribuer à la défense des frontières maritimes du territoire. Si donc il est nécessaire, pour réaliser l'unité de direction et de commandement d'un point d'appui de la flotte aux colonies, de mettre le commandant de la marine sous l'autorité du commandant de la défense du point d'appui pour toutes les questions de défense, — cela doit être aussi nécessaire en France pour les ports militaires. Donc, dans un port militaire, en France, le commandant ou chef supérieur de la marine, c'est-à-dire le préfet maritime, doit être sous l'autorité du gouverneur militaire de la place ; ce dernier est sous l'autorité du commandant de la région territoriale, de même que le commandant d'un point d'appui aux colonies est sous l'autorité du commandant supérieur des troupes de la colonie.

Poursuivons la lecture du rapport :

« Le commandant de la marine doit continuer d'ailleurs à relever directement du ministre de la marine, pour tout ce qui concerne la direction de l'administration du personnel, du matériel flottant, des approvisionnements de l'arsenal maritime, qui, par leur nature, intéressent spécialement les divisions navales. »

Tout cela est applicable, sans aucune difficulté, aux relations du ministre de la marine avec les préfets maritimes.

Ce rapport et le décret qui le suit sont contresignés par les ministres de la guerre, de la marine et des colonies. Il nous semble qu'on pourrait appliquer aux ports militaires en France le décret du 3 juin 1902. Ce serait bien facile, et on peut s'en convaincre en mettant en regard de chaque article de ce décret les très légères modifications qui devraient y être apportées dans ce but. Nous le faisons ci-après :

Décret du 3 juin 1902, concernant les points d'appui de la flotte aux colonies.

Art. 1er. — Sont déclarés points d'appui de la flotte aux colonies, et classés places de guerre :

Saïgon et le cap Saint-Jacques, en Cochinchine ;

Diégo-Suarez, à Madagascar ;

Dakar, au Sénégal ;

Nouméa, en Nouvelle-Calédonie ;

Hongay ou Port-Courbet, au Tonkin (point secondaire).

Art. 2. — L'officier général ou supérieur, chargé en temps de paix du commandement d'une place coloniale, point d'appui de la flotte, assure la préparation de la défense, dont la direction et la responsabilité lui incombent en temps de guerre.

Il prend le titre de commandant de la défense. Il est nommé par décret du Président de la République, rendu sur la proposition des Ministres de la marine et des colonies.

Il relève du commandant supérieur des troupes de la colonie ; il a sous ses ordres la totalité des forces et des services militaires stationnés dans le rayon d'action de la place.

Art. 3. — Dans chaque place coloniale, point d'appui de la flotte, un officier supérieur de la marine exerce son autorité sur tout le personnel et le matériel appartenant au Département de la marine.

Il porte le titre de commandant de la marine.

Projet de décret concernant les ports militaires en France.

Art. 1er. — Sont déclarés *ports militaires* en France et classés places de guerre :

Cherbourg,
Brest,
Lorient,
Rochefort,
Et Toulon.

Art. 2. — L'officier général chargé en temps de paix du commandement d'un *port militaire* assure la préparation de la défense dont la direction et la responsabilité lui incombent en temps de guerre.

Il prend le titre de *gouverneur de la place*. Il est nommé par décret du Président de la République sur la proposition des Ministres *de la guerre et de la marine*. Il relève du *commandant du corps d'armée sur le territoire duquel la place qu'il commande se trouve placée*. Il a sous ses ordres la totalité des forces et des services militaires stationnés dans le rayon d'action de la place.

Art. 3. — Dans chaque *port militaire*, un *vice-amiral* exerce son autorité sur tout le personnel et le matériel appartenant au Département de la marine.

Il porte le titre de *préfet maritime*.

Il relève exclusivement du Département de la marine pour tout ce qui concerne la direction et l'administration du personnel, du matériel flottant, des approvisionnements et des établissements de l'arsenal maritime.

Il est adjoint au commandant de la défense et relève de ce dernier pour toutes les opérations relatives à la défense du point d'appui. Il le tient au courant de la situation du personnel, du matériel et des approvisionnements spécialement affectés par le Ministre de la marine à la défense de la place.

Il est membre des commissions, conseils et comités dont font partie les chefs des services militaires de la place.

Il concourt, suivant son grade et son rang d'ancienneté avec les autres officiers de la garnison pour remplacer le commandant de la défense absent ou empêché.

ART. 4. — Le commandant de la marine correspond directement avec le Ministre de la marine, pour tout ce qui concerne l'administration du personnel, du matériel flottant, des approvisionnements et des établissements de l'arsenal maritime.

Il adresse au Ministre de la marine, sous le couvert du commandant de la défense, qui est tenu de la transmettre sans délai, avec ses observations s'il y a lieu, toute la partie de sa correspondance relative à la défense de la place et à sa préparation.

Il adresse au Ministre de la ma-

Il relève exclusivement du Département de la marine pour tout ce qui concerne la direction et l'administration du personnel, du matériel flottant, des approvisionnements et des établissements de l'arsenal maritime.

Il est adjoint au *gouverneur de la place,* et relève de ce dernier pour toutes les questions relatives à la défense des ports militaires. Il le tient au courant de la situation du personnel, du matériel et des approvisionnements spécialement affectés par le Ministre de la marine à la défense de la place.

Il est membre des commissions, conseils et comités dont font partie les chefs des services militaires de la place, *ou y est représenté par son chef d'état-major.*

Il concourt, suivant son grade et son rang d'ancienneté, avec les autres officiers *généraux* de la place pour remplacer *le gouverneur* absent ou empêché.

ART. 4. — Le *préfet maritime* correspond directement avec le Ministre de la marine pour tout ce qui concerne l'administration du personnel, du matériel flottant, des approvisionnements et des établissements de l'arsenal maritime.

Il adresse au Ministre de la marine, sous le couvert *du gouverneur de la place,* qui est tenu de la transmettre sans délai, avec ses observations s'il y a lieu, toute la partie de sa correspondance relative à la défense du *port militaire* et à sa préparation.

Il adresse au Ministre de la marine, sous le couvert du commandant supérieur des troupes de la colonie, et par l'intermédiaire du commandant de la défense, la partie de sa correspondance relative à la défense générale de la colonie.

Art. 5. — En tout temps, le plus large concours est dû par le commandant de la défense aux commandants de forces navales ou bâtiments de guerre isolés faisant appel aux ressources du point d'appui.

Toutefois, une distinction permanente est établie par le Ministre de la marine entre les éléments et moyens de défenses maritimes (personnel et matériel) qui ne peuvent en aucun cas sortir du rayon d'action de la place, et ceux susceptibles de prendre part à des opérations extérieures sur l'ordre des commandants des divisions navales.

En temps de guerre, le commandant d'une force navale, qui se trouve momentanément dans un point d'appui, est tenu de se concerter avec le commandant de la défense sur le concours qu'il peut et doit, dans la limite de ses instructions générales, apporter à la défense de la place, en cas d'attaque de vive force.

Art. 6. — Les dépenses de personnel et de matériel relatives à la défense navale, fixe ou mobile, et aux arsenaux maritimes des points d'appui de la flotte, forment dans le budget et dans les comptes du ministère de la marine une section distincte. Les projets d'ensemble

rine, sous le couvert *du commandant du corps d'armée*, et par l'intermédiaire *du gouverneur de la place*, la partie de sa correspondance relative à la *défense générale du port militaire et de la région dépendant de son action.*

Art. 5. — En tout temps, le plus large concours est dû par le *gouverneur de la place* aux commandants de forces navales ou bâtiments de guerre isolés, faisant appel aux ressources de la place.

Toutefois, une distinction permanente est établie, par les *Ministres de la guerre et de la marine*, entre les éléments et moyens de défenses maritimes (personnel et matériel), qui ne peuvent en aucun cas sortir du rayon d'action de la place, et ceux susceptibles de prendre part à des opérations extérieures sur l'ordre des commandants des divisions navales.

En temps de guerre, le commandant d'une force navale, qui se trouve momentanément dans un *port militaire*, est tenu de se concerter avec le *gouverneur de la place*, sur le concours qu'il peut et doit, dans la limite de ses instructions générales, apporter à la défense de la place, en cas d'attaque de vive force.

Art. 6. — Les dépenses de personnel et de matériel relatives à la défense navale, fixe ou mobile, et aux arsenaux maritimes des *ports militaires*, forment dans le budget et dans les comptes du ministère de la marine une section distincte. Les projets d'ensemble concernant

concernant la défense navale sont arrêtés par le Ministre de la marine après entente avec le Ministre des colonies.

Le Ministre de la marine est seul chargé de la préparation et de l'exécution des projets relatifs aux arsenaux maritimes des points d'appui et à leurs dépendances.

Les dépenses de personnel et de matériel autres que celles visées ci-dessus et relatives aux places, points d'appui de la flotte, forment dans le budget et dans les comptes du ministère des colonies une section distincte.

Les projets d'ensemble concernant les fronts de mer de la place et leur armement sont arrêtés par le Ministre des colonies après entente avec le Ministre de la marine.

la défense navale sont arrêtés par le Ministre de la marine après entente avec le *Ministre de la guerre*.

Le Ministre de la marine est seul chargé de la préparation et de l'exécution des projets relatifs aux arsenaux maritimes des *ports militaires* et à leurs dépendances.

Les dépenses de personnel et de matériel autres que celles visées ci-dessus et relatives aux *ports militaires* forment, dans *le budget* et *dans les comptes du ministère de la guerre*, une section distincte.

Les projets d'ensemble concernant les fronts de mer de la place et leur armement sont arrêtés par le Ministre de la marine après entente avec le Ministre de la guerre.

Nous ferons remarquer que, dans le décret du 3 juin 1902, il n'est plus fait aucune allusion aux pouvoirs militaires des gouverneurs civils des colonies.

CHAPITRE III

Création du corps d'armée des troupes coloniales en France. — Décret du 11 juin 1901. — Instruction ministérielle réglant les rapports entre le commandant du corps d'armée des troupes coloniales et les commandants des corps d'armée sur le territoire desquels ces troupes sont stationnées. — Mobilisation, instruction, personnel, administration, service de santé. — Organisation actuelle du corps d'armée des troupes coloniales; emplacement des troupes qui le composent.

Le 1ᵉʳ janvier 1901, au moment du rattachement des troupes coloniales au ministère de la guerre, leurs inspections générales et leur comité technique existaient encore. Le général de division Archinard était inspecteur général de l'artillerie et le général de division Duchemin était inspecteur général de l'infanterie, président du comité technique, et commandant *éventuel* du corps d'armée de la marine en cas de mobilisation générale. Le décret du 11 juin 1901, portant organisation du corps d'armée des troupes coloniales modifia cette situation. Il est intéressant de citer quelques passages du rapport du ministre de la guerre au président de la République exposant les motifs de ce décret.

Ce rapport rappelle les dispositions de l'article 2 de la loi du 7 juillet 1900, ayant pour objet la conservation de l'autonomie des troupes coloniales, leur maintien sous le commandement de leurs officiers, et dont l'esprit est d'empêcher une pénétration réciproque des personnels métropolitains et coloniaux, d'assurer aux troupes coloniales une homogénéité indispensable.

Dans ce ⸺ordre d'idées, le ministre avait déjà groupé en deux

divisions les quatre brigades d'infanterie. Il proposait maintenant de réunir en un corps d'armée ces deux divisions d'infanterie et la brigade d'artillerie.

Le ministre ajoutait : « Ces troupes pourront ainsi recevoir,
dans de meilleures conditions, l'impulsion uniforme qui doit
leur être donnée en vue de leur mission spéciale aux colonies, et
elles seront placées, dès le temps de paix, sous les ordres de
l'officier général qui doit en commander la partie principale en
temps de guerre. »

Il est incontestable qu'on réalise un véritable progrès en
créant, commandé par un chef unique, un groupement autonome avec ces cinq brigades (quatre d'infanterie, une d'artillerie) placées chacune, antérieurement, sous les ordres d'un
commandant de corps d'armée différent. Mais, si l'on veut bien
examiner d'un peu près l'organisation des troupes coloniales et
leur service spécial, on se persuade assez facilement que ce
progrès ne répond pas complètement à ce qu'il serait utile
d'obtenir.

En effet, comment sont composées les unités des troupes coloniales stationnées en France ?

Ces unités comprennent : 1° en très petite quantité, des
hommes de troupe provenant des contingents annuels et qui ne
sont pas astreints à aller servir aux colonies ; 2° en très grande
majorité, des soldats, brigadiers, caporaux, sous-officiers et officiers, astreints au service colonial, servant en France dans ces
unités entre six mois et deux ans, et roulant constamment entre
la France et les colonies.

Il est excessivement rare qu'une compagnie soit commandée
un an et demi par le même capitaine, et que tout son cadre et
ses soldats ne soient pas entièrement changés en moins d'une
année. Il en est de même pour le commandement des bataillons
et des régiments. Les mutations multiples exigées par les obligations de la relève coloniale et provenant aussi d'un recrutement presque journalier de volontaires, ne se font pas toutes en
même temps, mais il y en a plus ou moins tous les jours. Tous
les officiers, depuis le sous-lieutenant jusqu'au colonel inclusivement, ne restent en France, au même service régimentaire,
que deux ans au très grand maximum. Les officiers et les
hommes de troupe n'ont donc entre eux, dans la métropole,

qu'un contact d'une durée très limitée, et l'homogénéité, si judicieusement recherchée par le ministre, ne peut être obtenue que partiellement. L'impulsion du commandant du corps d'armée sur la plus grande quantité de ses subordonnés ne s'exerce que pendant une durée générale très courte. Il ne peut apprécier ses officiers que bien imparfaitement, puisqu'il perd de vue les uns, dès qu'ils partent pour les colonies, et qu'il ne peut se faire qu'une idée approximative des autres qui en reviennent que par les notes plus ou moins complètes qui les ont suivis.

Combien est plus régulier et plus facile l'exercice du commandement des troupes métropolitaines! Les soldats, les sous-officiers, les officiers, ne changent guère d'unités que par suite de promotion, de libération ou de retraite. Tous les chefs, aux divers degrés de la hiérarchie, ont, pendant des années, les mêmes subordonnés sous leurs ordres, tandis que dans les troupes coloniales, chefs et subordonnés sont soumis à des mutations constantes.

On ne peut pas espérer que le groupement en un corps d'armée des troupes coloniales stationnées en France donnera à l'ensemble des troupes coloniales l'homogénéité complète que l'on doit chercher à obtenir. L'impulsion donnée par le commandant du corps d'armée sera insuffisante, puisqu'elle ne s'exercera que sur les éléments de ces troupes momentanément en service dans la métropole. Le décret dont nous nous occupons ne peut donner une satisfaction complète aux *desiderata* du ministre en ce qui concerne l'ensemble des troupes coloniales, puisqu'il ne se rapporte qu'à une partie de ces troupes, celles stationnées en France. Mais il faudrait que cet *ensemble* (troupes coloniales en France et troupes coloniales aux colonies) fût soumis à un commandement unique et à l'impulsion permanente d'un seul chef. Ce chef naturel serait un officier général des troupes coloniales, membre du Conseil supérieur de la guerre (aujourd'hui le général Voyron), qui, comme inspecteur d'armée, donnerait cette impulsion unique et supérieure aux commandants des corps d'armée, divisions, brigades et détachements en France et aux colonies. Il noterait en dernier ressort les officiers qu'il suivrait constamment dans les diverses positions de leur carrière.

*
* *

Le ministre dit ensuite dans son rapport qu'il ne peut être question, en raison des exigences de la mobilisation, d'affecter au corps d'armée colonial une région territoriale, ce qui d'ailleurs est inutile au point de vue du rôle primordial des troupes coloniales. Cela est sans doute exact[1]. Toutefois, il serait désirable, les garnisons des ports militaires ne devant plus, à l'avenir, être exclusivement imposées aux troupes coloniales, de concentrer ces troupes en masses aussi importantes que possible sur des territoires aussi restreints que possible, afin que le commandement y fût exercé dans les meilleures conditions de régularité et d'uniformité.

Enfin le ministre termine ce rapport en annonçant que des arrêtés et instructions fixeront ultérieurement les conditions dans lesquelles s'exerceront le commandement du corps d'armée colonial et les relations du commandant de ce corps avec les commandants des corps d'armée sur le territoire desquels les troupes coloniales seront stationnées.

Le décret rendu le 11 juin 1901 est très court. Il résume en trois articles les propositions du ministre de la guerre que nous venons d'examiner.

*
* *

Le corps d'armée des troupes coloniales étant disséminé en unités stationnées dans quatre ou cinq régions de corps d'armée, il importait de régler au plus vite les rapports qui devaient exister entre le commandant de ce corps d'armée, dont le quartier général est à Paris, et les commandants de corps d'armée sur le territoire desquels ces unités se trouvaient stationnées. Il fallait en même temps définir les attributions du commandant du nouveau corps, car elles ne pouvaient pas être absolument

---

[1] Néanmoins, si l'on n'envisageait la question qu'au point de vue particulier des troupes coloniales, affecter une région territoriale au corps d'armée colonial serait certainement un excellent moyen pour obtenir l'unité dans le commandement et l'administration.

les mêmes que celles des commandants de corps d'armée dont toutes les troupes sont stationnées dans la région soumise à leur autorité militaire.

C'est dans ce double but que fut rédigée une instruction ministérielle en date du 11 juin 1901, que nous allons examiner.

Cette instruction expose qu'en principe les troupes coloniales, stationnées en France, relèvent du commandant du corps d'armée qu'elles constituent « sous le rapport de la mobilisation, de l'instruction, du personnel, de la discipline intérieure, etc. », dans des conditions générales d'application déterminées ci-après.

Pour la discipline générale, le service, les mesures d'ordre public et la justice militaire, les troupes coloniales stationnées dans les régions des corps d'armée de la métropole, sont soumises à l'autorité supérieure des commandants de ces corps d'armée ou gouverneurs militaires de Paris et de Lyon.

Enfin la même instruction ministérielle règle les devoirs généraux incombant aux commandants des corps d'armée du territoire et au commandant du corps d'armée des troupes coloniales, en ce qui concerne les services administratifs et de santé.

*
* *

Mobilisation. — Le général commandant le corps d'armée des troupes coloniales est responsable :

1º De la mobilisation du personnel en France (activité et réserve) ;

2º De la conservation et de l'entretien du matériel et des approvisionnements dont les corps de troupe sont détenteurs dès le temps de paix.

Le commandant du corps d'armée du territoire est responsable du matériel et des approvisionnements dont les corps de troupes coloniales ne sont pas détenteurs.

Le commandant du corps d'armée colonial peut s'entendre avec lui pour visiter ou faire visiter ce matériel et ces approvisionnements, de même que le commandant du corps d'armée du territoire peut se concerter avec le commandant du corps d'armée colonial pour visiter ou faire visiter le matériel et les approvisionnements détenus par les corps de troupes coloniales.

« Le commandant du corps d'armée des troupes coloniales établit et transmet à l'état-major de l'armée les documents récapitulatifs du plan de mobilisation du corps d'armée, placé sous ses ordres en cas de guerre, au moyen des extraits qui lui sont fournis par les commandants des régions dans lesquelles se mobilisent les différents corps ou services (métropolitains ou coloniaux) de ce corps d'armée.

« Le commandant du corps d'armée du territoire assure la réquisition des chevaux et prépare les transports des réservistes portés à l'effectif de guerre. »

Il est bien certain que l'intervention du commandant, ou plutôt de quatre ou cinq commandants, de corps d'armée du territoire dans les opérations de la mobilisation du corps d'armée des troupes coloniales est une complication assez fâcheuse ; mais c'est malheureusement une nécessité, puisque ce corps d'armée a ses unités réparties dans quatre ou cinq régions de corps d'armée, et que son chef ne possède aucune autorité territoriale. Il y aurait peut-être possibilité, et intérêt, de diminuer dans une grande mesure l'importance de cette complication en faisant détenir, par les unités des troupes coloniales, dans des magasins à elles, la presque totalité du matériel et des approvisionnements de mobilisation.

*
* *

Instruction. — Les troupes coloniales en France relèvent pour l'instruction du commandant de corps d'armée colonial sous les réserves suivantes :

« Les programmes généraux d'instruction des *bataillons d'infanterie coloniale* et des *batteries à pied coloniales affectés à la garnison de guerre des ports militaires ou places fortes* sont établis par les soins du commandant supérieur de la défense, qui les soumet au commandant de la région de corps d'armée dont ils dépendent. Ces programmes sont arrêtés par cet officier général, après entente avec le général commandant le corps d'armée des troupes coloniales qui y introduit toutes les prescriptions relatives à l'instruction pour le service aux colonies. Les deux commandants de corps d'armée sont responsables, chacun en ce qui le concerne, de l'instruction donnée conformément à ces programmes. »

Arrêtons-nous là un moment. Que doit-il résulter, en fait, des prescriptions précédentes? C'est qu'un officier général de la marine, préfet maritime, gouverneur d'un port militaire, doit établir des programmes d'instruction pour des bataillons d'infanterie et des batteries d'artillerie. Il nous semble qu'une telle obligation lui impose une tâche qui n'est pas bien exactement de sa compétence. De plus, si les batteries à pied de l'artillerie coloniale doivent être, dans l'avenir comme dans le passé, chargées de l'armement des ouvrages défensifs des ports militaires, — d'après la nouvelle organisation des troupes coloniales, qui peuvent être stationnées en des points quelconques du territoire de la métropole, de l'Algérie et de la Tunisie, — il n'y a plus aujourd'hui des bataillons d'infanterie coloniale destinés en tout temps aux garnisons des ports militaires comme l'étaient autrefois les régiments et bataillons de garnison de l'infanterie de marine.

Sans que nous puissions dire ce qui sera fait dans le nouveau plan de mobilisation, nous avons l'intime conviction qu'en cas de guerre les douze régiments d'infanterie coloniale et les trois régiments d'artillerie coloniale (sauf les batteries à pied) devront constituer un bon corps d'armée actif qu'on aura la sagesse de ne pas immobiliser dans la défense de places frontières maritimes, qu'on ne songera peut-être pas à attaquer. Cette défense devrait être préparée en temps de paix par les troupes qui en seraient chargées en temps de guerre.

On peut objecter, il est vrai, qu'une partie de ces dernières troupes, tout au moins, ne pourra sans doute pas être réunie dans les ports militaires le jour même de la déclaration de guerre, et que les troupes formant la garnison du temps de paix de ces ports devront y assurer la défense de la première heure. Mais en donnant cette charge à ces troupes, en même temps qu'elles ont à procéder à leur mobilisation, on leur rend difficiles, sinon impossibles, les opérations de cette mobilisation, et on ne peut pas espérer qu'elles seront en état de bien remplir le rôle, accessoire pour elles, de défense temporaire qu'on leur demandera.

Nous pensons donc que la défense des ports militaires doit être préparée en temps de paix et assurée en temps de guerre. au moyen de troupes de terre et de mer autres que celles qui sont appelées à entrer dans la composition des armées actives, et, par suite, que les amiraux, gouverneurs des ports militaires, n'ont rien à voir en temps de paix dans les programmes d'instruction de troupes dont ils n'auront plus le commandement en temps de guerre.

*
* *

« Les troupes coloniales prennent part à des manœuvres de garnison ou à des manœuvres d'armes combinées sur l'*initiative* du commandant du corps d'armée des troupes coloniales ; ces deux officiers généraux (le commandant du corps d'armée de la région et celui du corps d'armée colonial) se concertent à cet effet. »

On reconnaît facilement la sagesse et l'utilité de ces dispositions. Les troupes coloniales, disséminées comme elles le sont en France, ne pourraient pas compléter leur instruction réduites à leurs seuls effectifs, se préparer aux grandes manœuvres, à la guerre en Europe. De plus, en exécutant des manœuvres fréquentes avec les troupes métropolitaines, elles prennent, au contact de ces dernières, les mêmes procédés de marches, de mouvements, d'action, nécessaires pour établir la cohésion entre elles de troupes destinées à combattre ensemble. Enfin ce contact répété des deux armées leur permet de se connaître, d'apprécier leur valeur réciproque, de compter l'une sur l'autre, d'amener leurs membres à s'estimer, à s'aimer, comme le doivent tous les braves et loyaux défenseurs de la même patrie.

*
* *

Personnel. — En principe, le commandant du corps d'armée des troupes coloniales a, vis-à-vis du personnel de son corps d'armée, les mêmes attributions qu'un commandant de corps d'armée métropolitain sur le personnel du sien.

Les affaires concernant le personnel des troupes coloniales

« sont centralisées par le commandant du corps d'armée du territoire qui les adresse au général commandant le corps d'armée des troupes coloniales et les annote, s'il y a lieu, en ce qu'elles touchent à l'exercice du commandement territorial. La décision prise est communiquée hiérarchiquement aux intéressés par le même intermédiaire. »

Cette manière de faire a l'inconvénient d'obliger à une correspondance assez longue retardant la solution des affaires, surtout lorsque celles-ci proviennent d'une brigade tenant garnison dans une ville autre que celle où le général de division a son quartier général.

« En cas d'urgence, les généraux de brigade et de division des troupes coloniales pourront adresser directement les affaires concernant le personnel au général commandant le corps d'armée des troupes coloniales, en rendant compte au général commandant le corps d'armée du territoire. »

Cette disposition permet d'atténuer dans bien des cas l'inconvénient que nous venons de signaler plus haut.

« Il est cependant indispensable que certaines affaires courantes se rattachant au personnel, telles que : remontes, passage dans les troupes métropolitaines (troupe), relations avec les autorités civiles du territoire, participation individuelle aux fêtes patriotiques, etc., etc., reçoivent leur solution du général commandant du corps d'armée du territoire. Ces affaires ne sont pas transmises au commandant du corps d'armée des troupes coloniales, sauf certaines questions qui pourront faire utilement l'objet d'une entente directe entre les officiers généraux intéressés. »

*
* *

Discipline intérieure. — Toutes les questions de discipline intérieure du corps d'armée des troupes coloniales relèvent directement du commandant de ce corps d'armée.

Toutefois, pour celles de ces questions « qui intéressent la justice militaire, le commandant du corps d'armée des troupes coloniales adresse au commandant du corps d'armée du territoire le dossier des militaires susceptibles d'être traduits devant le conseil de guerre, et c'est ce dernier officier général qui donne à ces questions la suite qu'elles comportent, en tenant le commandant du corps d'armée des troupes coloniales au courant des solutions intervenues. Dans le cas où le commandant du corps d'armée du territoire rendrait un refus d'informer ou une ordonnance de non-lieu, il appartiendrait au commandant du corps d'armée des troupes coloniales d'infliger telle punition disciplinaire qu'il jugerait convenable.

« La procédure sera la même pour les conseils d'enquête de région qu'il avait lieu de convoquer à l'occasion d'affaires concernant la discipline intérieure. »

Nous rappèllerons ici ce que nous avons dit dans le cours de cette étude au sujet des avantages qu'il y aurait à installer dans quelques villes de garnison des troupes coloniales un des conseils de guerre de la région du corps d'armée du territoire. Cela donnerait d'ailleurs une satisfaction de plus au principe de l'autonomie voulu par la loi du 7 juillet 1900, en donnant aux militaires des troupes coloniales des militaires de ces mêmes troupes comme juges habituels.

*
* *

Administration. — L'instruction définit comme il suit les attributions du service administratif colonial et de l'intendance, en ce qui se rapporte à l'administration des troupes coloniales.

Directeur du service du commissariat.

« Solde. Administration intérieure des corps de troupe. Vérification des revues, liquidation des masses, frais de route, couchage, éclairage et chauffage.

« Approvisionnements de toute nature dont les corps de troupe sont détenteurs.

« Service spécial de l'habillement dans les corps de troupes coloniales. »

Directeur du service de l'intendance.

« Services généraux du territoire. Transports, vivres et fourrages. Habillement et campement.

« Chaque directeur exerce la direction des services qui lui sont confiés sous l'autorité du commandant du corps d'armée dont il relève. »

Le commandant du corps d'armée des troupes coloniales veille à la bonne exécution du service du commissariat, mais s'il a à se plaindre de l'intendance, il ne peut donner des ordres directs, mais il doit en référer seulement au général commandant le corps d'armée du territoire.

« Le commandant du corps d'armée des troupes coloniales est informé, dans les mêmes conditions que les commandants des corps d'armée du territoire, des opérations du contrôle concernant les troupes coloniales. »

*
* *

Service de santé. — Pour le service de santé des troupes coloniales, comme pour le service administratif, il y a des attributions spéciales à la direction du corps de santé colonial et à celle du corps de santé métropolitain.

Directeur du service de santé des troupes coloniales.

Son rôle, dans le corps d'armée des troupes coloniales, est le même que celui du directeur du service de santé d'un corps d'armée métropolitain.

Il est chargé des feuillets du personnel des officiers du corps de santé des troupes coloniales; il y inscrit des notes professionnelles.

Il s'assure de l'existence et du bon entretien du matériel et des approvisionnements du service de santé détenus par les corps. Il fait les propositions relatives à l'hygiène spéciale des troupes coloniales. Il a la direction de l'instruction et du service des infirmiers et brancardiers.

En général, il est chargé de l'exécution du service de santé, y compris les vaccinations. Enfin, il établit la statistique médicale.

Directeur du service de santé du corps d'armée métropolitain.

Il est chargé de la visite annuelle des casernements d'après les ordres du commandant du corps d'armée du territoire, qui informe le général commandant le corps d'armée des troupes coloniales, et des visites en cas d'épidémie. « Il fait toutes les propositions pour arrêter l'extension des épidémies.

« Il demande aux chefs de service de santé dans les corps
des troupes coloniales toutes les situations ou rapports qui lui
sont utiles sur l'état sanitaire de ces troupes, et il fournit au
commandant du corps d'armée des troupes coloniales, par l'intermédiaire du commandant du corps d'armée de la région,
tous les renseignements qui lui seraient demandés sur l'hygiène
et la santé des troupes sous ses ordres. »

**

Il ressort de ces dispositions que les directions des services
administratif et de santé des troupes coloniales ne sont pas
unes, puisqu'il y a en fait, dans chaque service, deux directeurs, l'un attaché au corps d'armée des troupes coloniales,
l'autre à un corps d'armée métropolitain. Mais on est obligé de
reconnaître qu'il serait bien difficile d'éviter cette fâcheuse dualité, tout au moins dans les conditions actuelles de l'organisation
du corps d'armée des troupes coloniales.

En effet, le quartier général du commandant du corps
d'armée des troupes coloniales est à Paris avec les directeurs du
service administratif et du service de santé de ce corps d'armée,
tandis que ses troupes sont réparties en garnison dans quatre
ou cinq régions de corps d'armée. Le commandant du corps
d'armée des troupes coloniales et les chefs de ses services n'ont
pas une action directe et permanente sur ces troupes avec lesquelles ils ne prennent contact effectif qu'au moyen de tournées
d'inspection, annoncées ou inopinées, qui ne peuvent être que
peu fréquentes. Pour toutes les affaires touchant aux circonstances locales, le commandant du corps d'armée coloniale et
ses directeurs ne peuvent avoir qu'une responsabilité toujours
restreinte et parfois nulle; ce qui est absolument logique,
puisque le commandant du corps d'armée du territoire, résidant
dans ce territoire avec ses chefs de services, a seul l'exercice et
la responsabilité des affaires militaires du territoire.

**

L'étude de cette instruction provisoire permet d'apprécier
combien il était peu facile d'organiser le commandement et l'administration du corps d'armée des troupes coloniales en France,

et de reconnaître que les difficultés qui surgissent proviennent presque entièrement de la dissémination des divers éléments de ces troupes, et de leur soumission à de trop nombreuses autorités militaires et maritimes. D'immenses progrès ont été réalisés par la loi du 7 juillet 1900, par les décrets et les décisions ministérielles qui l'ont suivie; mais on peut dire que l'œuvre entreprise par le Parlement et si sagement poursuivie par le ministre de la guerre n'est pas encore complètement accomplie et qu'elle ne pourra être achevée que lentement, par améliorations successives, dont l'expérience montrera la nécessité et l'opportunité.

*
* *

Nous allons terminer le troisième chapitre de ce travail en détaillant ci-dessous l'organisation du corps d'armée des troupes coloniales, et les garnisons occupées par ces troupes conformément à la décision ministérielle du 6 décembre 1902.

Corps d'armée des troupes coloniales.

Commandant et état-major du corps d'armée.　Paris.

Infanterie coloniale.

1re division.

État-major...............................	Paris.
3e brigade :	
État-major...............................	Rochefort.
3e régiment...............................	Rochefort.
7e régiment...............................	Rochefort.
5e brigade :	
État-major...............................	Paris.
21e régiment...............................	Paris.
23e régiment...............................	Paris.

2e division.

État-major...............................	Toulon.
4e brigade :	
État-major...............................	Toulon.
4e régiment...............................	Toulon.
8e régiment...............................	Toulon.

6ᵉ brigade (nouvelle formation) :

État-major..............................	Toulon.
22ᵉ régiment.............................	Toulon.

24ᵉ régiment (nouvelle formation).

1ᵉʳ et 2ᵉ bataillons à	Toulon.
Et ultérieurement....................	Perpignan.
3ᵉ bataillon...........................	Cette.

3ᵉ *division* (nouvelle formation).

État-major............................	Brest.

1ʳᵉ brigade :

État-major............................	Cherbourg.
1ᵉʳ régiment............................	Cherbourg.
5ᵉ régiment............................	Cherbourg.

2ᵉ brigade :

État-major............................	Brest.
2ᵉ régiment............................	Brest.
6ᵉ régiment............................	Brest.

Artillerie.

Brigade d'artillerie :

État-major............................	Paris.

1ᵉʳ régiment (9 batteries) :

3 batteries montées....................	Lorient.
2 batteries de montagne................	Lorient.
2 batteries à pied.....................	Lorient.
2 batteries à pied.....................	Rochefort.

2ᵉ régiment (15 batteries) :

État-major............................	Cherbourg.
3 batteries montées....................	Cherbourg.
2 batteries de montagne................	Cherbourg.
4 batteries à pied	Cherbourg.
6 batteries à pied...	Brest.

3ᵉ régiment (nouvelle formation), 8 batteries :

État-major............................	Toulon.
2 batteries montées (nouvelle formation)....	Toulon.

Installées provisoirement à Nîmes.

2 batteries de montagne................	Toulon.
4 batteries à pied.....................	Toulon.

*
* *

Ces divers emplacements des troupes coloniales ne paraissent pas devoir être considérés comme définitifs, particulièrement Brest, Rochefort et Toulon, où les casernements actuels sont tous insuffisants et en grande partie assez malsains. Si ces villes ne se décident pas à construire des casernes neuves, on trouverait facilement dans les régions où elles sont situées des villes disposées à faire les sacrifices nécessaires qui seraient compensés pour elles par les bénéfices qu'elles retireraient d'une forte garnison coloniale. Ces sacrifices, les ports de guerre n'ont pas songé à les faire, tant que les troupes coloniales appartenaient à la marine et étaient forcément attachées à ces ports; mais aujourd'hui la situation n'est plus la même. En provoquant des offres à ce sujet, il serait peut-être possible au ministre de la guerre de constituer un groupement un peu plus serré que celui d'aujourd'hui, des divers éléments des troupes du corps d'armée colonial et d'enlever complètement celles-ci aux garnisons des ports militaires pour lesquelles rien ne désigne plus particulièrement les troupes coloniales que les autres troupes de l'armée de terre.

CHAPITRE IV

Quelques considérations sur le recrutement des troupes
coloniales. — Brigadiers, caporaux et soldats. — Application de la loi du recrutement à certaines colonies. —
Sous-officiers des troupes coloniales. — Médailles commémoratives. — Médaille coloniale.

Le *recrutement* est une des bases fondamentales de l'organisation d'une armée.

La valeur générale d'une armée dépend de la valeur individuelle des membres qui la composent.

En traitant du recrutement de l'armée en général, nous sorti-
rions du cadre restreint de cette étude; mais il n'en est pas de
même si nous envisageons cette question seulement au point de
vue particulier de la formation des troupes coloniales.

*
* *

Les troupes coloniales comprennent : 1º des brigadiers, caporaux et soldats ; 2º des sous-officiers ; 3º des officiers.

Le recrutement de ces trois éléments individuels est soumis à
certaines obligations spéciales. Les militaires appelés à servir
aux colonies doivent être des hommes *faits*, auxquels une bonne
constitution physique donne les garanties les plus sérieuses de
résister victorieusement aux fatigues de la vie militaire aux colonies, et aux rigueurs de climats différant de leur climat natal. Il
faut de plus que ces hommes soient astreints à un temps de service assez long pour qu'on ait les moyens de leur donner une
instruction militaire complète avant leur départ pour les colonies, et pour les y employer utilement pendant trois ans ou deux
ans au moins.

Avec une durée légale de service de sept ans, de cinq ans, comme celles qui étaient imposées aux contingents annuels par les lois de recrutement antérieures à la loi du 15 juillet 1889, il serait facile de recruter les troupes coloniales en satisfaisant aux conditions spéciales que nous venons de rappeler. Des hommes des contingents annuels, astreints à de tels temps de service actif, pourraient n'être envoyés aux colonies qu'à l'âge de 22 ou 23 ans, et y être maintenus trois ou quatre ans. Mais le recrutement au moyen des classes annuelles ne peut être déjà que fort incomplet, fort difficile et fort onéreux avec le service de trois ans inauguré par la loi du 15 juillet 1889, et il deviendrait absolument impossible si, dans un avenir plus ou moins rapproché, la durée du service actif était réduite à deux ans.

Il est bien admis aujourd'hui que tout citoyen français doit faire à la défense nationale le sacrifice de quelques années de sa vie; mais un courant irrésistible d'opinion exige que ce nombre d'années soit aussi limité que possible, et que, par le hasard des numéros du tirage au sort, les jeunes gens du contingent métropolitain ne soient plus astreints au service colonial. Le gouvernement et le Parlement ont suivi ce courant, et la loi de 1889 a posé ce principe désormais acquis définitivement : Les troupes envoyées aux colonies ne se composeront plus à l'avenir que de volontaires, engagés volontaires et rengagés.

C'est sur ce principe général qu'est basée la composition actuelle des troupes coloniales.

Les caporaux, brigadiers et soldats sont :

1° *Des hommes provenant du contingent annuel*, servant activement pendant trois ans, mais n'étant pas astreints à aller aux colonies.

Ces hommes, ne servant qu'en France, sont destinés à compléter les effectifs des unités coloniales stationnées dans la métropole pour l'instruction des cadres et des soldats volontaires, et à fournir à ces unités, en cas de mobilisation générale, le nombre de réservistes qui leur serait nécessaire.

Beaucoup de ces jeunes gens, entraînés par les exemples et les récits des soldats revenant des colonies, demandent à aller y accomplir leur service actif (ce qui est encore possible avec le service de trois ans, mais ne le serait plus avec le service de deux ans), ou se rengagent. Ils constituent ainsi un bon recrutement partiel, mais qui est loin d'être suffisant pour pourvoir aux besoins du service colonial.

2° *Des engagés volontaires.* Parmi ceux-ci on trouve un certain nombre de jeunes gens, s'engageant pour poursuivre la carrière militaire coloniale, d'autres devançant l'appel pour se libérer plus jeunes des obligations du service militaire actif ; d'autres enfin (et ces derniers sont souvent trop nombreux) sont de jeunes miséreux des grandes villes, ne voulant pas ou ne pouvant pas travailler, usés prématurément, au physique et au moral, par la paresse et la débauche.

Cette source de recrutement est assez abondante, mais elle ne fournit encore qu'une fraction assez restreinte de recrues aptes au service colonial. De plus, certains de ces volontaires, dont nous avons indiqué les défauts originels, sont de mauvais soldats, incapables de se plier aux règles de la discipline et de s'améliorer. En France, ils remplissent les locaux disciplinaires, et aux colonies les hôpitaux.

Presque tous les engagés volontaires arrivant aux corps à 18 ou 19 ans, ne peuvent servir qu'en France à cause de leur âge, à moins qu'ils contractent un engagement à long terme ou un rengagement.

Il ressort de ce qui précède que, dans l'intérêt d'un bon recrutement des troupes coloniales, on doit accueillir favorablement certains engagés volontaires, et refuser impitoyablement ceux qui ne présentent pas de bonnes aptitudes physiques et de bons antécédents.

3° *Des rengagés.* Ces derniers sont de véritables professionnels. Ils proviennent des appelés et des engagés incorporés dans les troupes coloniales, ou de l'armée métropolitaine et de la légion étrangère. Les rengagés ont des qualités militaires précieuses, et parfois aussi de grands défauts. Les uns sont très bons et forment la totalité presque entière des sous-officiers des troupes coloniales ; d'autres, bons ou passables, restent caporaux ou soldats ; d'autres enfin, plus ou moins ivrognes, sont ce qu'on appelle au régiment des *pratiques* et des *fortes têtes*. En général, les rengagés qui, pour une raison ou pour une autre, ne parviennent pas au grade de sous-officier, sont excellents en campagne, braves au feu, résistants aux fatigues et aux maladies ; mais ils sont plutôt mauvais en garnison. Partout et toujours, ils sont assez difficiles à être commandés, et il faut à leurs chefs une grande énergie avec une manière de faire toute spéciale que nous résumerons par ces mots : une main de fer gantée de velours.

*
* *

Pour satisfaire à la disposition de la loi prescrivant de n'envoyer aux colonies que des volontaires, engagés ou rengagés, il faut que le nombre de ceux-ci soit assez grand pour former aux colonies l'effectif total des corps européens qui y sont stationnés, et dans les régiments coloniaux en France celui nécessaire pour assurer le service permanent de la relève. C'est là une lourde charge pour les finances de l'État, à cause des primes et des hautes payes qu'il faut payer aux rengagés ; mais, jusqu'à présent, il n'a guère paru possible de diminuer ou de supprimer ces avantages en argent sans risquer de tarir complètement la source des rengagements.

Quoi qu'il en soit, par suite de la composition que nous venons d'exposer, il est facile de se rendre compte que l'ensemble des troupes coloniales présente une *force* des plus sérieuses, puisqu'elle se compose en grande partie de *professionnels*, ayant le goût et les aptitudes militaires, familiarisés avec les fatigues et les dangers, ayant enfin, en grand nombre, reçu le baptême du feu. Les troupes coloniales constituent donc, dans notre armée, en outre de leur rôle spécial d'occupation et de défense des colonies, un élément important de la puissance militaire de notre pays.

*
* *

La loi du 15 juillet 1889 a soumis à l'obligation du service militaire les habitants de certaines de nos colonies. Cette disposition de la loi n'a reçu, jusqu'à présent, qu'une application incomplète. En principe, les jeunes gens du contingent colonial ne doivent pas être plus astreints à venir accomplir leur service militaire en France que ceux du contingent métropolitain à aller accomplir le leur aux colonies. Il semble donc juste d'incorporer les recrues créoles dans les corps de troupes en garnison dans leur pays d'origine, ou dans une région voisine.

Nos colonies sont depuis longtemps représentées dans nos armées de terre et de mer par de braves et loyaux soldats, par d'excellents officiers, dont plusieurs sont arrivés glorieusement aux grades les plus élevés. Nous n'avons donc pas l'intention de mettre en doute le loyalisme de nos concitoyens d'outre-mer, mais l'histoire nous montre que, même dans la métropole, il a été parfois long et difficile de faire accepter du jour au lendemain par la masse de la nation une loi nouvelle de recrutement. Il est permis de craindre qu'il en soit de même, plus ou moins, dans certaines de nos colonies. Nous n'insisterons pas sur ce point assez délicat.

Il est bien évident que les *citoyens* de nos colonies, quelle que soit la couleur de leur peau, électeurs et éligibles comme les citoyens de la métropole, doivent avoir les mêmes *droits* que ceux-ci, mais qu'ils doivent aussi avoir les mêmes *devoirs*; de cela, ils ne sont peut-être pas tous absolument convaincus.

* *

La *maistrance* de la marine a été bien souvent citée comme un modèle, un exemple à suivre pour organiser aussi parfaitement que possible un corps de sous-officiers.

La supériorité incontestable de cette maistrance venait de ce qu'elle se composait de professionnels, limitant leur ambition à l'obtention de divers emplois du grade de sous-officier, de récompenses honorifiques (médaille militaire ou croix de la Légion d'honneur), et, à la fin de leur carrière, à une retraite honorable leur assurant une aisance en rapport avec leurs goûts et leurs habitudes sociales.

On peut dire qu'aujourd'hui le corps des sous-officiers des troupes coloniales se rapproche beaucoup de la maistrance de la marine. Examinons en effet comment il se recrute, comment il se compose. En règle générale, les sous-officiers des troupes coloniales sont des professionnels, engagés à long terme ou rengagés. Très peu d'entre eux sont des militaires ne faisant que trois ans de service ; ceux-là, d'ailleurs, ne peuvent être sous-officiers qu'un an ou dix-huit mois tout au plus et n'arriveraient que fort difficilement à ce grade avant leur libération, si la durée du service actif était réduite à deux ans.

Parmi ces sous-officiers, provenant du recrutement, des engagements volontaires et des rengagements, les uns (c'est le petit nombre) aspirent à l'épaulette et cherchent à la conquérir en se préparant aux Écoles de Saint-Maixent et de Versailles; les autres (c'est la grande majorité) s'efforcent de gagner le galon d'adjudant et la médaille militaire pour être admis à la retraite proportionnelle à quinze ans de service. Cette seconde catégorie constitue la masse solide, éprouvée, faisant la force du corps réellement remarquable des sous-officiers des troupes coloniales. Ils sont les auxiliaires constants et puissants des officiers, ayant sur les soldats une très grosse influence par leur contact rapproché, et leur donnant les plus beaux exemples de discipline et de courage.

Jusqu'à présent les troupes coloniales ont présenté des ressources suffisantes pour recruter dans d'excellentes conditions ce cadre de sous-officiers; on peut redouter qu'il n'en soit toujours de même dans l'avenir, si l'on n'attire pas et si l'on ne retient pas les sous-officiers au service par des avantages sérieux et assurés.

En traitant, plus loin, la question des récompenses allouées aux troupes coloniales, nous verrons combien est minime le nombre des sous-officiers obtenant la médaille militaire, à quinze ans de service, après de nombreuses campagnes, comparativement au nombre de ceux qui la méritent; combien il est exceptionnel de voir un sous-officier décoré de la croix de chevalier de la Légion d'honneur.

Nous insisterons seulement sur la nécessité de réserver à tous les sous-officiers ayant servi quinze ans des emplois convenables et immédiats, en rapport avec leurs aptitudes et leur grade, le jour où ils seront admis à la retraite proportionnelle. Pour attirer et maintenir les sous-officiers sous les drapeaux, ce n'est pas de vagues promesses qu'il faut leur faire, c'est une certitude absolue qu'il faut leur donner.

Enfin il serait bon de laisser entrevoir aux sous-officiers la possibilité pour eux de parvenir au grade d'officier par suite d'un fait de guerre, d'une action d'éclat, de services exceptionnels aux colonies. Ces faits remarquables pouvant motiver une telle faveur, qui, d'ailleurs, n'est pas contraire aux lois existantes, se présentent assez souvent dans les campagnes coloniales pour qu'on puisse les utiliser avec discernement dans un but d'émulation. Il est bien entendu que les sous-officiers qui en bénéficieraient devraient avoir une honorabilité, une conduite, une instruction et une éducation suffisantes pour ne pas être déplacés dans un corps d'officiers. Nous reviendrons sur cette question en traitant celle du recrutement des officiers.

*
* *

Le recrutement d'une armée opéré au moyen de volontaires seulement ne peut jamais être assuré d'une façon aussi complète que celui imposé indistinctement par la loi à tous les citoyens. Il est donc sage de rechercher tout ce qui peut être de nature à attirer ces volontaires en nombre suffisant et à les conserver sous les drapeaux pendant tout le temps utile. Nous avons trouvé jusqu'à présent assez de volontaires pour le service des colonies ; mais on ne peut pas prétendre qu'il en sera toujours ainsi, que l'amour des aventures et le désir de voir des pays inconnus ne diminueront pas chez beaucoup de jeunes gens.

L'homme est, particulièrement en France, très amateur de distinctions honorifiques visibles, et il expose volontiers sa vie pour acheter le droit d'arborer à sa boutonnière un petit bout de ruban quelconque. Il est bon de tenir compte de ce sentiment, quelque enfantin qu'il paraisse ; et c'est pour cela qu'on a inventé les médailles d'honneur, les médailles commémoratives, les décorations de toutes sortes.

Depuis la guerre de Crimée, on a institué en France un assez grand nombre de médailles commémoratives pour les campagnes d'Italie, de Chine, du Mexique, du Tonkin, du Dahomey, de Madagascar, et enfin la médaille coloniale. Toutes ces médailles ont été appréciées ; mais elles n'étaient attribuées qu'aux militaires ayant pris une part active à ces opérations de guerre, ou même, en certains cas, à ceux qui s'y étaient fait remarquer dans des circonstances particulières. On a eu, nous en convenons volontiers, d'excellentes raisons pour agir de la sorte. Il nous semble, toutefois, que la question puisse être envisagée à un autre point de vue.

Il n'est pas donné à tous les militaires coloniaux d'avoir la bonne fortune de pouvoir participer, autant qu'ils le désireraient, à certaines expéditions de guerre plus ou moins retentissantes ; mais on peut dire pourtant que presque tous sont exposés, pendant le temps de leur service aux colonies, à des dangers non moins grands, non moins redoutables, à des épreuves souvent plus terribles que les projectiles de l'ennemi. Certaines catastrophes, certaines épidémies font dans les rangs des troupes coloniales de plus nombreuses victimes que certains combats réputés pourtant meurtriers. Les hommes qui se sont conduits bravement au milieu de tous les hasards défavorables de la vie coloniale ont certainement des droits plus appréciables à la reconnaissance nationale que ceux qui, quelque méritants qu'ils soient, pendant les longues périodes de paix que l'Europe traverse, servent tranquillement deux ou trois ans dans une bonne et saine garnison en France, sans courir plus de risques que s'ils étaient restés chez eux, exerçant leur profession.

Par suite de ces considérations, sur lesquelles il ne nous paraît pas nécessaire d'insister, nous pensons qu'il serait possible de stimuler l'émulation chez nos militaires coloniaux, et en même temps favoriser leur recrutement d'engagés et de rengagés, en décidant que la médaille coloniale *sans agrafe spéciale* (s'ils n'ont pris part à aucune expédition de guerre) sera décernée le jour de leur libération à tous les militaires ayant servi aux colonies, reconnus dignes par leurs loyaux services, leur bonne conduite de recevoir une récompense honorifique. On leur donnerait ainsi une espèce de certificat de bonne conduite, visible, les accréditant de suite aux yeux de tous, intéressant en leur faveur, et leur facilitant l'obtention d'un travail, d'un emploi.

Il y aurait encore un moyen avantageux pour retenir un certain temps les volontaires au service colonial, et favoriser en même temps l'œuvre de la colonisation ; ce serait de procurer à ces hommes déjà acclimatés les moyens de devenir colons dans la colonie où ils seraient libérés pour y exercer leur profession primitive. On aiderait ainsi au développement de la colonie, et on y créerait une réserve européenne qui serait précieuse en cas de guerre.

CHAPITRE V

Considérations générales sur la formation des corps d'officiers des troupes coloniales. — École polytechnique. — École spéciale militaire de Saint-Cyr. — École supérieure de Guerre.

Les troupes coloniales ne sont qu'une partie spéciale de l'armée nationale. Elles se composent de compagnies, de batteries, de bataillons, de régiments, de brigades, de divisions et de corps d'armée, comme les troupes métropolitaines. De part et d'autre, ces diverses unités comportent les mêmes cadres d'officiers : sous-lieutenants, lieutenants, capitaines, commandants, lieutenants-colonels, colonels, généraux de brigade et de division.

L'importance de chaque grade varie proportionnellement à celle de l'unité que son titulaire commande ou des fonctions qu'il exerce.

Le nombre des titulaires de chaque grade est égal à celui des unités à commander et des fonctions à exercer.

Une compagnie étant commandée par un capitaine, le groupement de quatre compagnies, c'est-à-dire un bataillon, sera commandé par un chef de bataillon ; un groupement de plusieurs bataillons formera un régiment qui sera commandé par un colonel ; une brigade, c'est-à-dire un groupe de deux régiments, sera sous les ordres d'un général de brigade ; deux brigades (une division) seront commandées par un général de division.

Nous laissons de côté les officiers d'état-major, dont le nombre, dans chaque grade, varie proportionnellement à celui des emplois.

Les unités composant les troupes coloniales étant les mêmes

que celles composant les troupes métropolitaines, le rapport entre le nombre des unités et celui des titulaires à attribuer à chacune d'elles sera le même de part et d'autre.

Dans les troupes coloniales, comme dans les troupes métropolitaines, il y aura donc d'un façon générale : 2 lieutenants ou sous-lieutenants pour 1 capitaine ; 5 capitaines pour 1 commandant ; 4 commandants pour 1 lieutenant-colonel ; 1 lieutenant-colonel pour 1 colonel ; 2 colonels pour 1 général de brigade ; 2 généraux de brigade pour 1 général de division.

On voit par là que, le nombre des emplois dans chaque grade diminuant au fur et à mesure que l'officier arrive à un degré plus élevé sur l'échelle hiérarchique, tous les officiers ne peuvent pas atteindre le degré le plus élevé et que beaucoup doivent terminer leur carrière à des hauteurs plus ou moins éloignées du sommet.

Les lois sur l'avancement ont eu pour objet de réglementer cette gradation. Conformément à ces lois actuellement en vigueur, il faut avoir deux ans de grade de sous-lieutenant pour être promu lieutenant, deux ans de grade de lieutenant pour être promu capitaine, quatre ans de grade de capitaine pour être promu commandant, trois ans de grade de commandant pour être promu lieutenant-colonel, deux ans de grade de lieutenant-colonel pour être promu colonel, trois ans de grade de colonel pour être promu général de brigade, et trois ans de grade de général de brigade pour être promu général de division. En franchissant les échelons successifs de la hiérarchie au temps minimum d'ancienneté exigé, un militaire, nommé sous-lieutenant entre 20 et 25 ans d'âge, pourrait arriver général de division à dix-huit ans de grade d'officier, c'est-à-dire entre 38 et 43 ans. On peut affirmer qu'à moins de très longues séries de guerre peu probables aujourd'hui, un tel résultat ne sera jamais atteint, pas même dans les troupes coloniales qui sont presque toujours en campagne. Parmi les généraux de division des troupes coloniales actuellement en activité, celui qui est arrivé le plus jeune à ce grade est le général Gallieni, qui a reçu la troisième étoile à 50 ans et quelques mois.

Les lois sur l'avancement n'ont pas eu seulement à prévoir et à fixer un temps minimum d'ancienneté dans chaque grade pour passer au grade supérieur. En effet, le nombre des emplois dans chaque grade étant forcément limité, l'accès à des grades supérieurs dépend avant tout du nombre des vacances qui se produisent dans ces grades. De plus, l'avancement ne peut être attribué qu'à ceux qui y ont des droits par leur ancienneté et leurs capacités. Enfin il serait profondément injuste et absolument contraire à une sage administration de l'armée de mettre prématurément à la retraite des officiers d'un grade quelconque pour l'unique raison de donner leurs places à ceux qui marchent derrière eux. Il fallait donc trouver des règles pour arriver à une sélection nécessaire. Ces règles, fort sagement déterminées par l'expérience, proviennent de trois faits principaux : 1° l'âge des officiers ; 2° leurs capacités ; 3° leur origine.

Age des officiers. — On conçoit aisément que, dans la carrière militaire, la question d'âge, de laquelle procèdent la vigueur physique et l'énergie morale, la santé et l'activité, doit avoir une importance capitale, plus encore dans les troupes coloniales que dans l'armée métropolitaine. La loi a donc institué la *limite d'âge* ayant pour effet de mettre un terme définitif à la carrière active de l'officier.

Cette limite a été déterminée en tenant compte des fatigues physiques imposées à chaque officier par les obligations journalières du service de son grade, qui sont généralement d'autant plus grandes que son grade est moins élevé. Par suite, les officiers subalternes doivent être atteints plus tôt par la limite d'âge que les officiers supérieurs, et ces derniers plus tôt que les officiers généraux.

La limite d'âge est un fait brutal, qui s'impose à tous indistinctement, dont par conséquent personne ne peut se plaindre, qui ouvre d'une façon certaine dans chaque grade un nombre plus ou moins grand de vacances s'ajoutant à celui que produisent les démissions, les retraites, les décès.

De ce fait de la limite d'âge résulte donc une première sélection en diminuant plus ou moins dans un grade quelconque le nombre des candidats aux grades supérieurs suivants.

Capacités des officiers. — Nous avons montré, dans le cours de cette étude, que l'avancement ne devait pas être seulement une récompense, mais qu'il ne pouvait être accordé, dans l'intérêt supérieur de l'armée, qu'aux officiers reconnus capables d'exercer convenablement les fonctions du grade supérieur. Ceux qui ne remplissent pas cette condition inéluctable peuvent être maintenus dans leur grade jusqu'à ce qu'ils aient atteint la limite d'âge, ou admis à la retraite d'office, s'ils y ont droit.

De là, encore, disparition des cadres d'un certain nombre d'officiers de différents grades, et ouverture de vacances dans ces grades.

Origine des officiers. — De même que les officiers de l'armée métropolitaine, ceux des troupes coloniales proviennent en partie des sous-officiers, en partie des Écoles polytechnique et de Saint-Cyr. Nous étudierons plus loin ces diverses provenances. Nous dirons seulement ici, pour terminer cet examen des conditions générales dans lesquelles s'effectue la sélection des officiers, de bas en haut, que, par suite de leur origine, certains officiers sont nommés sous-lieutenants à l'âge de 20 à 22 ans, et d'autres de 24 à 30 ans ; les premiers après deux ans de service, les autres entre quatre et dix ans de service. Ces différences d'âge les suivent tous dans les grades suivants, et il en résulte que les plus âgés doivent fatalement, à moins de circonstances exceptionnelles, s'arrêter sur les degrés de l'échelle hiérarchique à des hauteurs moins grandes que les plus jeunes.

Enfin, à ces causes amenant dans chaque grade des éliminations successives, il faut en ajouter deux autres, permanentes et inséparables de la fragilité humaine, les maladies et la mort.

La diminution du nombre des officiers dans chaque grade imposée par les considérations techniques (commandement et administration des unités) s'effectue donc régulièrement en vertu des dispositions légales et de la force des choses. Ces dispositions peuvent être plus ou moins modifiées, mais elles doivent toujours s'appuyer sur les mêmes bases fondamentales, dans les troupes coloniales comme dans les troupes métropolitaines.

*
* *

L'École polytechnique fournit à l'artillerie coloniale une partie

de ses officiers, comme à l'artillerie et au génie de l'armée métropolitaine.

L'éloge de cette grande école, si justement célèbre, n'est plus
à faire. On sait combien de grands hommes elle a produits,
combien de savants hors ligne elle lance chaque année dans le
monde. Mais, au point de vue militaire, il lui manque quelque
chose ; elle n'est pas suffisamment spéciale, bien que, de nos
jours surtout, la très grande majorité de ses élèves soit destinée
à la carrière militaire.

Dans notre pays on se laisse trop souvent séduire par la magie
des mots. On a trouvé superbe cette conception d'une école *polytechnique*, c'est-à-dire une école de savants susceptibles d'em-
brasser une carrière scientifique quelconque : des ingénieurs
civils des mines, des ponts et chaussées, des postes et télé-
graphes, des tabacs ; des chimistes ; des commissaires de la
marine et des colonies ; des officiers de vaisseaux ; des officiers
du génie et de l'artillerie des armées de terre et de mer. Oui,
cela est beau, c'est magnifique en façade ; mais voyons ce qu'il y
a derrière cette façade, tout au moins en ce qui concerne
l'armée.

D'abord on avouera bien que, pour faire un bon officier, il
faut avoir la vocation militaire. Or, n'y a-t-il pas une quantité
fort notable de polytechniciens qui entrent à l'École avec le désir
d'en sortir dans les services civils, et qui ne deviennent officiers
que quand ils ne peuvent devenir autre chose ? Nous reconnaissons pourtant qu'ils se résignent de la meilleure grâce du monde,
et même que la vocation leur vient tout doucement. Mais avec
cet enseignement si élevé, ces cours scientifiques qui exigent un
travail si intensif, jugés nécessaires pour donner aux élèves de
l'École les aptitudes multiples exigées pour toutes les carrières
qui pourront leur échoir, ils n'ont pas reçu les connaissances
techniques suffisantes pour exercer, le jour de leur sortie de
l'École, les fonctions d'officiers d'artillerie ou du génie : il faut
les envoyer à une école d'application. Il suit de là qu'il faut
quatre années pour l'instruction d'un officier d'artillerie ou du
génie, alors qu'il n'en faut que deux pour faire un officier d'infanterie ou de cavalerie.

Aujourd'hui, étant donné l'accroissement considérable et con-
tinu des sciences modernes, en plus d'une instruction générale

moyenne indispensable à tous ceux qui ont la prétention d'occuper un certain rang dans la société, presque toutes les carrières exigent une instruction technique spéciale. Qu'on soit avocat, médecin, ingénieur, industriel, commerçant, officier, on doit tout d'abord posséder des connaissances générales, langues, histoire, géographie, mathématiques, sciences. Ensuite, suivant la voie que l'on veut suivre, on se spécialise en allant demander aux écoles de droit, de médecine, des hautes études commerciales leur enseignement technique.

S'il n'est pas nécessaire, pour faire de bons officiers d'artillerie et du génie, d'être chargés de tout le bagage scientifique dont on sature les malheureux polytechniciens, il est néanmoins utile de donner aux officiers futurs des armes de l'artillerie et du génie des connaissances scientifiques plus étendues que celles indispensables à des officiers d'infanterie et de cavalerie. Nous ne demanderions pas qu'il n'y eut qu'une école militaire pour toutes les armes, mais qu'il y eut seulement une école spéciale d'artillerie et du génie à laquelle on se préparerait uniquement pour être officier dans l'une de ces armes, et en sortant de laquelle on serait en état de prendre immédiatement au régiment le service de son grade.

Les officiers de l'artillerie coloniale seraient pris à cette école.

Les officiers de l'artillerie coloniale comptent dans leurs rangs beaucoup d'officiers très instruits et d'une grande valeur. Ils ne sont pas en effet des canonniers seulement, mais aussi des ingénieurs d'artillerie en raison du nombreux personnel qu'ils détachent au ministère de la marine pour la fabrication, l'entretien des bouches à feu, des projectiles, des poudres, des explosifs, etc.

Antérieurement à la loi du 7 juillet 1900, l'artillerie de la marine était, depuis plusieurs années, chargée du service des bâtiments militaires et des fortifications aux colonies. Cette loi permet aujourd'hui de confier une partie de ces services au génie; il nous paraîtrait conforme à l'esprit de cette loi, pour les colonies, de ne faire appel aux corps métropolitains seulement lorsqu'on ne pourrait pas faire autrement, lorsque, par exemple, ainsi que cela a lieu pour la cavalerie, les corps seraient trop peu nombreux pour avoir une vie normale. Tel n'est pas le cas qui nous occupe. Le corps de l'artillerie coloniale, tel qu'il est avec son organisation actuelle, est suffisamment grand pour s'alimenter avec ses seules ressources dans de bonnes conditions qu'on améliorerait encore par l'augmentation du nombre des emplois. Cela se produirait tout naturellement si l'on chargeait exclusivement dans l'avenir l'artillerie coloniale de ces services des constructions et des fortifications aux colonies, dont elle s'est convenablement acquittée dans le passé.

*
* *

L'École spéciale militaire de Saint-Cyr fournit aux troupes coloniales, comme à l'armée métropolitaine, une bonne partie des officiers d'infanterie. C'est un excellent recrutement, n'ayant plus à faire ses preuves, et donnant chaque année à nos armées plusieurs centaines de jeunes officiers qui sont la pépinière de leurs officiers supérieurs et généraux.

Par leur admission à l'École, les élèves de Saint-Cyr ont donné la mesure de leur instruction générale et de leur intelligence. Ils peuvent, par suite, en suivant pendant deux ans l'enseignement de cette École professionnelle, acquérir les connaissances techniques nécessaires pour faire de très bons officiers le jour où ils reçoivent leur première épaulette après avoir satisfait aux examens de sortie. Ils ne sont pourtant pas encore tout à fait complets, car ils ne possèdent pas encore l'expérience de la profession ni la science du commandement, qu'ils ne peuvent recevoir pratiquement qu'au régiment en exerçant les fonctions de leur grade d'après les conseils de leurs anciens et sous la direction permanente de leurs chefs directs.

Le sous-lieutenant d'infanterie coloniale, sortant de Saint-Cyr, a plus de choses à apprendre que son camarade de l'infanterie métropolitaine. Il a pour subordonnés des sous-officiers plus âgés que lui, anciens de service, ayant fait des campagnes, ayant de la vie et du service militaires une expérience assez grande, et aussi des soldats engagés et rengagés, assez difficiles à manier, à commander. Il peut, du jour au lendemain, être détaché avec son peloton dans un poste isolé, au milieu d'une région insoumise, n'ayant pour le guider que des instructions générales, il est surtout livré à son initiative personnelle dans une foule de circonstances imprévues.

Le sous-lieutenant, sortant de Saint-Cyr, surtout dans les troupes coloniales, est donc à ses débuts au régiment un *élève officier* pour un temps plus ou moins long. (Ce que nous venons de dire ici et ce que nous allons dire plus loin s'applique également au lieutenant d'artillerie sortant de l'École d'application.)

Il faut donc un petit apprentissage à tous les jeunes officiers sortant des écoles, qui n'ont pas encore vécu avec la troupe, et cet apprentissage est plus indispensable encore à ceux qui entrent dans les troupes coloniales.

Cet apprentissage comporte une éducation théorique et pratique qui ne peut leur être donnée qu'au régiment, et qu'ils doivent recevoir avant leur départ pour les colonies.

Ils s'instruisent pratiquement dans l'accomplissement du service journalier par les prescriptions et les ordres de leurs chefs immédiats, par les conseils et les exemples de leurs anciens. Par les incidents de chaque jour, dans les chambres et sur le terrain des exercices, ils s'initient à la vie du soldat, du sous-officier; ils se rendent compte des besoins, des habitudes, des qualités et des défauts de leurs subordonnés. Ils se forment ainsi à l'exercice pratique du commandement dont les principes théoriques (droits et devoirs) leur ont déjà été rendus familiers par la connaissance des règlements. C'est ainsi que se forme, petit à petit, en eux l'expérience qui leur est nécessaire pour remplir sans hésitation, exactement et avec assurance, les fonctions de leur grade en garnison en France.

Mais avant qu'il soit envoyé aux colonies, le jeune officier colonial doit recevoir de plus une éducation théorique toute spéciale. Les conversations avec ses anciens lui présentent d'abord des visions vagues des colonies dans lesquelles ceux-ci ont déjà fait campagne; la lecture de nombreux ouvrages sur les opérations militaires et les missions d'explorations coloniales donnent un peu de corps à ces visions. Cela n'est pas encore suffisant. Il nous paraît indispensable de *réglementer* cette éducation coloniale théorique.

Les difficultés auxquelles un officier peut être exposé aux colonies sont d'espèces différentes. Elles dépendent du climat, des saisons, des mœurs des habitants, de la situation politique et militaire du pays, des missions particulières qu'on peut avoir à remplir, etc. L'officier doit être d'avance prémuni contre les éventualités pour les éviter, s'en rendre maître ou en profiter.

Il serait donc utile de faire aux jeunes officiers des conférences diverses, obligatoirement suivies.

Les médecins du corps leur apprendraient les règles générales d'hygiène à suivre dans nos diverses colonies pour éviter les maladies, les moyens simples et pratiques de combattre les affections les plus fréquentes, le judicieux emploi de certains médicaments, les procédés les plus simples et les plus pratiques pour soulager et soigner les blessés, etc.

Quelques officiers expérimentés feraient des cours sur l'histoire et la géographie des colonies, sur les mœurs des populations, la situation politique, les voies de communication, la nature du sol, etc.

D'autres développeraient, en les appuyant de faits, les méthodes de marches, de combats, qui diffèrent avec les difficultés naturelles des terrains, et avec la valeur et les habitudes de guerre des adversaires.

D'autres enfin indiqueraient comment il faut construire, armer, défendre des postes isolés en n'ayant parfois que de faibles ressources, comment on peut tracer des routes primitives, organiser les services de ravitaillement, conserver les munitions, les approvisionnements, etc.

Dans une foule de circonstances, l'officier colonial, quel que soit son grade, doit agir sous sa propre responsabilité; il faut donc le préparer aussi complètement que possible à prendre sans crainte, sans hésitation, des initiatives hardies mais raisonnées.

Par suite de leur spécialisation, de l'expérience qu'ils complètent successivement dans leurs campagnes diverses, de la connaissance approfondie des indigènes au milieu desquels ils vivent de longues années, nos officiers coloniaux deviennent non seulement des valeureux conquérants, mais encore des remarquables pacificateurs, organisateurs et administrateurs de pays barbares, ou n'ayant qu'une civilisation plus ou moins rudimentaire.

**

Dans toute armée il y a un service spécial *d'état-major*. La loi du 15 juillet 1900 a spécifié, en conséquence, que les troupes coloniales devaient posséder un certain nombre d'officiers hors cadres, brevetés ou non, pour exercer les fonctions d'auxiliaires du commandement.

L'École supérieure de guerre a été instituée pour donner un haut enseignement technique aux officiers de l'armée destinés au service d'état-major. Les officiers des troupes coloniales concourent avec ceux des troupes métropolitaines pour l'admission à l'École de guerre et l'obtention du brevet après les deux années d'études.

Les programmes d'entrée et de sortie sont les mêmes pour les métropolitains et pour les coloniaux, mais la préparation au concours d'entrée ne s'effectue pas dans les mêmes conditions de part et d'autre.

En étudiant les résultats des examens d'entrée à l'École de guerre pendant les huit dernières années, on constate que :

La proportion des officiers coloniaux *présentés* est suffisante ;

Celle des coloniaux *admissibles*, faible ;

Celle des coloniaux *admis*, forte.

L'importance du nombre des *présentés* est *suffisante*, parce qu'il est naturel que les officiers coloniaux ayant quelque valeur recherchent, en France et aux colonies, des situations en vue et avantageuses pour leur avenir.

La proportion des *admissibles* est *faible*, parce que les officiers coloniaux sont dans de moins bonnes conditions que les métropolitains pour la préparation au concours. Les métropolitains ont pu continuer leurs études militaires sans interruption depuis leur sortie de Saint-Cyr, les perfectionner tous les jours, se tenir pendant des années au courant des difficultés croissantes des épreuves, être guidés constamment dans leurs travaux par des collègues brevetés. Les candidats coloniaux, au contraire, ont passé la plus grande partie de leur temps aux colonies, en expéditions ou dans des postes isolés, apprenant bien des choses utiles, mais qui ne font pas partie du programme d'examen d'entrée. Ils ne peuvent se préparer aux épreuves difficiles du concours que pendant les courtes périodes de séjour qu'ils passent en France entre deux campagnes.

Enfin, la proportion des *admis* est *forte* relativement au nombre des admissibles, parce que les coloniaux ont sur leurs concurrents certains avantages de maturité, d'expérience résultant de leurs services, de leurs campagnes, et leur assurant des notes d'aptitude plus élevées.

La pénurie trop réelle d'officiers brevetés dans les troupes coloniales provenant surtout des difficultés qu'ils éprouvent à parvenir à l'admissibilité, ce sont ces difficultés qu'il faut chercher à atténuer.

Or, on peut faire à ce sujet une observation intéressante. Depuis 1896, sur 29 officiers des troupes coloniales admis à l'École de guerre, 16 se sont préparés en province, et les 13 autres à Paris; en 1903, sur 8 candidats admissibles, 4 appartenaient à la garnison de Paris, et sur les 3 admis, pas un seul ne s'était préparé en province. On peut constater de plus qu'il n'y a pas toujours un admis sur deux admissibles à un premier concours, qu'on n'est souvent admis qu'à un second concours et parfois même qu'à un troisième.

Par suite, pour faciliter l'entrée à l'École de guerre aux officiers des troupes coloniales, il faudrait :

Permettre aux jeunes capitaines et aux lieutenants reconnus susceptibles d'arriver à l'École de guerre de se présenter trois fois de suite aux examens d'entrée, en les retirant pendant le temps nécessaire des listes de tours de départ des officiers de leur grade, ou en les autorisant à permuter sur ces listes autant de fois qu'il serait nécessaire.

Placer le plus possible de ces candidats sérieux dans les services et les états-majors à Paris, ainsi que dans la brigade d'infanterie qui s'y trouve.

CHAPITRE VI

Officiers provenant des sous-officiers.
Écoles de Saint-Maixent et de Versailles.

Pour arriver aux Écoles polytechnique et de Saint-Cyr, il faut faire des études très complètes et subir les épreuves de concours difficiles. Tous les candidats ne réussissent donc pas. Le nombre des admis à ces écoles ne peut d'ailleurs, en raison de diverses considérations, dépasser certaines limites.

L'enseignement dans une école spéciale quelconque ne peut être utilement donné à un nombre d'élèves illimité. Il est nécessaire et équitable de laisser aux militaires provenant des contingents annuels, des engagements volontaires et des rengagements, la possibilité d'arriver à la situation d'officier. Il est avantageux, pour faciliter la marche de l'avancement, que tous les officiers du même grade ne soient pas dans les mêmes conditions d'âge le jour de leur nomination.

Le nombre des officiers provenant des écoles et celui provenant des sous-officiers sont déterminés par la loi, ainsi que nous l'avons exposé dans un chapitre précédent. La loi de 1832 a fixé au tiers du nombre des vacances le nombre des nominations au grade de sous-lieutenant qui doivent être attribuées aux sous-officiers. Ces sous-officiers doivent avoir accompli deux années de grade avant d'être nommés.

D'après la dernière proposition de loi présentée à la Chambre des députés et non encore votée, le nombre des places de sous-lieutenant réservées aux sous-officiers serait porté à la moitié de celui des vacances, et le temps de grade du sous-officier pour arriver au grade de sous-lieutenant serait trois ans au lieu de deux.

Ces modifications seraient certainement bonnes. En augmentant la quantité des officiers provenant des rangs de la troupe, on activerait l'émulation des sous-officiers, et en exigeant de ceux-ci un minimum de trois ans de grade pour être nommés sous-lieutenants, on leur permettrait d'acquérir une bonne expérience, de prendre une sérieuse habitude du commandement, de se familiariser avec tous les détails du service.

Sous le régime de la loi de 1832 et des lois antérieures, les sous-officiers reconnus susceptibles de devenir officiers étaient présentés par les chefs de corps et proposés par les inspecteurs généraux d'armes pour être inscrits au tableau d'avancement. Ce mode de recrutement était démocratique et égalitaire. Il laissait *à tous* les bons sous-officiers l'espoir d'arriver à l'épaulette par leurs bons services, leur travail et leur honorable conduite. Ceux d'entre eux qui se distinguaient par une instruction plus complète, par des aptitudes plus grandes, arrivaient plus jeunes que les candidats moins brillants ; les uns et les autres étaient d'âge différent. Les premiers, de nombreux et remarquables exemples l'ont prouvé, pouvaient arriver au sommet de la hiérarchie ; les seconds y étaient arrêtés à un degré plus ou moins élevé. Ils étaient de bons officiers subalternes, rompus à tous les détails du service intérieur, de la discipline, de l'instruction pratique ; ils savaient bien administrer les unités placées sous leur commandement ; ils étaient des instructeurs et des guides excellents pour les officiers sortant des écoles. Enfin, ils proportionnaient leurs ambitions à leurs capacités, à l'âge auquel ils recevaient leur première épaulette ; beaucoup les limitaient d'eux-mêmes au grade de capitaine, quelques-uns à celui de commandant, quelques autres plus rares aspiraient aux grades plus élevés.

On a cru réaliser un progrès et mettre nos institutions militaires plus en rapport avec nos institutions politiques en créant les Écoles de Saint-Maixent et de Versailles ; nous croyons qu'on s'est trompé.

D'une façon générale, les Écoles de Versailles et de Saint-Maixent sont, à côté des Écoles polytechnique et Saint-Cyr, ce que sont dans l'université les écoles primaires à côté des lycées de l'enseignement secondaire. Il est facile de se rendre compte, — en comparant les programmes des examens d'entrée à Saint-Cyr et à Polytechnique avec ceux d'entrée à Saint-Maixent et à Versailles, les cours professés à ces diverses écoles et le temps qui leur est consacré (un an dans les unes, deux ans dans les autres) — que le degré d'instruction générale *exigé* pour entrer dans les premières diffère sensiblement de celui nécessaire pour entrer dans les secondes, et qu'il y a une différence semblable dans l'enseignement technique reçu dans ces écoles.

Alors qu'un jeune homme ayant fourni la preuve d'une bonne instruction générale arrivera sous-lieutenant à l'âge de 22 ou 23 ans, un autre jeune homme s'engageant à 18 ans, n'ayant reçu qu'une instruction fort élémentaire, pourra arriver sous-lieutenant au même âge que le premier après avoir suivi pendant une année seulement les cours d'une école spéciale de sous-officiers. Il est évident que ces deux jeunes gens ne sont pas d'égale valeur. Le Saint-Cyrien aura une supériorité incontestable quant à l'instruction générale et à l'instruction théorique professionnelle; le Saint-Maixentais sera inférieur à ce double point de vue, mais en compensation il pourrait être très supérieur au Saint-Cyrien quant à l'instruction pratique et à l'expérience professionnelle.

Il n'en est pas ainsi dans la réalité. Le jeune sous-officier, qu'on juge susceptible de devenir un jour sous-lieutenant, est, peu de temps après sa nomination de sergent, préparé pour l'examen d'entrée à Saint-Maixent; il suit des cours spéciaux qui absorbent la plus grande partie de son temps, fait peu de service intérieur, et il n'assiste pas toujours à tous les exercices de la compagnie. S'il est comptable, ce n'est qu'un moment; il est le plus souvent aussi peu fort et expérimenté en comptabilité qu'un Saint-Cyrien.

Avec l'ancien système on arrivait à recruter facilement les officiers comptables des corps parmi ceux provenant des rangs; car ces officiers avaient été plus ou moins longtemps, et véritablement, sergents fourriers, sergents-majors, secrétaires du trésorier et de l'officier d'habillement. Ils avaient des connaissances administratives pratiques qui les disposaient à exercer, sans avoir besoin d'un long apprentissage, les divers emplois d'officiers comptables. Il n'en est plus de même aujourd'hui.

(Tout ce que nous disons de Saint-Maixent et de Saint-Cyr s'applique également à Versailles et à Polytechnique.)

Il faut voir les choses comme elles sont. Nos législateurs, qui sont en majorité des *bourgeois*, n'osant plus conserver à leurs enfants le *privilège du volontariat d'un an* (qui n'était déjà qu'un *remplacement* déguisé), ont imaginé de les soustraire en partie à l'*égalité* dans le service militaire obligatoire en leur permettant de faire leur temps dans des conditions moins dures que leurs camarades fils des paysans des campagnes et des ouvriers des villes, et en leur facilitant l'accès au grade d'officier dans l'armée active ou dans la réserve.

L'invention de ces écoles a eu pour effets positifs d'encourager la paresse et de repêcher les *ratés*.

Certains jeunes gens se sont dit : à quoi bon se surmener, se casser la tête pour obtenir des diplômes, pour se préparer à des concours très difficiles, avec peu de chances d'être admis au nombre des élus, si nous pouvons arriver aussi vite et presque sans peine en nous engageant à 18 ans ; avec ce que nous saurons, à peu près, à cet âge, un travail très modéré au régiment nous donnera de bien plus grandes chances de parvenir par Saint-Maixent presque au même âge que par Saint-Cyr.

Les ratés (et ceux-ci comprennent différentes catégories ; il y a celle de ceux qui n'ont pas assez travaillé, celle de ceux dont les études ont été retardées ou inachevées pour causes de maladies, de malheurs, d'événements imprévus, etc., ceux aussi qui, tout en étant tout aussi capables que beaucoup de leurs camarades heureux aux examens de concours ont eu la malechance d'avoir à répondre à des questions plus difficiles), les ratés, disons-nous, se font un raisonnement semblable, différent pour la question d'âge, car généralement ils ne s'engagent ou ne sont incorporés au régiment comme *appelés* qu'après avoir échoué à la limite d'âge. Ils ont pourtant en général plus de valeur que ceux qui se sont engagés à 18 ans, car ils ont travaillé plus longtemps, et il y a des aléas si nombreux dans les examens qu'on ne peut pas toujours affirmer d'une façon certaine que tel jeune homme qui a échoué n'est pas aussi capable que tel autre qui a réussi dans le même examen.

On a cherché, dans les troupes coloniales, à parer autant que possible, aux plus gros inconvénients du système nouveau, en exigeant des candidats à Saint-Maixent un certain temps de service aux colonies, en leur donnant des majorations pour les campagnes, les années de grade de comptables, d'adjudants ; en un mot en favorisant les anciens et bons serviteurs, et en obligeant les jeunes à avoir une supériorité d'instruction générale compensant leur infériorité professionnelle. Nous croyons qu'en persévérant dans cette voie, on arriverait à d'excellents résultats, si l'on tient essentiellement à conserver ces Écoles de Saint-Maixent et de Versailles.

*
* *

Mais, pourquoi les conserver? En les supprimant on obtiendrait d'abord un résultat qui n'est pas absolument à dédaigner : une économie assez sérieuse sur le budget de la guerre.

De plus, est-ce que notre histoire militaire ne nous prouve pas que, lorsque ces écoles n'existaient pas, nous avions des officiers d'infanterie et d'artillerie sortant des rangs ayant autant de valeur que ceux d'aujourd'hui? Est-ce que nous n'avons pas eu, est-ce que nous n'avons pas encore dans nos armées des officiers supérieurs et généraux, des savants, des inventeurs remarquables, ayant débuté comme simples fantassins, comme simples canonniers, alors que les Écoles de Versailles et de Saint-Maixent n'existaient pas?

L'admission aux Écoles militaires sous l'ancien régime était réservée à certains privilégiés; aujourd'hui les portes de Saint-Cyr et de Polytechnique sont ouvertes à tous ceux à qui leur travail et leurs capacités permettent de les franchir. L'égalité la plus parfaite règne entre les élèves de ces écoles ; le fils du paysan, de l'artisan, du petit employé tutoie celui du grand seigneur, du patron, du haut fonctionnaire. Les uns et les autres, non par leur naissance ou leur fortune, mais par leur intelligence et leur travail, forment une véritable classe aristocratique, celle de la science et du mérite, classe ouverte à tous, qui n'est pas incompatible avec nos institutions démocratiques.

Il n'y a donc pas à penser à supprimer les hautes écoles qui depuis un siècle ont donné à nos armées leurs chefs les plus illustres provenant de toutes les classes de la nation ; mais pour que ces écoles conservent leur supériorité, il faut que leur accès soit réservé à un nombre limité de sujets d'élite. En même temps, comme le nombre des officiers de chaque grade diminue au fur et à mesure que les grades sont plus élevés, il faut avoir les moyens de composer l'armée de beaucoup plus d'officiers subalternes que d'officiers supérieurs et généraux. La brillante élite provenant de Polytechnique et de Saint-Cyr ne doit donc pas être seule à alimenter les corps d'officiers, et il est nécessaire de recourir à une autre provenance, celle des sous-officiers.

*
* *

Nous avons indiqué comment on a procédé jusqu'à présent pour puiser des officiers dans les corps de sous-officiers ; nous allons montrer comment, suivant nous, on pourrait procéder à l'avenir dans les troupes coloniales.

Constatons d'abord que si un jeune soldat a l'intention de poursuivre la carrière militaire dans les troupes coloniales, il lui faudra se lier au service pour cinq ans ; il mettra en effet un an et demi ou deux ans pour parvenir au grade de sous-officier. Ce ne sera pas avant un ou deux ans de grade de sous-officier qu'il pourra être complètement apprécié. Aucun sous-officier ne devrait être classé *candidat officier* avant d'avoir accompli quatre ou cinq années de service, et aucun sous-officier ne devrait être rayé temporairement de la liste des tours de départ sous le prétexte de sa candidature au grade de sous-lieutenant.

Lorsqu'un sous-officier aurait deux ans de grade, quel que soit son emploi dans le grade, qu'il soit en France ou aux colonies, il pourrait être *présenté* comme *candidat officier* par son chef de corps au général de brigade (ou au commandant supérieur des troupes si le corps n'est pas embrigadé), qui accepterait ce sous-officier comme *candidat officier*, en le *proposant* pour sous-lieutenant, ou l'ajournerait.

Les sous-officiers classés candidats officiers conserveraient les emplois de leur grade ; ils seraient astreints aux mêmes obligations de service que tous leurs collègues. Les sergents et les fourriers concourraient avec leurs collègues pour les emplois de sergents-majors et d'adjudants.

Il serait établi un programme général des connaissances indispensables à un officier, à savoir :

Résumé de l'histoire de France depuis Louis XIV jusqu'à nos jours ;

Géographie, Europe et colonies, connaissances générales ;
Arithmétique et géométrie, notions élémentaires ;
Topographie, lecture des cartes, exécution d'un itinéraire ;
Artillerie et fortification passagère, notions.

Des cours, réunis en un manuel, seraient rédigés conformément à ce programme et mis entre les mains des sous-officiers candidats.

Ceux-ci travailleraient suivant leur convenance aux heures que le service leur laisserait libres. Dans chaque corps ou portion de corps, il serait mis à leur disposition un local dans lequel, à des heures fixées, un ou plusieurs officiers désignés par le chef de corps leur donneraient sur leurs études les conseils et les explications qu'ils demanderaient.

Chaque année, et à un même jour fixé par le Ministre, les sous officiers candidats seraient soumis à l'épreuve de compositions écrites. Les sujets de ces compositions seraient envoyés par le Ministre, en temps utile et sous plis cachetés, à tous les chefs de corps et portions de corps, en France et aux colonies, qui les ouvriraient le même jour et à la même heure en présence des candidats réunis pour les exécuter.

Les compositions faites, réunies par espèce dans chaque corps ou portion de corps, seraient placées sous enveloppes cachetées et adressées au Ministre.

Les sujets des compositions seraient les suivants : 1º une lettre ou un rapport sur un sujet quelconque ; 2º une question d'histoire et une de géographie ; 3º un problème d'arithmétique et un de géométrie ; 4º l'exécution d'un itinéraire.

Toutes les compositions seraient corrigées et notées à Paris par une commission spéciale. Les précautions d'usage seraient prises pour que les correcteurs ignorent les noms des auteurs des compositions.

Chaque année, après ces compositions, les généraux de brigade (ou commandants supérieurs) feraient subir en leur présence des examens oraux aux sous-officiers candidats. Ceux-ci seraient interrogés sur chacune des matières du programme du manuel, et de plus, sur les règlements des manœuvres, des services et la comptabilité. La commission d'examen oral, dans chaque brigade, serait présidée par le général de brigade (ou commandant supérieur des troupes) et comprendrait un officier supérieur, deux capitaines et un lieutenant. Pour chaque matière, la note donnée aux candidats serait la moyenne des notes des membres de la commission, y compris celles du président.

Enfin, le commandant de la compagnie, le chef de corps et le général de brigade donneraient une note sur la conduite privée et l'aptitude du candidat et une sur sa manière de servir.

Toutes ces notes seraient adressés au Ministre à la fin des examens.

Des coefficients seraient attribués par le Ministre aux diverses compositions et matières de l'examen oral. Les nombres des points obtenus en multipliant les notes par les coefficients détermineraient le classement des candidats par ordre de mérite. D'après le nombre des vacances à prévoir chaque année, le Ministre arrêterait le tableau d'avancement pour sous-lieutenant en y inscrivant les candidats dans l'ordre déterminé par le nombre de leurs points.

Les sous-officiers candidats pourraient être rayés de la liste de classement par le général de brigade sur la proposition du chef de corps pour inconduite, mauvaise manière de servir ou incapacité manifeste. Ils ne pourraient l'être du tableau d'avancement que par le Ministre sur les rapports des chefs hiérarchiques.

Les sous-officiers candidats qui, pendant trois années consécutives, n'auraient pas obtenu un certain nombre de points fixé par le Ministre, pourraient ne plus être admis à concourir.

Ce système, que nous venons d'exposer dans ses grandes lignes, assurerait à des sous-officiers méritants et travailleurs, n'ayant qu'une instruction primaire, le moyen d'arriver à l'épaulette. Il leur permettrait de concourir sans trop de désavantages avec des candidats plus jeunes et plus instruits qu'eux, si l'on attribuait aux uns et aux autres des points de majorations pour chaque année de service, de campagne, de grade, de fonctions de comptables et d'adjudants.

Quant aux sous-officiers candidats ayant reçu une bonne instruction générale, ils pourraient encore obtenir assez vite l'épaulette de sous-lieutenant et, en justifiant leurs ambitions par leur travail et leurs mérites, s'élever à la hauteur de leurs collègues de Polytechnique et Saint-Cyr.

CHAPITRE VII

Des distinctions honorifiques. — Considérations générales. — Légion d'honneur. — Origine et but de cette institution. — Abus à éviter. — Insuffisance du nombre des décorations de la Légion d'honneur attribuées aux troupes coloniales.

Presque tous les peuples, quel que soit leur gouvernement, quel que soit le degré de leur civilisation, ont institué des distinctions honorifiques dans le but de stimuler l'émulation en exploitant le sentiment de la vanité, si naturel à l'homme. Les barbares du centre de l'Afrique portent ostensiblement des *gris-gris*, des amulettes de toutes sortes, des plumes indiquant le rang qu'ils occupent ou qu'ils ont conquis dans leurs tribus. En Extrême-Orient, les Chinois reçoivent de leur empereur, comme récompenses honorifiques et marques distinctives des rangs qu'ils obtiennent dans le mandarinat, des robes d'une couleur et d'une forme particulières, des boutons de cristal, de corail, des plumes de paon qu'ils portent à leur coiffure. Dans toutes les vieilles nations européennes, il existe des ordres de décorations, plus ou moins nombreux, plus ou moins appréciés, et dont les marques consistent en médailles, croix, plaques, rubans et rosettes des couleurs les plus diverses.

Tous ces ordres en Europe ont été institués sous des gouvernements monarchiques ; mais on est bien forcé d'admettre qu'ils ne sont pas incompatibles avec la forme du gouvernement républicain, puisque, dans ces trente dernières années, notre gouvernement a créé, en plus des décorations de la Légion d'honneur, de la médaille militaire et des médailles commémoratives, qui lui avaient été léguées par les régimes précédents, les palmes académiques et d'officier de l'instruction publique, les croix de chevalier, d'officier et de commandeur du Mérite agricole.

Nous ne critiquons pas ce mode de récompenses; nous estimons, au contraire, qu'il est des plus honorables et qu'il peut produire d'excellents résultats, à la condition toutefois qu'on en use judicieusement et sans prodigalité. On comprend aisément qu'une distinction a d'autant plus de valeur, qu'elle est d'autant plus appréciée et qu'on s'efforce de la mériter avec d'autant plus de zèle, — qu'elle est plus rare et plus difficile à obtenir.

Il nous paraît inutile ici de remonter à l'origine des décorations dans notre pays. Aux débuts de la Révolution, les titres honorifiques avaient été abolis, mais dès les premières guerres qui la suivirent, on avait pourtant reconnu l'utilité de certaines distinctions, et la Constitution de l'an VIII portait à son article 87 : « Il sera décerné des récompenses nationales aux guerriers qui auront rendu des services éclatants en combattant pour la République. »

Un arrêté des consuls, du 4 nivôse an VIII, déterminait la nature de ces récompenses de la manière suivante :

Il devait être donné, quand ils se distinguaient par une action d'éclat : 1° aux fantassins, des fusils d'honneur montés en argent; 2° aux tambours, des baguettes d'honneur garnies en argent; 3° aux cavaliers, des mousquetons d'honneur montés en argent; 4° aux trompettes, des trompettes d'honneur garnies en argent; 5° aux canonniers, des grenades en or à porter sur la coiffure.

Les militaires titulaires de ces récompenses recevaient une haute paye journalière.

Les officiers et les soldats qui se distinguaient par des actions d'une valeur extraordinaire devaient recevoir des sabres d'honneur et avaient droit à une double paye.

Comme on le voit, ces récompenses étaient purement militaires, et n'étaient attribuées qu'à des militaires en activité de service. Rentrés dans la vie civile, les vieux soldats, qui les avaient payées de leur sang, ne pouvaient se montrer à leurs compatriotes en portant, avec leurs habits de citoyens, des sabres et des fusils d'honneur. Pour attester leurs glorieux services, Bonaparte eut la géniale idée de remplacer les armes d'honneur par une décoration, et, pour donner plus de prestige à cette décoration, de l'attribuer également aux citoyens qui, dans les sciences, les arts, l'industrie, l'administration, rendraient des services signalés à la nation. Tel fut le principe qui donna naissance à l'Ordre de la Légion d'honneur.

M. Thiers dit fort justement à ce sujet (*Histoire du Consulat et de l'Empire*) :

« La Légion d'honneur ne compte guère plus de quarante ans d'existence, et elle est déjà consacrée comme si elle avait traversé des siècles, tant elle est devenue, dans ces quarante ans, la récompense de l'héroïsme, des services, du mérite en tout genre. Le temps, juge des institutions, a donc prononcé sur l'utilité et la dignité de celle-ci. Laissons de côté l'abus qui a pu être fait quelquefois d'une telle récompense à travers les divers régimes qui se sont succédé, abus inhérents à toute récompense donnée par des hommes à d'autres hommes, et reconnaissons ce qu'avait de beau, de profond, de nouveau dans le monde, une institution tendant à placer sur la poitrine du simple soldat, du savant modeste, la même décoration qui devait figurer sur la poitrine des chefs d'armée, des princes, des rois. Reconnaissons que cette création d'une distinction honorifique était le triomphe le plus éclatant de l'égalité même, non de celle qui égalise les hommes en les abaissant, mais de celle qui les égalise en les élevant. »

On ne saurait mieux dire, assurément. Pourtant il ne faut pas perdre de vue l'origine de l'institution, son caractère de *récompense nationale* pour services *éclatants* aux guerriers combattant pour la patrie. En donnant une plus grande extension au caractère de cette institution, on devrait toujours lui conserver celui de *récompense nationale,* c'est-à-dire donnée par la nation pour *services éclatants* rendus par les citoyens et utiles à la grandeur, à la prospérité, à la puissance de la nation.

Il faudrait avant tout que ces services civils fussent réellement éclatants, manifestes et exceptionnels. Nous saluons, avec un aussi profond respect, la croix de la Légion d'honneur sur la poitrine du guerrier qui a risqué sa vie et versé son sang pour la patrie, que sur celle d'un illustre savant qui à force de travail et de génie a fait une découverte utile à l'humanité, du grand médecin qui a trouvé les remèdes propres à soulager ou à guérir les maux de notre fragilité humaine, de la religieuse qui passe ses jours et ses nuits au chevet des malades en exposant sa santé et sa vie par esprit de charité et de dévouement fraternel, de l'homme de lettres, de l'artiste, dont les œuvres remarquables donnent un plus grand éclat aux gloires de la France, des fonctionnaires, magistrats, administrateurs distingués comme couronnement d'une longue et honorable carrière. Mais nous voyons, avec peine, cette si respectable distinction accordée un peu trop généreusement, en temps d'expositions surtout, à des inventeurs de cirages, de vernis, de teintures, d'eaux de toilette, d'appareils de toute espèce, etc., dont les plus éclatants services sont de faire leur fortune, à des histrions qui sont déjà largement récompensés par les sommes exagérées qu'on dépose à leurs pieds, qui gagnent en une soirée, par quelques éclats de voix et quelques gestes exagérés, plus d'argent que l'État n'en alloue annuellement à un pauvre soldat amputé à son service, etc. [1].

Il y a réellement un abus fâcheux du principe si juste de cette si remarquable et utile institution, abus qui, si on n'y prend pas garde, aura pour conséquence de la déprécier plus ou moins complètement.

S'il y a prodigalité pour les décorations accordées pour services civils, on s'en dédommage par une trop grande parcimonie en ce qui touche ceux pour lesquels la Légion d'honneur a été originairement instituée, c'est-à-dire les *guerriers*, les militaires des armées de terre et de mer, et en particulier ceux des troupes coloniales. Ce sont pourtant les militaires coloniaux qui, durant les trente dernières années surtout, ont rendu les services les plus éclatants en combattant tous les jours et partout pour la patrie. Ils n'ont pas cessé de verser leur sang, de compromettre leur santé, d'aventurer et de prodiguer leur vie pour conquérir et garder ce beau domaine colonial qui est, pour notre pays mutilé, la marque de son relèvement et de sa puissance reconquise dans le monde. Nous justifierons plus loin ce reproche.

---

[1] Il est vrai que les décorations accordées au titre civil n'occasionnent aucune dépense au budget, et qu'il n'en est pas de même des décorations accordées au titre militaire.

Mais nous croyons devoir rappeler d'abord sommairement quelques prescriptions du décret du 16 mars 1852 au sujet de l'admission et de l'avancement dans l'Ordre de la Légion d'honneur.

Art. 11. « En temps de paix, pour être admis dans la Légion d'honneur, il faut avoir exercé pendant vingt ans, *avec distinction*, des fonctions civiles ou militaires. »

Art. 13. « Pour être nommé à un grade supérieur, il est indispensable d'avoir passé dans le grade inférieur, savoir :

« 1° Pour le grade d'officier, quatre ans dans celui de chevalier;

« 2° Pour le grade de commandeur, deux ans dans celui d'officier;

« 3° Pour le grade de grand officier, trois ans dans celui de commandeur;

« 4° Pour le grade de grand-croix, cinq ans dans celui de grand officier. »

Art. 14. « Chaque campagne est comptée double aux militaires dans l'évaluation des années exigées par les articles précédents, mais on ne peut jamais compter qu'une campagne par année, sauf les cas d'exception qui doivent être déterminés par un décret spécial. »

Art. 15. « En temps de guerre, les actions d'éclat et les blessures graves peuvent dispenser des conditions exigées par les articles précédents pour l'admission ou l'avancement dans la Légion d'honneur. »

Art. 16. « En temps de paix comme en temps de guerre, les services extraordinaires dans les fonctions civiles ou militaires, les sciences et les arts, peuvent également dispenser de ces conditions, mais sous la réserve expresse de ne franchir aucun grade. »

Art. 20. « Le grand chancelier prend les ordres du chef de l'État pour la répartition entre les différents ministères des nominations et promotions à faire tous les six mois dans l'Ordre. »

Des dispositions précédentes résultent des observations sur lesquelles il est bon d'insister.

Des articles 11 et 14, il ressort que s'il faut généralement vingt ans de service effectif pour permettre à un militaire de l'armée métropolitaine d'être nommé chevalier de la Légion d'honneur, cette durée, pour les militaires coloniaux, sera réduite à quinze ans environ, quelquefois moins, en raison des campagnes auxquelles ils participent s'ils poursuivent leur carrière comme soldats, sous-officiers ou officiers.

Autre conséquence : il y a dans les troupes coloniales, par rapport à leur effectif total, beaucoup plus de militaires *proposables* pour la Légion d'honneur que dans les troupes métropolitaines. Par suite, le nombre des décorations à accorder devrait être, proportionnellement à leurs effectifs, plus grand dans les troupes coloniales que dans les troupes métropolitaines.

De plus, comme conformément à l'article 20 du décret du 16 mars 1852, la répartition des décorations doit être faite entre les divers ministères, celles destinées aux troupes de la marine étaient prélevées autrefois sur l'ensemble des décorations attribuées au ministère de la marine pour tous les corps et services de ce département, et elles doivent être, depuis le passage des troupes coloniales au ministère de la guerre, prélevées sur l'ensemble des décorations attribuées à ce département pour tous les corps et services qui en dépendent.

*
* *

Relevons maintenant quelques chiffres, résultant de l'examen des nominations et promotions faites dans l'Ordre de la Légion d'honneur et accordées aux troupes coloniales pendant les années 1899 et 1900, ces troupes appartenant au ministère de la marine, et l'année 1901, ces troupes appartenant au ministère de la guerre :

	1899.	1900.	1901.	Totaux.
Grands-croix	1	»	1	2
Grands officiers	»	»	1	1
Commandeurs	4	4	2	10
Officiers	17	17	19	53
Chevaliers	102	110	114	326
Totaux	124	131	137	392

Après les nominations et promotions faites en 1901, il restait inscrits sur les tableaux :

Pour commandeur 1
Pour officiers................................ 20
Pour chevaliers............................... 57

Ces chiffres montrent que depuis le passage des troupes coloniales à la guerre, il y a eu une légère augmentation des récompenses accordées, mais que cette augmentation n'est pas suffisante, puisqu'il reste encore sur les anciens tableaux, avant l'établissement des nouveaux, un nombre d'inscriptions à peu près égal à la moitié de celui des nominations à prévoir pour l'année suivante.

Depuis trente ans, avant le général Bégin promu grand-croix en 1899 et le général Voyron, élevé à cette même dignité en 1901, aucun officier général des troupes de la marine n'avait été promu grand-croix, et pourtant les titres et les services de guerre n'avaient pas manqué à certains d'entre eux, parmi lesquels nous citerons, par exemple, le général de Vassoigne, ancien commandant de la division d'infanterie de marine à Sedan, et le général Brière de l'Isle, ancien commandant du corps expéditionnaire du Tonkin. Tous les deux passèrent au cadre de réserve et moururent grands officiers de la Légion d'honneur ; et pourtant, dans ces trente années, il y a eu un certain nombre de grands-croix mises à la disposition des ministres de la marine.

*
* *

Les inspecteurs généraux des troupes de la marine avaient maintes fois signalé au Ministre l'insuffisance du nombre des récompenses honorifiques accordées à l'infanterie et à l'artillerie de marine, insuffisance qui s'accroissait chaque année avec les effectifs de ces troupes et les campagnes de guerre qu'elles faisaient. Il leur était tout simplement répondu qu'ils n'avaient, pour remédier à la situation dont ils se plaignaient, qu'à diminuer le nombre de leurs propositions ; parfois même, comme en 1899, on leur prescrivait de ne faire aucune proposition nouvelle en raison de l'encombrement existant déjà sur les tableaux de concours et de la quantité de candidats proposés et non encore inscrits.

*
* *

Le travail de classement pour la Légion d'honneur, établi pour 1902, après le passage des troupes coloniales au ministère de la guerre, en ce qui concerne seulement la partie de ces troupes stationnées en France (un corps d'armée comprenant dix régiments d'infanterie et deux régiments d'artillerie) faisait ressortir la situation suivante :

Infanterie coloniale :
89 chevaliers présentés par les chefs de corps pour officiers de la Légion d'honneur ;
30 maintenus et classés par le commandant du corps d'armée, soit le tiers environ.

Moyenne des annuités : 53,6

173 candidats présentés par les chefs de corps pour chevaliers de la Légion d'honneur ;
68 maintenus et classés par le commandant du corps d'armée, soit un peu plus du tiers.

Moyenne des annuités : 26.

Artillerie coloniale. — On ne peut fournir pour cette arme des données aussi exactes, en raison du grand nombre d'officiers détachés dans les services de la marine, dont les propositions ne passent pas par le commandant du corps d'armée.

Le nombre des candidats du corps d'armée *en France* ne représente pas la moitié de celui des candidats de toutes les troupes coloniales (France et colonies).

La quotité moyenne des annuités (53,6 et 26,0) des militaires proposés en France n'est pas la même que celle des militaires nommés et promus parce que, en assez grand nombre, ces militaires sont nommés ou promus dans l'Ordre en cours de campagne ou pour faits de guerre avec des anciennetés de service très différentes.

Si l'on compare les annuités des militaires nommés et promus, on trouve les chiffres suivants :

    Armée métropolitaine, annuités............... 24,03
    Troupes coloniales 28,4

pour être nommés chevaliers ;

    Armée métropolitaine, annuités.............. 42,2
    Troupes coloniales......................... 47,2

pour être nommés officiers.

Il paraîtrait absolument équitable que, pour être nommés ou promus dans la Légion d'honneur, les candidats eussent un semblable nombre d'annuités dans l'armée métropolitaine et dans les troupes coloniales ; et en conséquence, il faudrait augmenter le nombre actuel des décorations attribuées aux troupes coloniales.

Mais en plus de cette considération, mathématiquement probante, il y en a d'autres, non moins importantes à envisager, concernant la nature des services rendus, les souffrances endurées, les dangers de toute sorte encourus. Nos militaires coloniaux ne sont pas seulement exposés au feu de l'ennemi ; cela est pour eux fréquent, mais non journalier ; ils sont, tous les jours, pendant toute la durée de leurs campagnes coloniales, en lutte avec les dangers permanents des climats tropicaux. Combien d'entre eux meurent loin de leur pays, de tous ceux qui leur sont chers ! sont immergés en cours de route ou reviennent chez eux la santé à peu près détruite.

N'est-il pas navrant de penser que parfois un brave officier, épuisé par de nombreuses campagnes coloniales, soit obligé de prendre sa retraite à 25 ans de service avant d'avoir pu obtenir ce ruban rouge qu'il aurait sans doute conquis assez facilement en servant ces vingt cinq années dans un bon régiment de France ?

Nos troupes coloniales sont constamment au péril ; il est rigoureusement juste qu'elles soient à l'honneur, et que, pour les récompenses nationales, elles soient placées, *au moins*, sur le même rang que l'armée métropolitaine et la marine.

CHAPITRE VIII

Institution de la **Médaille militaire**. — **Forme de cette décoration**. — **Courte digression**. — **Dispositions principales relatives à l'obtention de la Médaille militaire**. — **Insuffisance du nombre de médailles militaires accordées aux troupes coloniales**. — **Médailles commémoratives**. — **Décorations étrangères**.

La médaille militaire a été instituée par Napoléon III pour récompenser les services des sous-officiers, caporaux, brigadiers, soldats et marins des armées de terre et de mer.

Elle diffère, en son principe, de l'Ordre de la Légion d'honneur, en ce qu'elle est une décoration uniquement réservée aux militaires.

Elle donne droit à une rente viagère annuelle de 100 francs.

La Médaille militaire est en argent. Conformément au décret du 8 novembre 1870, elle porte, d'un côté, la tête de la République avec cet exergue : *République française, 1870,* et de l'autre, au centre du médaillon : *Valeur et discipline.* Elle est surmontée d'un trophée d'armes.

*
* **

Une petite digression au sujet du décret du 8 novembre 1870. On a trouvé quelque peu ridicule et enfantine la prétention de certains historiens faisant dater le règne de Louis XVIII de la mort, au Temple, du fils de Louis XVI, et de faire du général Bonaparte le commandant en chef des armées du roi de France. On n'efface pas, on ne supprime pas les faits historiques ; nulle puissance au monde n'a le pouvoir de faire que les faits accomplis ne l'aient pas été. Il restera toujours vrai, jusqu'à la fin des siècles, que Napoléon Ier a été empereur des Français, et fondateur de l'Ordre de la Légion d'honneur ; que Napoléon III a été empereur des Français et fondateur de la Médaille militaire. En enlevant, aux croix d'honneur et aux médailles militaires, les effigies des deux empereurs pour les remplacer à une époque par l'effigie d'un roi quelconque, à une autre par une tête quelconque de femme personnifiant la République, on a fait une chose puérile. On a mis, à la place d'une vérité incontestable un mensonge insignifiant. En substituant certains emblèmes à d'autres sur ces œuvres de deux empereurs qui leur ont survécu parce qu'elles le méritaient, on n'a pas plus effacé du livre de l'histoire ces œuvres, que les noms de leurs fondateurs. Passons sur ces petitesses qui ne font ni bien ni mal à personne, et qui ne sont réellement regrettables que pour ceux qui les ont imaginées.

*
* *

La Médaille militaire est décernée par décret du chef de l'État, sur la proposition du Ministre de la guerre ou de la marine :

1º Aux sous-officiers, caporaux ou brigadiers, soldats et marins, qui se seront rengagés, après avoir fait un congé, ou à ceux qui auront fait quatre campagnes effectives ;

2º A ceux dont les noms auront été cités à l'ordre de l'armée, quelle que soit leur ancienneté de service ;

3º A ceux qui auront reçu une ou plusieurs blessures en combattant devant l'ennemi, ou dans un service commandé ;

4º A ceux qui se seront signalés par un acte de courage ou de dévouement méritant récompense.

Tous les six mois le conseil de l'Ordre de la Légion d'honneur arrête le nombre des extinctions notifiées dans le cours du semestre expiré. Ce tableau est inséré au *Journal officiel*, et sert de base à la fixation du nombre des médailles qui peuvent être accordées dans le semestre suivant.

Il est facile de se convaincre, en se référant aux conditions nécessaires pour être décoré de la Médaille militaire, et en se rappelant le mode de recrutement spécial aux troupes coloniales, du très grand nombre de candidats à cette récompense dans ces troupes.

Si l'on se reporte au travail de classement établi pour 1902, on constate qu'il y avait en France, dans le corps d'armée des troupes coloniales, 3,789 hommes de troupe (infanterie) remplissant les conditions requises pour aspirer à la Médaille militaire. (Et il devait y avoir dans les troupes coloniales en service aux colonies au moins le même nombre de proposables.) Sur ces 3,789 candidats, 296 ont été maintenus par les généraux de division, et 160 ont été maintenus et classés par le commandant du corps d'armée, soit un peu moins de 1/23e, avec une moyenne d'annuités 24,8. Pour l'artillerie, il y avait 533 proposables ; 35 ont été maintenus et classés par le commandant du corps d'armée, soit un peu moins de 1/15e, avec 21 annuités en moyenne.

Les hommes de troupe, maintenus et classés par le commandant du corps d'armée comptaient, en général, entre quatorze et quinze ans de service effectif, et ceux qui n'avaient pas une telle ancienneté présentaient à leur actif des citations, des faits de guerre, des blessures. Pourtant, par la force des choses, c'est-à-dire en raison du nombre limité des médailles à distribuer, ils ne devaient pas être inscrits tous au tableau de concours.

Si l'on compare les annuités des militaires décorés de la Médaille militaire le jour de leur nomination, on trouve qu'ils en ont 26 dans les troupes coloniales et 20 seulement dans l'armée métropolitaine.

Les militaires des troupes coloniales sont donc moins bien traités que ceux de l'armée métropolitaine. C'est injuste et mauvais. Injuste, parce que les services des premiers sont, d'une façon générale, beaucoup plus durs que ceux des seconds. Mauvais et même dangereux, parce que, — comme les militaires envoyés aux colonies doivent être des volontaires, engagés et rengagés, comme il est indispensable de composer presque entièrement le corps des sous-officiers d'engagés à long terme et de rengagés, — il ne faut négliger aucun moyen pour attirer et maintenir au service les uns et les autres pendant un temps assez long. Il est évident que si, dans l'avenir, l'obtention de la Médaille devait devenir plus ou aussi difficile que dans le passé, le recrutement des rengagés serait compromis, et la valeur du corps des sous-officiers diminuerait sensiblement.

* *

Citons encore quelques chiffres. Les nombres des médailles militaires décernées aux troupes coloniales pendant trois années ont été les suivants :

Du 4 octobre 1898 au 24 octobre 1899.	Infanterie	135
	Artillerie	56
	TOTAL	181

Du 10 novembre 1899 au 5 octobre 1900.	Infanterie	129
	Artillerie	40
	TOTAL	169

Du 30 décembre 1900 au 7 novembre 1901.	Infanterie	187
	Artillerie	29
	TOTAL	216

Inscrits au tableau de concours de 1900 :

Infanterie	219
Artillerie	65
TOTAL	284

Inscrits au tableau de concours de 1901 :

Infanterie	301
Artillerie	68
TOTAL	369

Restaient inscrits au tableau de 1901, après les nominations de cette année :

Infanterie	78
Artillerie	32
TOTAL	110

Cette petite statistique montre que, chaque année, le nombre des militaires inscrits au tableau de concours pour la Médaille est, de beaucoup, supérieur à celui des militaires qui ont le bonheur de recevoir cette récompense durement achetée, et reconnue bien légitime, puisqu'elle est seulement acquise aux plus méritants parmi les très méritants ; les autres disparaissent des tableaux, sont libérés, retraités ou meurent sans avoir eu cette satisfaction si désirée, et qui, on peut le dire pour presque tous les cas, leur était justement due.

*
* *

On ne peut méconnaître qu'il est urgent de remédier à la situation que nous venons d'exposer ; mais comment ?

Si l'on ne faisait qu'un seul tableau de concours pour les troupes coloniales et l'armée métropolitaine en classant ensemble les candidats de chaque arme suivant la quantité de leurs annuités, les coloniaux occuperaient les rangs en tête du tableau, et si l'on suivait l'ordre du tableau pour les nominations, on ne pourrait en attribuer à l'armée métropolitaine qu'un nombre insignifiant en proportion de son effectif.

De plus, faire concourir pour les récompenses honorifiques l'armée métropolitaine avec les troupes coloniales, serait contraire au principe de l'autonomie de ces dernières.

Le seul remède susceptible d'être apporté à la situation actuelle nous semblerait devoir être une *augmentation sérieuse du nombre des médailles accordées aux troupes coloniales, et une diminution suffisante de celles allouées à l'armée métropolitaine*, pour que les décorés, de part et d'autre, aient sensiblement le même nombre d'annuités le jour de leur nomination.

*
* *

En plus des croix de la Légion d'honneur et de la Médaille militaire, il y a eu et il y a encore, dans l'armée et dans les troupes coloniales, d'autres récompenses ou distinctions honorifiques : les médailles commémoratives et les décorations étrangères.

Les premières médailles commémoratives reconnues en France ont été celles de Crimée et de la Baltique, décernées par la reine d'Angleterre en souvenir de la guerre de Crimée et de l'expédition de la Baltique, et dont le port fut autorisé à *tous* les militaires et les marins qui avaient pris part à ces campagnes par les décrets du 26 avril 1856 et 10 juin 1857.

Ces médailles étaient à l'effigie de la reine Victoria.

La Médaille de Sainte-Hélène fut instituée par le décret du 12 août 1857, en faveur des militaires des armées de terre et de mer, français et étrangers, qui avaient combattu dans les armées de la République, du Consulat et de l'Empire, de 1792 à 1815. Elle portait d'un côté l'effigie de l'empereur Napoléon Ier, et de l'autre cette légende : *A ses compagnons de gloire, sa dernière pensée, 5 mai 1821.*

La Médaille d'Italie fut créée par décret du 11 août 1859, en faveur de tous les militaires et marins ayant pris part à la campagne d'Italie contre l'Autriche.

Une médaille commémorative de l'expédition de Chine en 1860 fut créée par décret du 23 janvier 1861 et accordée à tous ceux ayant pris part à cette expédition sur la proposition du Ministre dont dépend le service auquel ils ont été attachés.

La Médaille du Mexique, instituée par décret du 29 août 1863, fut attribuée aux ayants droit dans les conditions édictées pour la Médaille de Chine.

La Médaille pontificale a été accordée par le pape aux militaires et marins en souvenir des événements de 1867 dans les États pontificaux. (Décret du 3 mars 1868.)

La médaille commémorative du Tonkin fut créée (loi du 6 septembre 1885) en faveur de tous les militaires et marins ayant pris part aux opérations militaires contre la Chine, en Annam et au Tonkin. Pendant la période de la pacification, elle continua à être accordée aux seuls militaires et marins se distinguant dans un fait de guerre. Elle fut enfin supprimée après la création de la Médaille coloniale, dont nous avons parlé dans un chapitre précédent.

Il fut créé enfin des médailles commémoratives des expéditions du Dahomey et de Madagascar.

*
* *

Toutes ces médailles sont des distinctions honorifiques, qui peuvent même être considérées comme des récompenses nationales ; mais elles sont loin d'être aussi appréciées que la Médaille militaire et les croix de la Légion d'honneur. Elles ne sont, en effet, qu'une espèce de certificat visible, attestant seulement, dans bien des cas, que ceux qui les portent ont pris part, d'une façon quelconque, soit par suite de leur demande, soit par un simple effet du hasard, à la campagne dont elles perpétuent le souvenir ; mais elles ne donnent nullement la preuve que leurs possesseurs ont été de bons et braves soldats, s'étant distingués par des actions d'éclat, par de loyaux et honorables services. En général elles doivent être considérées plutôt comme la constatation d'un fait plus ou moins volontairement accompli que comme une véritable récompense distinctive. Toutefois il nous paraît utile de conserver le principe de leur institution, surtout pour les expéditions coloniales d'une certaine importance, pour cette raison que dans ces expéditions, plus que dans toutes autres, ceux qui y prennent part sont exposés aux mêmes fatigues et aux mêmes dangers journaliers, et ne peuvent pas tous, par la force des choses, les nécessités et les hasards du service, assister à une ou plusieurs actions de guerre, subir l'épreuve du feu, et se distinguer personnellement.

*
* *

Les militaires des armées de terre et de mer peuvent être autorisés à accepter et à porter des décorations étrangères.

Certaines de ces décorations, émanant de puissances placées sous le protectorat de la France, comme le Cambodge, l'Annam, etc., pourraient être utilement considérées comme de vériables récompenses nationales pour nos troupes coloniales, à la condition d'être accordées aux militaires sur la proposition de leurs chefs hiérarchiques en se conformant à un tableau de concours arrêté par le Ministre de la guerre. Le Ministre des colonies ferait connaître chaque année à son collègue de la guerre, le nombre de croix dans chaque Ordre et dans chaque grade de chaque Ordre qui serait à sa disposition, et le Ministre de la guerre lui ferait connaître les noms et qualités des militaires auxquels ces croix devraient être attribuées.

Les décorations ainsi obtenues auraient une véritable valeur militaire. Pour les sous-officiers et les soldats qui, malgré leurs mérites et leurs bons services, ne pourraient acquérir la Médaille militaire, la croix de chevalier du Cambodge, par exemple, serait une fiche de consolation. De même la croix d'officier du même

Ordre serait, à un moment donné, pour l'officier chevalier de la Légion d'honneur, une satisfaction assez sérieuse pour lui permettre d'attendre plus patiemment l'avancement dans la Légion d'honneur, ou pour le dédommager, en certaines circonstances, de ne pouvoir l'obtenir.

Ve PARTIE

CHAPITRE PREMIER

Les troupes coloniales et la défense des colonies. — En temps de guerre, les colonies seront réduites aux moyens de défense constitués en temps de paix. — Constitution de ces moyens en personnel, matériel, approvisionnements, etc. — Examen des conditions dans lesquelles nos colonies peuvent être attaquées. — Comment peuvent-elles être défendues.

Les troupes coloniales sont chargées de la garde et de la défense des colonies, c'est-à-dire d'y maintenir l'ordre et la sécurité en tout temps à l'intérieur, et de les défendre efficacement contre toutes les attaques pouvant venir de l'extérieur.

Elles ont, en somme, à jouer aux colonies le même rôle que l'armée métropolitaine en France.

Une armée, des troupes quelconques, sont une réunion d'hommes en nombre plus ou moins considérable, mais ne constituent une force militaire réelle que si ces hommes sont pourvus d'armes, de munitions, de vivres, d'approvisionnements ; si on leur a assuré des hôpitaux pour les soigner, des casernements pour les loger, des camps retranchés et des places fortes pour servir de bases à leurs opérations, et les recueillir en cas de besoin.

L'armée métropolitaine possède tout cela en France ; les troupes coloniales doivent se trouver dans de semblables conditions aux colonies.

Ne *perdons jamais de vue* que nos colonies sont des possessions *nationales lointaines*, avec lesquelles la métropole ne communique que lentement, par la voie de mer. Que se produirait-il en cas de guerre avec une ou plusieurs grandes puissances militaires et maritimes ? Pour entretenir nos colonies d'hommes, d'armes, de munitions, d'approvisionnements, il faudra employer de nombreux convois de bateaux-transports, plus ou moins efficacement escortés par des navires de guerre. L'arrivée de ces convois à leur destination sera problématique ; elle dépendra des hasards de la navigation, des résultats d'un combat naval, de la supériorité ou de l'infériorité de nos flottes.

Dans de telles conditions, les colonies ne peuvent donc plus *compter* sur les ressources de la métropole, dès le commencement des hostilités ; il faut alors qu'elles se suffisent à elles-mêmes, et par conséquent qu'elles soient, dès le temps de paix, armées et outillées pour se passer, pendant une ou plusieurs années, de l'aide de la métropole ; en un mot, que chacune d'elles possède les ressources nécessaires en tout genre.

Pour que les troupes coloniales remplissent leurs devoirs en cas de guerre, il est donc indispensable de les doter aux colonies des ressources que l'armée métropolitaine possède en France. Dans cet ordre d'idées, il y a beaucoup à faire, nous dirons même presque tout.

*
* *

Si notre domaine colonial a pu prendre, surtout depuis 1870, l'énorme extension que l'on sait, si nous l'avons conservé tel qu'il est, c'est que, depuis cette époque, nous avons eu le bonheur de rester en paix avec toutes les grandes puissances civilisées. Cette période de paix, déjà longue, sera-t-elle bien longue encore ? ... Si tout le monde semble le souhaiter, personne ne peut l'affirmer, et la sagesse commande de se mettre en garde contre les prévisions contraires aux désirs universels des nations, de se préparer à la cruelle éventualité de la guerre avec d'autant plus de soin qu'on voudrait l'écarter à jamais : *si vis pacem, para bellum.* Examinons donc ce que nous avons fait jusqu'à présent, ce que nous devons faire à l'avenir dans nos colonies pour être prêts à la guerre, si voulons y perpétuer la paix.

*
* *

Les effectifs, que les décrets de 1900 ont affectés à nos diverses colonies, suffisent à peine pour y garantir la sécurité intérieure en temps de paix. D'autre part, la situation budgétaire actuelle ne permet pas de les augmenter autant qu'il le faudrait. Enfin, le nombre des combattants, enlevés à la défense de la métropole pour être employés à celle des colonies, est déjà trop grand pour qu'on puisse songer à l'augmenter encore notablement. C'est donc aux colonies, et non exclusivement dans la métropole, qu'il faut chercher à trouver la plus grande partie du personnel nécessaire pour passer du pied de paix au pied de guerre.

Le moyen à employer pour arriver à ce résultat est d'organiser des réserves européennes, créoles et indigènes dans toutes les colonies, et d'ajouter, dès le temps de paix, à tous les corps aux colonies, des cadres complémentaires d'officiers, de sous-officiers, toujours tenus au complet, afin d'instruire et de commander les contingents actifs et de réserve.

Dans nos colonies de l'Indo-Chine, de l'Afrique occidentale et centrale, de Madagascar, les populations indigènes peuvent fournir des contingents de bonne qualité, assez nombreux pour renforcer les corps indigènes existant et en constituer de nouveaux à l'aide des cadres complémentaires dont nous venons de parler.

Dans nos autres possessions, les colons d'origine française feraient un an de service aux colonies dans les corps de troupe qui s'y trouvent, et ils y resteraient incorporés comme réservistes. En ce qui concerne le personnel, il n'y aurait donc à ajouter aux effectifs existant déjà dans toutes nos colonies que des cadres complémentaires et quelques centaines de soldats rengagés à puiser en France.

Pour fixer le nombre de ces augmentations de façon à se mettre en bonne posture de défense sans rien exagérer, il faudrait avoir égard aux effectifs que l'ennemi éventuel pourrait employer à une attaque d'une de nos colonies, aux difficultés du transport outre-mer d'un corps assez important, à celles de son débarquement, etc. L'attaque de vive force d'un territoire colonial quelconque par des troupes, dont la base d'opérations est à des centaines ou à des milliers de lieues, n'est pas beaucoup plus à craindre, si l'on est préparé à la recevoir, que celle qui se porterait en France sur nos côtes seulement. Mais l'attaque qui serait exécutée sur les frontières de terre, soit qu'elle vînt d'une puissance limitrophe, soit qu'elle fût la suite d'un débarquement opéré chez cette puissance par une armée alliée à elle, serait autrement redoutable, et c'est en vue de cette pire éventualité qu'il faudrait se prémunir.

*
* *

En ce qui concerne spécialement nos colonies de la Guadeloupe, de la Martinique, de la Guyane, de la Réunion et de l'Océanie, il est hors de doute que les troupes coloniales, qui en composent les garnisons actuelles, seraient fatalement destinées à capituler, si un ennemi quelconque voulait sérieusement s'en rendre maître. Comment défendre la Martinique avec un petit bataillon d'infanterie, la Guadeloupe avec une compagnie? Napoléon Ier lui-même y aurait renoncé. A la Martinique, au lieu d'un bataillon, c'est une brigade qu'il faudrait.

Les habitants de ces colonies, quelles que soient la couleur de leur peau et leur origine, sont citoyens français et, comme tels, sont astreints au service militaire personnel; pourquoi donc les si grands retards à le leur imposer, conformément à la loi, dans l'activité et dans la réserve, puisqu'on pourrait, en le faisant, mettre ces colonies sur un pied respectable de défense au moyen de leurs contingents d'activité et de réserve, en y entretenant en tout temps des cadres suffisants pour les instruire et les commander?

Enfin, si l'on trouvait que ces mesures dussent entraîner des dépenses encore trop exagérées, il y aurait une seule solution radicale à adopter, celle de renoncer à l'occupation militaire de ces colonies, de ne plus astreindre leurs habitants au service, de leur laisser le soin de maintenir l'ordre intérieur dans leur pays; en un mot, de renoncer, vis-à-vis d'elles, à nos droits et à nos devoirs de souveraineté.

Certaines de nos colonies n'excitent pas énormément, sans doute, les convoitises des nations étrangères; mais toutes ne sont pas dans ce cas, surtout celles qui sont les plus riches, et qui doivent devenir plus florissantes encore dans un avenir rapproché, et nous ne saurions trop répéter que, dans l'état actuel des choses, les effectifs des troupes coloniales dans toutes nos colonies ne sont pas assez forts pour nous en garantir la conservation en cas de guerre avec certaines puissances, vieilles ou jeunes.

*
* *

Nous avons dit qu'en cas de guerre avec une puissance maritime, les colonies ne pouvaient plus *compter* sur les secours de la métropole. Si les troupes européennes y tenant garnison, les réserves et les troupes indigènes y existant dès le temps de paix sont en quantités assez fortes pour remplir les obligations qui leur seront imposées en toutes circonstances, ces troupes ne le pourront que si elles sont pourvues de tout ce qui leur est nécessaire pour combattre et pour vivre. Il y a à citer en premier lieu les armes et les munitions.

Si la paix devait toujours durer, il serait facile d'approvisionner toutes nos colonies en armes et en munitions au moyen d'envois successifs de France suivant les besoins, et en ne constituant dans chaque colonie qu'une réserve prudemment calculée. Mais la guerre peut éclater du jour au lendemain et rendre les communications avec les colonies longues, difficiles ou impossibles. Pour qu'elles ne soient pas désarmées à un moment donné, elles devraient donc être toujours pourvues :

1° Du nombre d'armes portatives nécessaire pour armer tous leurs défenseurs ;

2° D'une réserve de cesdites armes en rapport avec le nombre des armes en service ;

3° Des canons en nombre nécessaire pour les troupes d'artillerie et l'armement des places et côtes ;

4° D'une réserve de ces pièces ;

5° Des munitions d'infanterie et d'artillerie ;

6° D'une réserve de ces munitions.

Les approvisionnements en armes sont faciles à faire. Celles de ces armes qui ne sont pas entre les mains des troupes peuvent être conservées et bien entretenues dans les directions d'artillerie coloniale munies des pièces d'armes nécessaires aux réparations et aux remplacements.

La question des munitions est plus compliquée, en raison des détériorations qu'elles subissent par suite de l'ancienneté de leur fabrication et de l'action des climats chauds et humides sur les éléments qui les composent. Accumuler aux colonies des quantités considérables de munitions y vieillissant serait les rendre petit à petit inutilisables en proportions croissantes avec le temps. Dans certaines grandes colonies, en Indo-Chine, à Madagascar, en Afrique occidentale et centrale, il y aurait donc un grand intérêt à fonder des poudreries, des fabriques d'explosifs, des ateliers de fabrication et de réfection de cartouches ; peut-être même des établissements métallurgiques. La création de tels établissements dans ces colonies ne serait d'ailleurs pas inutile à leur développement général et à leur richesse industrielle.

Dans les colonies d'une importance militaire moins grande, on pourrait s'en tenir à des ateliers de réfection et de fabrication de certaines munitions.

Il y aurait, au sujet de cette question d'armes et munitions une étude importante et complexe à entreprendre ; nous ne faisons ici qu'en indiquer l'objet.

*
* *

La constitution des approvisionnements en vivres et effets est moins compliquée que celle des armes et munitions. Certains vivres, indispensables aux Européens, se trouvent dans les colonies ; d'autres peuvent s'y conserver pendant un temps assez long, et c'est de ces derniers seulement qu'il y a lieu de se prémunir dans les limites résultant de la durée de leur conservation et de leur consommation normale en temps de paix.

Pour l'habillement et l'équipement, c'est tout aussi simple ; il est facile d'en constituer un stock suffisant en temps de paix, et de faire provision des matières nécessaires à la confection et à l'entretien desdits effets en temps de guerre.

Il y aurait enfin à prévoir une réserve de médicaments, produits pharmaceutiques, instruments de chirurgie, calculée pour parer à tous les besoins pendant une période d'un ou de deux ans.

*
* *

Nos colonies offrent en général des ressources pour loger dans des conditions plus ou moins bonnes leurs garnisons en temps de paix et en temps de guerre. Cela ne veut pas dire que dans tous les casernements actuels nos troupes soient logées aussi bien qu'il serait désirable. Il a fallu dans les premiers temps de l'occupation de nos grandes colonies affecter au casernement de nos troupes européennes des locaux de fortune, qui n'avaient pas primitivement cette destination spéciale. Ces locaux provisoires ont été améliorés progressivement, et on les remplace enfin par des constructions neuves et bien installées, lorsque l'état avancé de la conquête, d'abord, de la pacification ensuite, permet de déterminer l'emplacement définitif des troupes et leurs effectifs normaux.

Pendant le temps de guerre, temps limité selon toute apparence, on trouverait toujours des locaux provisoires pour abriter les troupes comme aux premiers temps de la conquête.

*
* *

En plus des infirmeries régimentaires des corps de troupe, toutes nos colonies possèdent des hôpitaux assez vastes pour le temps de paix auxquels il serait facile d'adjoindre quelques annexes provisoires pour le temps de guerre, si cela devenait utile.

*
* *

Ayant indiqué ce qu'il fallait aux troupes coloniales pour s'acquitter de leur mission aux colonies, c'est-à-dire pour y vivre et y combattre, il nous reste à étudier, au moins d'une façon générale, comment ces troupes auront à employer les moyens mis à leur disposition.

Pour se fixer sur les obligations générales de la défense, il importe de rechercher d'abord avec quels ennemis on pourrait avoir à lutter, à quels genres d'attaques on serait exposé.

Nous pourrions avoir la guerre: 1° avec une puissance ou

une coalition de puissances continentales européennes, ayant des forces de terre seulement à mettre en ligne ; 2° avec une puissance ou une coalition de puissances continentales européennes, ayant comme nous des armées de terre et de mer, des territoires continentaux et coloniaux ; 3° avec une puissance ou des puissances coalisées, insulaires, dans des parties du monde quelconques, ne pouvant agir contre nous que par les moyens de leurs forces maritimes. En d'autres termes, nous pourrions être exposés à une guerre continentale seulement ; à une guerre continentale et maritime, c'est-à-dire à une lutte en Europe, sur mer et aux colonies ; à une guerre maritime seulement, c'est-à-dire à une lutte sur nos côtes, sur mer et aux colonies. Examinons ces trois cas au point de vue spécial des colonies.

1er CAS. — *Guerre continentale seulement.* — Ce cas est peu probable aujourd'hui. Les puissances voisines de notre pays, avec lesquelles nous pourrions avoir à lutter, ont toutes des armées de terre et des flottes, et il est presque certain qu'elles emploieraient toutes les forces combattantes dont elles disposent. Mais, quoi qu'il en soit, si pouvant craindre, à tort ou à raison, une certaine infériorité maritime, elles ne faisaient entrer en action que leurs armées de terre, nos colonies, n'étant exposées à aucun danger immédiat, n'auraient pas à être mises sur le pied de guerre, et leur sort, comme celui de la métropole, dépendrait uniquement des succès ou des revers de nos armes sur le continent,

2° CAS. — *Guerre continentale et maritime.* — Si notre adversaire continental possède une flotte égale ou supérieure à la nôtre en plus de ses armées de terre, la lutte se déroulera sur terre en Europe, sur toutes les mers et aux colonies. Il est plus que probable, les États en lutte étant Européens, que le résultat définitif dépendra, pour chacun d'eux, de ses succès ou de ses revers sur le continent principalement, et que les colonies suivront le sort de leurs métropoles. Il sera pourtant indispensable de mettre ces colonies dans les meilleures conditions possibles de défense, car, de leur conservation ou de leur perte, au moment des négociations pour le rétablissement de la paix, peut dépendre, en partie, leur sort définitif.

3ᵉ CAS. — *Guerre maritime seulement*, c'est-à-dire avec une puissance insulaire, ou avec une puissance continentale hors d'Europe. Si cette puissance possède des flottes de guerre égales ou supérieures aux nôtres, la lutte aura lieu surtout sur mer et aux colonies. La métropole aura peu à craindre pour sa sécurité. Quelques ports, surtout si l'ennemi obtient certains succès sur mer, seront peut-être insultés, bombardés par des navires ennemis; mais il serait puéril de craindre sérieusement que des flottes anglaises, ou américaines, ou japonaises pussent débarquer sur notre territoire continental des armées assez nombreuses pour le conquérir et nous dicter des lois.

Le vrai danger qu'il y aura à conjurer sera sur mer, sera principalement pour nos colonies.

Que nos flottes soient battues sur mer, qu'elles soient dispersées, en partie détruites, réduites à l'impuissance....., ce sera une perte immense, un grand malheur, cela compromettra nos colonies, mais n'aura pas pour conséquence fatale de nous enlever une parcelle de notre territoire continental. Mais nos colonies sont moins fortes et moins défendables que la France; quelques-unes d'entre elles sont des îles peu importantes, dont une petite escadre et quelques troupes de débarquement pourraient facilement faire la conquête; d'autres plus riches et plus fortes en raison de leur population, de l'étendue et des ressources de leur territoire insulaire, péninsulaire ou continental, bien armées, bien organisées, exigeraient, de la part de l'ennemi, pour leur conquête, des efforts qu'il lui serait peut-être difficile de réaliser.

*
* *

Des deux derniers *cas* que nous venons d'exposer, il résulte pour nos colonies des éventualités dangereuses qu'il est de notre devoir de conjurer dans la plus grande mesure possible.

Il faut reconnaître, d'une manière générale que jusqu'à présent, au point de vue militaire, on a beaucoup trop envisagé nos colonies comme devant *fournir avant tout* des points d'appui, de refuge, de ravitaillement à nos flottes. On a fait et l'on doit faire encore de très fortes dépenses pour organiser et défendre efficacement ces points d'appui; mais on ne paraît pas s'être occupé suffisamment des colonies elles-mêmes, dont ces points d'appui ne constituent pourtant qu'une faible parcelle. On semble ne pas songer que, si un ennemi éventuel veut se rendre maître d'un point d'appui quelconque, — Fort-de-France à la Martinique, par exemple, — dont la garnison, trop faible, constitue toute la force militaire de l'île; si cet ennemi, faisant une démonstration plus ou moins sérieuse devant la place pour absorber l'attention de cette garnison, s'en va tranquillement débarquer dans une anse favorable, hors des vues de la place, quelques milliers d'hommes qui l'attaqueront à revers et la prendront; on ne semble pas se rendre compte, disons-nous, que non seulement ce point d'appui tombera aux mains de l'ennemi, mais encore qu'il entraînera dans sa chute la colonie tout entière, dont il a accaparé toute la force militaire.

Prenons un autre exemple, Diego-Suarez; on organise très sérieusement ce point d'appui de la flotte; on le fortifie et on l'arme contre des attaques pouvant venir de *la mer et de la terre*. Si, en même temps, on lui affecte une garnison suffisante pour résister à un corps de débarquement (dont la force sera limitée) et à une flotte qui l'attaquera par mer, on se met dans les conditions les plus favorables pour conserver la possession de la place. De plus, si par malheur celle-ci tombait néanmoins dans les mains de l'ennemi, cette perte pourrait n'être que momentanée, et elle n'entraînerait pas fatalement la perte de Madagascar, comme la perte de Fort-de-France entraînerait celle de la Martinique. En effet, Diego-Suarez n'est occupé que par une très faible partie des troupes de Madagascar; celles-ci peuvent reprendre la place, si elles n'ont pas pu arriver à temps pour empêcher le débarquement de l'ennemi. Elles pourront dans tous les cas tenir la campagne et nous conserver la possession réelle de toute la colonie, sauf celle d'un point provisoirement enlevé.

Ces deux hypothèses font voir clairement à quels dangers on exposerait une colonie en concentrant dans une seule place maritime toutes ses forces défensives.

Nous remarquons, d'autre part, que si des navires de guerre peuvent insulter une place, la bombarder, la contraindre même à la reddition par la ruine et l'incendie, cette place ne peut être *prise* et *occupée* que par des troupes débarquées que les troupes adverses peuvent détruire et rejeter à la mer.

Il ne faut donc pas croire qu'on aura mis nos colonies en état de se défendre victorieusement, et même d'une manière honorable tout simplement, en y créant des ports, points d'appui de la flotte. Ces places, n'ont pas d'autre valeur défensive que celle reconnue à nos ports militaires en France. Elles sont créées pour les besoins de la flotte et ne concourent que partiellement même à la défense des côtes.

La défense des colonies doit être organisée à l'aide de troupes assez nombreuses, judicieusement réparties sur le territoire, assez mobiles pour être facilement concentrées et agir efficacement contre les entreprises probables de l'ennemi. Suivant l'importance de la colonie, les difficultés des terrains et des communications, la nature des frontières, l'effectif des troupes, etc., il est utile de donner à celles-ci l'appui de quelques places fortes à l'intérieur des terres, et de forts détachés sur les frontières. Les moins exposées et les plus fortes de ces places doivent contenir et protéger les magasins de munitions, d'approvisionnements, les ateliers de fabrication et de réfection.

Le plan de défense doit être étudié et arrêté d'une façon spéciale pour chaque colonie, en raison de sa situation géographique particulière. Par exemple, le plan de défense de Madagascar, qui est une île, ne sera pas le même que celui de l'Indo-Chine qui fait partie d'un continent. On ne pourrait attaquer Madagascar qu'en y débarquant des troupes, en quantité considérable, venant de plus ou moins loin. En Indo-Chine, on pourrait être attaqué non seulement par des troupes débarquées sur les frontières maritimes, mais encore, sur une grande étendue de frontières terrestres, par des armées ayant leurs bases d'opérations sur le même continent : en Chine, en Birmanie, au Siam.

Si les effectifs des troupes de la défense sont bien calculés suivant l'importance et l'étendue de la colonie, si les moyens d'action de ces troupes existent, les opérations de débarquement seront très difficiles pour l'assaillant et très peu redoutables pour le défenseur. Ce dernier même, en certaines circonstances, aurait quelquefois avantage à les laisser s'effectuer, pour se ménager un succès ultérieur plus complet et plus brillant. Il n'en serait pas de même si l'assaillant avait sa base d'opérations sur un territoire limitrophe ; une offensive vigoureuse serait alors tout indiquée pour le défenseur.

*
* *

En résumé après avoir fait de grands efforts pour créer notre beau domaine colonial, nous n'aurons achevé notre œuvre que lorsque nous nous en serons assuré la conservation. Nous avons organisé à peu près le personnel des troupes coloniales, ne cessons pas d'apporter à cette organisation, à ses origines encore, toutes les améliorations qui seront indiquées par l'expérience, et occupons-nous résolument des moyens à donner à ces troupes pour s'acquitter de la grande et patriotique tâche qui leur incombe, qui consiste à garantir à la France les conquêtes qu'elles lui ont faites par leurs labeurs constants et leur sang généreusement versé.

CHAPITRE II

**Répartition et commandement des troupes aux colonies;
décret du 19 avril 1903. Exposé des motifs; dispositions principales de ce décret. Conséquences de ces
dispositions. — Organisation nouvelle de l'infanterie et
de l'artillerie coloniale; décrets du 19 septembre 1903.
— Répartition des troupes coloniales en France et aux
colonies; mêmes décrets. — Examen de ces décrets;
leurs conséquences. Comparaison entre l'organisation de
1900 et celle de 1903. — Quelques indications sur la
future composition de l'État-major général des troupes
coloniales.**

Transformer les anciennes troupes de la marine en troupes
coloniales ressortissant au ministère de la guerre, donner à ces
troupes une organisation en rapport avec leurs nouvelles obligations spéciales, et en accroître l'importance numérique pour
les mettre en état d'occuper et de défendre convenablement
notre empire colonial actuel, telle est la question complexe que
la loi du 7 juillet 1900 charge les ministères de la guerre et des
colonies d'étudier et de résoudre. Mais, en raison des difficultés
diverses qu'elle rencontre, la solution ne peut se manifester évi-
dente et complète du jour au lendemain; elle exige des études
approfondies, des expériences assez longues et assez nombreuses, certains tâtonnements inévitables. Il n'est donc pas sur-
prenant que, depuis le 1er janvier 1901, date à laquelle les
troupes de la marine ont été passées au ministère de la guerre
sous la dénomination de troupes coloniales, des décrets successifs aient dû intervenir et devront encore intervenir pendant un
temps assez long pour compléter et modifier l'organisation primitive qu'on avait dû donner hâtivement à ces troupes pour ne
pas interrompre le fonctionnement de leur service.

Il nous reste encore, pour achever l'examen des principales

modifications apportées jusqu'à ce jour à l'organisation des troupes coloniales, à étudier des décrets récents, celui du 26 avril 1903 et ceux du 19 septembre de la même année.

*
* *

Le décret du 26 avril 1903 est relatif à la répartition et au commandement des troupes coloniales aux colonies.

Le rapport au Président de la République, qui résume les motifs du décret, expose que, pour tirer le meilleur parti possible de nos forces aux colonies et pour pouvoir les concentrer à un moment donné sur les points les plus importants, il y a intérêt à *grouper* et à placer sous les ordres d'un seul chef l'ensemble des forces militaires stationnées dans des colonies qui, par suite de leur voisinage, pourraient se prêter un mutuel appui.

Les dispositions principales du décret sont les suivantes :

Les troupes stationnées aux colonies sont réparties en *cinq groupes*, et chacun de ces groupes est mis sous les ordres d'un *commandant supérieur* particulier.

Les cinq groupes sont ainsi constitués :

1er GROUPE. — *Indo-Chine* (Cochinchine, Cambodge, Laos, Annam et Tonkin).

2e GROUPE. — *Afrique occidentale* (Sénégal, territoires de la Sénégambie et du Niger, Guinée française, Côte d'Ivoire, Dahomey, Congo, Tchad).

3e GROUPE. — *Afrique orientale* (Madagascar, La Réunion, les Comores).

4e GROUPE. — *Les Antilles* (Martinique, Guadeloupe et dépendances, Guyane).

5e GROUPE. — *Le Pacifique* (Nouvelle-Calédonie et Tahiti).

Chaque groupe ne comporte qu'un conseil de défense siégeant dans la colonie principale.

Les forces militaires de chaque groupe et leur répartition dans chacun d'eux sont arrêtées par le ministre des colonies *après avis demandé au ministre de la guerre*. Cette composition et cette répartition ne peuvent être modifiées qu'en cas de guerre, dans des conditions déterminées.

Le commandement supérieur de chaque groupe est exercé par

un officier général ou supérieur, placé sous la haute autorité du gouverneur général ou du gouverneur de la colonie principale du groupe.

Cet officier général ou supérieur a le titre de *commandant supérieur des troupes*; il est nommé par décret du président de la République, sur la proposition des ministres de la guerre et des colonies.

Les attributions du commandant supérieur des troupes restent définies par le décret du 9 novembre 1901.

Le commandant supérieur des troupes du groupe est assisté du commandant de l'artillerie et des directeurs des services du commissariat et de santé, dont l'autorité s'étend sur tous les services du groupe.

Le commandant de l'artillerie et les directeurs des services administratifs et de santé sont nommés par décisions du ministre de la guerre *concertées* avec le ministre des colonies.

Les détachements stationnés dans une colonie autre que la colonie principale sont sous les ordres du commandant de ces détachements, placé lui-même sous les ordres du commandant supérieur des troupes du groupe, bien que restant sous la haute autorité du gouverneur de la colonie.

En temps de guerre, les troupes et les services, en station dans une colonie quelconque d'un groupe, peuvent être appelés, en totalité ou en partie, à rallier la colonie principale ou toute autre colonie du groupe sur l'ordre du ministre des colonies, ou, en cas de nécessité, sur la réquisition du gouverneur général ou du gouverneur de la colonie principale, prise sur la proposition du commandant supérieur des troupes et après avis conforme du conseil de défense. Il en est rendu compte au ministre des colonies.

Les chefs des détachements et des divers services dans les colonies d'un même groupe correspondent directement avec le commandant supérieur des troupes ou les autorités militaires dont ils dépendent pour les questions d'instruction, de discipline et d'administration intérieure des corps et services; ils correspondent par l'intermédiaire du gouverneur pour les questions telles que l'emploi des troupes, les changements de postes et de garnisons, et le maintien de l'ordre.

Le gouverneur de chaque colonie correspond directement avec

le ministre des colonies pour tout ce qui concerne l'emploi des troupes dans la colonie qu'il est chargé d'administrer.

*
* *

Quelles sont les conséquences des dispositions principales du décret que nous venons d'analyser ?

On avait évidemment pour but de régler une question militaire ; mais, comme on ne voulait ou l'on ne pouvait sortir de cet éternel et fâcheux dualisme qui oblige à tenir constamment compte, dans les affaires militaires coloniales, des prétentions de deux autorités, l'une civile, l'autre militaire, de l'action simultanée de deux départements ministériels intéressés, on a rendu plus difficiles encore les relations déjà assez embrouillées existant entre les gouverneurs civils et les commandants des troupes.

De plus, si, dans chacun des cinq groupes constitués des colonies, on a institué un seul commandement militaire, on n'a pas mis à la tête de chacun de ces groupes une seule autorité civile ; dans plusieurs d'entre eux, les gouverneurs des colonies continuent (art. 10 du décret) à correspondre directement avec le ministre des colonies pour tout ce qui concerne l'emploi des troupes stationnées dans les colonies qu'ils sont chargés d'administrer.

Il en résulte, par exemple, que le commandant des troupes à la Guyane est sous les ordres du commandant supérieur des troupes du groupe de la Martinique (lequel est sous la haute autorité du gouverneur de la Martinique), mais que l'emploi des troupes, qu'il commande à la Guyane, dépend également de la correspondance directe du gouverneur de la Guyane avec le ministre des colonies. Ce malheureux commandant des troupes pourra donc recevoir de son chef militaire, le commandant supérieur des troupes du groupe, des ordres contradictoires à ceux de son chef civil, le gouverneur de la Guyane! Comment se tirera-t-il de cette situation ?

Le groupement prescrit par le décret du 26 avril 1903 ne pourrait donc donner lieu à un fonctionnement régulier et normal que s'il était à la fois civil et militaire, c'est-à-dire si dans chaque groupe il y avait un gouverneur général ou principal, sous l'au-

torité supérieure duquel seraient placés les gouverneurs des colonies du groupe et ayant seul la correspondance directe avec le
ministre; en réalité, si l'on plaçait les gouverneurs des colonies,
vis-à-vis du gouverneur général ou principal du groupe dans
les mêmes conditions de subordination que celles imposées aux
commandants des troupes aux colonies à l'égard du commandant supérieur des troupes du groupe.

$$*_*$$

Quoi qu'il en soit le décret semble réaliser un progrès certain,
en temps de paix comme en temps de guerre quant à l'organisation des troupes et au bon exercice du commandement militaire
dans les trois groupes les plus importants, c'est-à-dire l'Indo-
Chine, l'Afrique occidentale et l'Afrique orientale. Il y a en effet,
sur les vastes territoires accolés les uns aux autres dans chacun
de ces groupes, des forces militaires considérables, corps d'armée, fortes divisions, devant concourir au même but, y être
préparées, être instruites et administrées par les mêmes moyens
recevoir une même impulsion, une direction unique en temps de
paix et en temps de guerre. Il est donc avantageux et conforme
à toutes les règles de donner à l'ensemble de ces forces militaires, dans chacun de ces trois groupes, un commandement
unique.

Il n'en est pas entièrement de même en ce qui concerne les
groupes des Antilles et du Pacifique. En effet, il est incontestable que, *en temps de paix,* alors que les communications par
mer sont faciles, fréquentes et régulières, il y a tout intérêt, au
point de vue de la bonne exécution du service, à placer les commandants des troupes d'un grade peu élevé sous l'autorité, le
contrôle et l'inspection permanente d'un officier général ou
supérieur qui, par l'importance de son grade, l'ancienneté et la
distinction de ses services, son expérience, puisse exercer, sur
toutes les unités des groupes et leurs chefs une influence indispensable au maintien de l'esprit de corps, de la discipline générale et d'une bonne instruction professionnelle. En se trans-
portant inopinément et assez fréquemment dans les divers
détachements de son groupe, le commandant supérieur des
troupes tiendra constamment en haleine tous ses subordonnés. Il

Duchemin. 14

les appréciera et pourra les faire apprécier et traiter chacun suivant ses mérites.

Mais quand il s'agit d'organisation militaire, c'est surtout des éventualités du *temps de guerre* qu'il faut se préoccuper. Voyons donc ce qui se présentera, pour le groupe des Antilles, par exemple, dans le cas d'une guerre avec une ou plusieurs nations ayant des forces maritimes égales ou supérieures aux nôtres.

Dès qu'il sentira le conflit menaçant, le commandant supérieur des troupes du groupe mettra naturellement tous ses soins à rendre sa situation militaire aussi forte que possible dans la colonie principale (la Martinique), et il profitera du temps de répit relativement court de la période de tension précédant l'ouverture des hostilités, pour amener à lui les troupes et les moyens de défense qu'il pourra tirer de la Guadeloupe et de la Guyane. Le premier résultat positif de cette manière de faire sera de livrer ces deux dernières colonies, sans aucune possibilité de résistance, aux moindres entreprises de l'ennemi.

De plus, du jour où le commandant supérieur des troupes ne pourra plus envoyer régulièrement ses ordres aux commandants des troupes de la Guyane et de la Guadeloupe, c'est sur ces derniers seuls que retombera en fait la responsabilité de la garde et de la défense de ces deux colonies, et, au moment où cette lourde charge leur incombera, ces commandants seront privés d'une partie plus ou moins importante de leurs forces et de leurs moyens de défense.

Dans les 4e et 5e groupes les colonies voisines ne sembleront donc pas devoir se prêter un mutuel appui, mais dans chacun d'eux la colonie principale tiendra à absorber pour elle seule toutes les ressources militaires des autres colonies du groupe.

Il y a parfois, en temps de guerre, des sacrifices douloureux qui s'imposent; il faut les prévoir et les envisager résolument et franchement. Avec les garnisons totales et les moyens de défense que l'on attribue aujourd'hui à ces deux groupes (Antilles et Pacifique), il est *impossible* de songer que leurs commandants supérieurs seront en état d'opposer à un ennemi quelconque une résistance honorable, même en concentrant dans leurs mains l'ensemble de toutes les forces et de tous les moyens militaires du groupe. Au lieu d'exposer de braves gens à un échec inévitable ne serait-il pas préférable de renoncer franchement à une occupation militaire inutile et dispendieuse, et de laisser à ces colonies, en tout temps, la charge de garantir l'ordre intérieur chez elles par leurs propres moyens, mais alors sans exiger qu'elles participent à la défense de la métropole et des autres colonies par leurs contingents? L'ennemi ne se soucierait peut-être pas d'une proie qu'on ne chercherait pas à lui disputer, et dont le sort, au moment de la conclusion de la paix, serait réglé par la volonté du vainqueur sans avoir provoqué une effusion de sang inutile.

Mais si l'on considère que dans le cas d'une guerre maritime, il soit nécessaire que nos flottes aient deux points d'appui solides, l'un dans les Antilles (Fort-de-France—Martinique), l'autre dans le Pacifique (Nouméa—Nouvelle-Calédonie), il faut se résoudre, dès le temps de paix, à faire les sacrifices d'argent suffisants pour mettre *réellement* ces colonies en état de défense, ce qu'on ne peut avoir la prétention de faire avec les effectifs dérisoires qu'on leur affecte aujourd'hui.

*
* *

Lorsque conformément aux prescriptions de la loi du 7 juillet 1900, parurent les décrets du 28 décembre 1900 sur l'organisation des troupes coloniales (infanterie et artillerie), il avait fallu procéder rapidement à l'élaboration de ces décrets, afin d'assurer, sans intermittence, le fonctionnement du service de ces troupes dans les meilleures conditions possibles.

Pour éviter de brusques et dangereux changements, on devait tenir compte à la fois de l'organisation existante et des proportions à obtenir dans les effectifs des différents grades en France et aux colonies.

L'expérience indiquait que ces proportions seraient utilement fixées comme il suit :

3 colonels ou lieutenants-colonels en France pour 2 aux colonies ;

3 commandants en France pour 2 aux colonies ;

4 capitaines en France pour 3 aux colonies ;

1 lieutenant ou sous-lieutenant en France pour 1 aux colonies ;

1 sergent-major en France pour 1 aux colonies ;

3 sergents en France pour 4 aux colonies.

L'organisation et la répartition des anciennes troupes de la marine, en France et aux colonies, s'étaient opérées, comme nous l'avons vu, successivement, au fur et à mesure des besoins imposés par l'extension de nos colonies, sans aucun plan d'ensemble général.

Il est donc facile de comprendre que les décrets du mois de décembre 1900 ne pouvaient avoir qu'un caractère essentiellement provisoire, et qu'il y aurait lieu de les reviser à une époque plus ou moins rapprochée. On avait besoin, pour opérer cette revision, de déterminer tout d'abord les grandes lignes du système général de la défense de nos colonies et des points d'appui de la flotte. C'est dans le but de procéder à ces études que fut créé, par décret du 29 juillet 1902, après entente entre les ministres de la guerre, des colonies et de la marine, le Comité consultatif des Colonies, et c'est en tenant compte des principales indications fournies par ce comité que furent édictés le décret du 26 avril 1903 sur le groupement des colonies que nous avons examiné plus haut, et les décrets du 19 septembre 1903 sur la réorganisation générale de l'infanterie et de l'artillerie coloniales dont nous allons nous occuper maintenant.

*
* *

On s'est efforcé, dans ces nouveaux décrets, d'assurer le service régulier de la relève en conservant un temps suffisant de séjour en France aux officiers et aux sous-officiers européens.

On a admis la possibilité de réduire encore les garnisons, pourtant déjà trop faibles, de certaines colonies considérées comme peu importantes ; néanmoins, en raison de l'obligation du service militaire imposée aux habitants de ces colonies, on a tenu à y maintenir un petit noyau de troupes actives, afin de rester en mesure à un moment donné d'utiliser les ressources d'hommes fournis par le recrutement. Nous avons parlé plus haut des inconvénients de ce système.

On a cherché à diminuer le nombre des soldats européens à envoyer aux colonies en augmentant l'effectif des troupes indigènes, et en organisant des réserves locales (européennes et indigènes). Nous craignons qu'on soit allé peut-être un peu loin dans cet ordre d'idées et que dans le but de faire des économies, but qui ne devrait être que secondaire quand il s'agit de questions de défense nationale, on ait un peu trop faussé les rapports que l'expérience avait fait déterminer pour la fixation des éléments français et indigènes dans l'ensemble des troupes stationnées aux colonies.

Ces considérations générales étant posées, relevons les dispositions nouvelles édictées dans les décrets du 19 septembre 1903, et faisons ressortir les modifications apportées par ces décrets à l'organisation résultant de ceux du 28 décembre 1900.

*
* *

Le premier décret de septembre 1903 concerne l'infanterie coloniale, française et indigène, en France et aux colonies.

L'article 1er de ce décret donne la composition générale de l'infanterie coloniale et expose le résumé de ses attributions comme le faisait celui de 1900; mais, dans cet article, pas plus que dans les suivants, il n'est plus fait mention de l'état-major général, dont l'organisation reste toujours à créer par une loi spéciale.

L'infanterie coloniale en France conserve son organisation générale actuelle (12 régiments à 3 bataillons, formant 6 brigades, 3 divisions, un corps d'armée sous les ordres d'un général de division commandant de corps d'armée).

Aux colonies, les modifications suivantes sont apportées aux cadres aux unités et aux effectifs, français et indigènes :

État major particulier. — Suppression du colonel commandant supérieur des troupes en Nouvelle-Calédonie, et son remplacement par un lieutenant-colonel.

Suppression des chefs de bataillon commandants supérieurs des troupes à la Guyane et à la Guadeloupe.

Suppression du capitaine adjoint au commandant supérieur des troupes en Nouvelle-Calédonie.

Ces suppressions sont la conséquence des diminutions apportées dans les garnisons de certaines colonies.

Par contre, l'expérience ayant montré que le nombre (10) des capitaines à l'état-major particulier aux colonies, fixé par le décret du 28 décembre 1900, était absolument insuffisant pour les besoins du service, ce nombre a été augmenté de 30.

Corps de troupe. — Les suppressions consistent en :

4 compagnies du 10e régiment d'infanterie coloniale, en Cochinchine ;

En Afrique orientale : 4 compagnies du 13e régiment, 12 compagnies du 15e, 2 compagnies du bataillon de la Réunion ;

En Afrique occidentale, 4 compagnies du 14e régiment ;

Aux Antilles, 1 compagnie à la Guadeloupe, 1 à la Guyane, 1 à la Martinique, 1 demi-section de discipline ;

Dans le Pacifique, 1 compagnie à Tahiti, et 1 compagnie de cipahis de l'Inde.

Cela porte le total des suppressions à 30 compagnies et demie d'Européens et 1 compagnie d'indigènes (entrainant la disparition de 2 états majors de régiments, les 14e et 15e). De plus, d'après les tableaux d'effectifs annexés aux décrets, on constate que :

Les fonctions de major sont attribuées à des capitaines ou à des commandants dans certains régiments, suivant les obligations de la relève et les crédits budgétaires ;

Les adjudants-majors sont supprimés dans tous les corps de troupe aux colonies ;

Les lieutenants adjoints aux chefs de corps sont pris sur l'ensemble des officiers du corps ;

Le nombre des sergents européens est réduit de 8 à 7 ou à 6 dans les corps indigènes ; celui des caporaux indigènes de 16 à 12 ;

Enfin, en prévision de la constitution régulière des réserves (ce qui ne peut pas être considéré encore comme un fait généralement accompli), le chiffre des tirailleurs dans les compagnies indigènes a été réduit à 120 en temps de paix.

En somme toutes ces suppressions semblent être motivées surtout par des raisons budgétaires ; elles sont presque toutes plus ou moins discutables au point de vue technique.

D'autre part, les augmentations résultant du décret sont les suivantes :

En Indo-Chine :

8 compagnies (12ᵉ régiment d'infanterie coloniale);
12 compagnies (2ᵉ régiment de tirailleurs annamites);
4 compagnies (1ᵉʳ régiment de tirailleurs tonkinois);
4 compagnies (2ᵉ régiment de tirailleurs tonkinois);
4 compagnies (4ᵉ régiment de tirailleurs tonkinois);
2 compagnies de tirailleurs chinois;
2 compagnies de tirailleurs cambodgiens.

En Afrique occidentale :

4 compagnies (1ᵉʳ régiment de tirailleurs sénégalais);
4 compagnies (2ᵉ régiment de tirailleurs sénégalais);
4 compagnies (4ᵉ régiment de tirailleurs sénégalais).

En Afrique orientale :

12 compagnies (3ᵉ régiment de tirailleurs malgaches).

Cela fait une augmentation totale de 8 compagnies européennes et de 51 compagnies indigènes, entraînant la création de 4 nouveaux états-majors de régiments (12ᵉ colonial, 2ᵉ annamite, 3ᵉ malgache, 4ᵉ sénégalais), dont 3 sont commandés par des lieutenants-colonels et 1 par un colonel.

Le nombre des sous-officiers indigènes a été porté de 4 à 5 par compagnie, dont 1 du grade d'adjudant.

Le grade d'officier indigène (lieutenant et sous-lieutenant) est conservé, mais dans les compagnies où il y aura un officier indigène, celui-ci remplacera numériquement l'adjudant.

Si l'on compare le nombre des unités créées avec celui des unités supprimées, on constate une diminution de 22 compagnies européennes, et une augmentation de 50 compagnies indigènes. C'est donc en réalité une augmentation de 28 unités (compagnies), mais présentant l'inconvénient d'accroître un peu trop le nombre des troupes indigènes par rapport à celui des troupes françaises.

Les effectifs des sections de secrétaires d'état-major et de télégraphistes sont légèrement majorés en raison des besoins reconnus.

Les cadres nécessaires pour les créations nouvelles aux colonies n'entraînent pas la création d'emplois nouveaux en France, l'augmentation du nombre des officiers supérieurs étant insignifiante, et celle des capitaines et des lieutenants ne paraissant pas devoir diminuer sensiblement le temps de séjour de ces officiers en France.

*
* *

Le décret fixe comme il suit la répartition de l'infanterie coloniale, française et indigène dans les diverses colonies :

Indo-Chine.

Les 9e, 10e et 11e régiments d'infanterie coloniale à 3 bataillons de 4 compagnies, et le 12e régiment à 2 bataillons de 4 compagnies. Chaque régiment peut en outre comporter éventuellement une compagnie de dépôt.

4 régiments de tirailleurs tonkinois dont trois (1er, 3e et 4e) à 4 bataillons et un (2e) à 5 bataillons, chaque bataillon à 4 compagnies.

1er et 2e régiment de tirailleurs annamites à 3 bataillons de 4 compagnies.

1 bataillon de tirailleurs chinois à 2 compagnies.

1 bataillon de tirailleurs cambodgiens à 2 compagnies.

Afrique occidentale.

1 bataillon d'infanterie coloniale à 4 compagnies.

1er et 2e régiment de tirailleurs sénégalais à 4 bataillons.

4e régiment de tirailleurs sénégalais à 2 bataillons de 4 compagnies.

1 bataillon de tirailleurs sénégalais du Zinder.

1 régiment d'infanterie indigène à 2 bataillons au Congo et au Tchad.

Afrique orientale.

13e régiment d'infanterie coloniale à 3 bataillons de 4 compagnies.

1 bataillon à 2 compagnies à la Réunion.

3e régiment de tirailleurs sénégalais à 4 bataillons de 4 compagnies.

1 bataillon de tirailleurs sénégalais de 4 compagnies à Diégo-Suarez.

3 régiments de tirailleurs malgaches à 3 bataillons de 4 compagnies.

Antilles et Guyane.

1 bataillon à 5 compagnies.

Pacifique.

1 bataillon à 3 compagnies.

Il pourra être créé en Indo-Chine, suivant les ressources de la population, d'autres bataillons indigènes formant corps, recrutés dans les régions frontières, mais leur création sera compensée par la suppression d'un même nombre de bataillons de tirailleurs tonkinois.

Le corps de discipline des troupes coloniales ne comprend plus que :

1° En France, un état-major et un dépôt ;

2° Aux colonies : une compagnie au Sénégal, un peloton en Indo-Chine et une section à Madagascar.

Dans chaque colonie, le commandant supérieur des troupes pourra organiser une section de discipline pour les indigènes dans un ou plusieurs régiments indigènes.

Nota. — Nous n'avons fait entrer dans la composition des garnisons des colonies que les troupes coloniales proprement dites, sans y comprendre les unités des troupes d'Afrique qui y sont encore affectées.

*
* *

Nous attirons particulièrement l'attention sur la disposition suivante, portée à l'article 5 du décret : « Les corps de troupes françaises et indigènes sont groupés dans les différentes colonies, suivant leur nombre, en brigades, divisions ou corps d'armée. »

Une prescription analogue était déjà portée au décret du 28 décembre 1900, et jusqu'à présent il n'en a pas été tenu compte. La division des colonies en cinq groupes peut sans doute être considérée comme un commencement d'exécution de cette mesure, et il est permis d'espérer qu'on n'attend plus que la promulgation de la loi, déterminant les cadres de l'état-major général des troupes coloniales, prévue par la loi du 7 juillet 1900, pour transformer les ensembles de troupes, constitués par les récents décrets, en corps d'armée, divisions et brigades. Aujourd'hui encore, les troupes de l'Indo-Chine, qui représentent un gros corps d'armée, n'ont à leur tête qu'un général de division, portant le titre de commandant supérieur des troupes, et assisté de quelques brigadiers.

Pourquoi ne fait-on pas cette loi d'organisation de l'état-major général ? Probablement pour cette raison exposée à l'article 9 du décret : « Il ne sera pourvu aux créations et augmentations prévues par le présent décret qu'à mesure que les crédits nécessaires seront accordés par le Parlement. »

On ne peut que regretter profondément que des mesures reconnues indispensables, ou même simplement bonnes, dans l'intérêt sacré de la défense nationale, de la puissance militaire de la France, soient subordonnées à des considérations budgétaires. Il est malheureusement vrai que les contribuables payent déjà de trop lourds impôts pour qu'on puisse leur demander de nouveaux sacrifices, mais ne devrait-on pas chercher et trouver à réaliser des économies ailleurs que dans le budget de l'armée, puisque sans la protection efficace d'une armée fortement constituée, il n'y aurait plus de frontières, de nation, de patrie ?

*
* *

Des raisons, analogues à celles exposées pour la réorganisation de l'infanterie coloniale, ont conduit les Ministres de la guerre et des colonies à soumettre à la signature du Président de la République, le 19 septembre 1903, un nouveau décret relatif à l'organisation de l'artillerie coloniale.

Ce décret comporte une nouvelle répartition des unités de l'artillerie coloniale entre les diverses colonies, le renforcement de certaines directions d'artillerie aux colonies, et la création d'un cadre complémentaire destiné à améliorer les conditions de la relève et du service de l'arme en France. Il ne change en rien l'organisation du personnel mis à la disposition du ministère de la marine.

Les troupes d'artillerie coloniale dans la métropole comprennent :

1º 1 brigade d'artillerie de 3 régiments ayant chacun un nombre variable de batteries, comprenant au total 36 batteries (12 batteries montées, 6 batteries de montagne et 18 batteries à pied) ;

2º 5 compagnies d'ouvriers d'artillerie ;

3º 1 compagnie d'artificiers.

L'artillerie coloniale aux colonies comprend :

1º *En Indo-Chine.*

1 régiment d'artillerie au Tonkin, composé de 8 batteries mixtes (2 montées, 4 de montagne et 2 à pied).

1 régiment d'artillerie en Cochinchine, composé de 10 batteries mixtes (2 montées, 3 de montagne et 5 à pied).

2 compagnies mixtes d'ouvriers d'artillerie, l'une au Tonkin, l'autre en Cochinchine.

2º *En Afrique occidentale.*

1 régiment d'artillerie composé de 6 batteries mixtes (3 de montagne et 3 à pied).

1 section mixte de montagne dans le territoire du Tchad.

1 compagnie de conducteurs indigènes.

2 compagnies mixtes d'ouvriers, l'une dans le bas Sénégal, l'autre dans les territoires du haut Sénégal et du moyen Niger.

3º *En Afrique orientale.*

1 régiment composé de 8 batteries mixtes (1 montée, 3 de montagne et 4 à pied).

2 compagnies mixtes d'ouvriers, l'une en Émyrne, l'autre à Diégo-Suarez.

4º *Aux Antilles.*

1 groupe de 3 batteries à pied, et 1 détachement d'ouvriers.

5º *Dans le Pacifique.*

1 batterie à pied et 1 détachement d'ouvriers.

*
* *

Conformément aux dispositions de ce décret et aux nouvelles fixations inscrites aux tableaux d'effectif, qui y sont annexés, les modifications suivantes ont été apportées à l'organisation du personnel :

En France : Dans chacun des trois régiments, deux batteries à pied sont supprimées.

Les six batteries à pied de Brest, qui dépendaient administrativement de la portion centrale de Cherbourg, sont transformées en un bataillon d'artillerie à pied.

Un cadre complémentaire d'officiers et de sous-officiers à la suite est créé dans chacun des régiments de la métropole (comme cela existait déjà dans l'infanterie) pour assurer le bon fonctionnement du service de la relève. Nous avons déjà signalé dans le cours de cette étude, la nécessité de cette mesure, que l'on n'avait pas prise lors de la précédente organisation.

Suppression de la musique du 1er régiment, et du personnel enseignant d'escrime.

Suppression des capitaines en second des batteries.

Répartition plus équitable des officiers d'administration dans leurs différents grades.

Aux colonies, les suppressions sont les suivantes :
1 compagnie de conducteurs à Madagascar ;
1 compagnie de conducteurs au Sénégal ;
2/3 de batterie au Congo ;
1 batterie à pied à la Réunion ;
1 section à pied à la Guadeloupe ;
1 section à pied à Tahiti ;
1 détachement d'ouvriers à la Guadeloupe ;
1 détachement d'ouvriers à la Guyane ;
1 détachement d'ouvriers à la Réunion ;
1 détachement d'ouvriers au Congo ;
Directions d'artillerie de la Guyane, de la Guadeloupe, de la Réunion et de Tahiti.

Par contre on relève les augmentations suivantes :

4 batteries au régiment de Cochinchine ;

1 batterie à Dakar ;

Des compagnies d'ouvriers substituées aux anciens détachements de Cochinchine, Madagascar, Diégo-Suarez et Sénégal.

*
* *

L'augmentation du nombre des chefs d'escadron relativement à celui des capitaines établit une proportion normale entre ces deux grades au point de vue de l'avancement.

La nouvelle répartition des officiers de chaque grade entre la France et les colonies, permet d'assurer le service de la relève dans de meilleurs conditions que par le passé.

Enfin, on a amélioré sensiblement la préparation de la mise en état de défense de nos colonies les plus importantes par une extension assez considérables de leurs directions d'artillerie.

Tableaux I et II donnant la répartition numérique, par grades, des officiers, sous-officiers et soldats, Français et indigènes, de l'infanterie et de l'artillerie coloniales en France et aux Colonies, d'après les décrets de 1900 et ceux de 1903.

Les tableaux ci-après, donnant la situation numérique, par grades, des officiers, sous-officiers et soldats, Français et indigènes, en France et aux colonies, résultant de l'application des décrets de 1900 et de 1903, font ressortir les différences en plus et en moins provenant de la dernière organisation.

L'étude attentive de ces tableaux donne lieu à de nombreuses et utiles observations. Nous nous arrêterons à une seule, qui se rapporte à une question non encore résolue et dont nous avons déjà parlé dans ce chapitre : celle de la fixation du cadre de l'état-major général des troupes coloniales.

D'après ces tableaux, l'effectif total en temps de paix de l'infanterie et de l'artillerie coloniales est d'environ 80,000 à 85,000 hommes, ce qui équivaut approximativement à la sixième partie de l'effectif du temps de paix des troupes métropolitaines. Il s'ensuit que le nombre des officiers généraux des troupes coloniales devrait être fixé, au minimum, à 15 généraux de division et 30 généraux de brigade. Il n'y a actuellement que 9 divisionnaires et 20 brigadiers; il y aurait donc à créer 6 divisionnaires et 10 brigadiers pour mettre l'état-major général des troupes coloniales sur le même pied que celui des troupes métropolitaines.

D'ailleurs ce chiffre de 45 officiers généraux ne serait pas exagéré pour satisfaire aux obligations du haut commandement. Il est facile de s'en rendre compte en indiquant l'emploi qu'on pourrait faire de ces officiers généraux.

Il faudrait en effet :

Répartition générale de l'infanterie coloniale en France et aux colonies.

TABLEAU I.

	DÉCRETS DU 28 DÉCEMBRE 1900.			DÉCRETS DU 19 SEPTEMBRE 1903.			DIFFÉRENCES		OBSERVATIONS.
	TOTAUX en France.	TOTAUX aux colonies.	TOTAL général.	TOTAUX en France.	TOTAUX aux colonies.	TOTAL général.	en PLUS.	en MOINS.	
Colonels..................	21	14	35	21	15	36	1	»	
Lieutenants-colonels	28	19	47	28	22	50	3	»	
Chefs de bataillon.............	111	75	186	111	77	188	2	»	
Médecins..................	49	97	146	49	70	119	»	27	
Capitaines	432	324	756	431	341	772	16	»	
Lieutenants et sous-lieutenants..	596	596	1,492	594	623	1,217	25	»	
Chefs armuriers	12	22	34	12	20	32	»	2	
Chefs de fanfare	12	6	18	12	5	17	»	1	
Adjudants..................	351	320	671	377	387*	764	93	»	
Sous-chefs de fanfare..........	12	6	18	12	5	17	»	1	
Sergents-majors	265	272	537	264	310	574	37	»	
Sergents et fourriers	1,710	2,250	3,960	1,745	2,399	4,144	184	»	
Caporaux et fourriers..........	1,753	1,680	3,433	1,806	1,682	3,488	55	»	
Soldats et clairons............	16,373	11,793	28,166	16,434	10,000	26,434	»	1,732	
Musiciens..................	278	114	342	228	95	323	»	19	
INDIGÈNES									
Lieutenants et sous-lieutenants..	»	»	52	»	»	»	»	»	
Sergents..................	»	»	592	»	»	822	230	»	
Caporaux..................	»	»	2,368	»	»	2,460	92	»	
Tirailleurs	»	»	24,968	»	»	29,740	4,772	»	

Répartition générale du personnel de l'artillerie coloniale en France et aux colonies.

TABLEAU II.

	DÉCRETS DU 28 DÉCEMBRE 1900.			DÉCRETS DU 10 SEPTEMBRE 1903.			DIFFÉRENCES		OBSERVATIONS.
	TOTAUX en France.	TOTAUX aux colonies.	TOTAL général.	TOTAUX en France.	TOTAUX aux colonies.	TOTAL général.	en PLUS.	en MOINS.	
Colonels	13	4	17	13	5	18	4	»	
Lieutenants-colonels	15	6	21	16	8	24	3	»	
Chefs d'escadron	45	21	66	48	28	76	10	»	
Capitaines	204	146	350	204	124	328	»	22	
Lieutenants et sous-lieutenants	109	95	204	125	97	222	48	»	
Médecins	6	10	16	7	11	18	2	»	
Vétérinaires	5	7	13	6	16	22	9	»	
Officiers d'administration principaux et de 1re classe			22	17	11	28	6	»	
Officiers d'administration de 2e et 3e classe	38	31	47	21	20	41	»	6	
Artificiers principaux et de 1re classe			8	7	2	9	1	»	
Artificiers de 2e et de 3e classe	47	5	14	10	3	13	»	1	
Ouvriers d'état principaux et de 1re classe			24	21	8	29	5	»	
Ouvriers d'état de 2e et 3e classe	51	20	47	30	12	42	»	5	
Conducteurs de travaux principaux et de 1re classe			26	18	13	31	5	»	
Conducteurs de travaux de 2e et 3e classe	39	39	52	23	24	47	»	5	
Stagiaires comptables de 1re classe				13	12	25			
Stagiaires comptables de 2e classe	27	»	27	12	13	25	23	»	
Stagiaires conducteurs de travaux de 1re classe				20	20	40			
Stagiaires conducteurs de travaux de 2e classe	45	»	45	20	20	40	36	»	
Ouvriers d'état de 1re classe				20	»	20			
Ouvriers d'état de 2e classe	40	»	40	20	»	20	»	»	
Adjudants gardiens de batterie coloniaux	»	5	5	»	»	»	»	»	
Adjudants gardiens de batterie de l'artillerie coloniale	64	»	61	»	»	»	»	»	Selon les besoins et les ressources budgétaires.
Chefs armuriers	3	3	6	3	4	7	1	»	
Adjudants	51	48	99	63	49	112	13	»	
Maréchaux des logis chefs, chefs artificiers et chefs mécaniciens	61	52	113	66	60	126	13	»	
Maréchaux des logis et fourriers, trompettes, sous-chefs artificiers	389	373	762	450	428	878	116	»	
Brigadiers fourriers	408	592	997	30	26				
Brigadiers				394	389	836	»	161	
Trompettes, artificiers, conducteurs, sergents, ouvriers, secrétaires	4,711	2,231	6,942	4,583	2,484	7,067	125	»	
INDIGÈNES.									
Lieutenants et sous-lieutenants	»	»	»	»	2	2	»	»	
Maréchaux des logis	»	»	»	»	76	76	»	»	
Brigadiers	»	»	»	»	144	144	»	»	
Conducteurs, servants, ouvriers	»	»	»	»	2,540	2,540	»	»	

En France :

1 général de division, membre du Conseil supérieur de la
guerre ;

1 général de division, commandant du corps d'armée ;

3 généraux de division, commandant les divisions du corps
d'armée ;

1 général de division, président du Comité consultatif des
colonies ;

1 général de division, président du Comité technique des
troupes coloniales ;

1 général de division, président du Service technique de l'artillerie au ministère de la marine ;

2 généraux de division, disponibles, membres de comités et
affectés au service de la relève. (Ce chiffre (2) est certainement insuffisant, mais il faut remarquer qu'il peut être
réellement porté à 5, si l'on désigne comme présidents
et membres de comités : le général membre du Conseil
supérieur de la guerre, le général commandant le corps
d'armée en France et le général commandant la 1re division, tous trois en résidence à Paris).

Aux colonies :

1 général de division, commandant supérieur des troupes en
Indo-Chine ;

2 généraux de division, commandant les divisions du corps
d'armée d'Indo-Chine ;

1 général de division, commandant supérieur des troupes en
Afrique occidentale ;

1 général de division, commandant supérieur des troupes en
Afrique orientale.

15 généraux de division.

En France :

7 généraux de brigade, pour les six brigades d'infanterie du corps d'armée et la brigade d'artillerie;

1 général de brigade, chef d'état-major du corps d'armée;

1 général de brigade, à la 8e Direction au ministère de la guerre;

2 généraux de brigade, au Service technique de l'artillerie au ministère de la marine;

8 généraux de brigade, disponibles pour être membres des comités et assurer le service de la relève.

Aux colonies :

5 généraux de brigade en Indo-Chine;

3 généraux de brigade en Afrique occidentale;

3 généraux de brigade en Afrique orientale.

30 généraux de brigade.

CONCLUSIONS

L'organisation des troupes coloniales est liée étroitement
au régime civil et politique des colonies. — Attributions
militaires données à tort au Ministère civil des colonies.
— Doit-on soumettre les Colonies au même régime que
la Métropole et dans quelles mesures? — Ne serait-il
pas possible de les soumettre au même régime que
l'Algérie et la Tunisie? — Assimilation complète de
nos possessions d'outre-mer aux départements métropolitains. — Soumission de ces colonies au régime en
vigueur en Algérie et en Tunisie. — Dans le cas de la
conservation au Ministère des colonies de ses attributions actuelles, moyens susceptibles d'en atténuer les
inconvénients. — Création d'une inspection d'armée pour
les troupes coloniales, et d'un sous-secrétaire d'État de
la guerre et des colonies. — Vice d'organisation commun aux anciennes troupes de la marine et aux troupes
coloniales actuelles. — Nécessité de la conservation des
armées en général et des troupes coloniales en particulier. — Avantages résultant de la disposition permanente de forces militaires pour une éventualité outre-
mer. — Utilité générale des réformes exposées et
conclusion finale.

Ainsi qu'on a pu le constater par la lecture de cette étude,
l'organisation des troupes coloniales a été une œuvre de transformations successives, résultant en grande partie de l'extension
également successive de notre empire colonial.

Cet empire est aujourd'hui assez important, croyons-nous,
pour que nous ayons la sagesse de nous en contenter; on peut
même craindre qu'il soit déjà trop vaste, si nous n'avons pas
l'assurance de posséder tous les moyens de l'exploiter, de l'oc-

cuper et de le défendre dans toute son intégrité. Il est prudent de clore maintenant l'ère des conquêtes coloniales et de consacrer tous nos soins à donner à nos possessions outre-mer une *organisation civile et politique* propre à leur faire produire, pour elles et pour la métropole, les meilleurs résultats possibles, et une *organisation militaire* assez puissante pour sauvegarder leur sûreté intérieure et extérieure.

Notre *territoire national* est composé de deux parties : la métropole et les colonies; mais ces deux parties ne constituent qu'un seul *tout*, la France continentale et coloniale.

L'armée est instituée pour garder et défendre le territoire national; des troupes spéciales de cette armée sont chargées de garder et de défendre la portion coloniale du territoire national, tandis que la plus grande partie de nos forces militaires est affectée à la garde et à la défense de la portion métropolitaine du territoire national.

Le rôle de l'armée étant le même dans les colonies que dans la métropole, il semblerait naturel que son organisation fût la même dans ces deux parties.

Nous avons montré qu'il n'en était pas ainsi, et que, tout d'abord, en raison de son recrutement particulier, de sa composition en troupes françaises et en troupes indigènes, de son service spécial, la fraction de l'armée affectée aux colonies devait avoir une organisation différant, en certains points au moins, de celle de la grosse partie de l'armée employée dans la métropole.

De plus, l'organisation des troupes coloniales présente des difficultés particulières provenant des points de contact qu'elle a avec l'organisation civile et politique de nos colonies, laquelle diffère beaucoup de l'organisation civile et politique de la métropole.

En effet, les affaires militaires de la métropole ressortissent à un seul ministère, celui de la guerre, tandis que les affaires militaires des colonies ressortissent à deux ministères, celui de la guerre et celui des colonies. Il s'ensuit qu'il est absolument nécessaire, dans l'étude de l'organisation et du service des troupes coloniales, de tenir compte de l'organisation civile et politique des colonies.

***

Lorsque le sous-secrétariat d'État des colonies fut transformé en un ministère spécial des colonies, il avait été formellement entendu, entre le Gouvernement et le Parlement, qu'on ne créait pas un troisième ministère militaire. Pourtant, ce ministère recevait successivement, dans ses attributions : la responsabilité de la garde et de la défense des colonies, l'administration et le commandement réel des troupes employées à cette garde et à cette défense, et enfin une participation semblable à celle du ministère de la guerre pour la composition et l'organisation des troupes coloniales aux colonies, participation même plus effective que celle du ministre de la guerre, puisque le ministre des colonies avait la disposition des crédits budgétaires.

Alors que dans la métropole, les attributions et la responsabilité des ministres de l'intérieur, des affaires étrangères, de la guerre, etc., sont limitées pour chacun d'eux à la spécialité de son Département, le ministre des colonies est investi, pour les colonies, des attributions et des responsabilités incombant, en France, à tous ses collègues du cabinet. Il n'est plus un simple secrétaire d'État; il est, à lui seul, tout un gouvernement. Il est placé, devant le pays et devant le Parlement, en ce qui concerne les colonies, dans les mêmes conditions que le Conseil des ministres tout entier en ce qui concerne les affaires de la métropole. Ne peut-on pas se demander si de telles prérogatives sont en conformité de nos institutions politiques?

Nous reconnaissons bien volontiers qu'en raison de l'extension de notre domaine colonial, il a été très utile de créer un ministère spécial pour l'administration et le gouvernement des colonies; ce que nous trouvons mauvais seulement, c'est la concentration dans les mêmes mains des pouvoirs civil et militaire, mettant un véritable régime autocratique à la place du régime parlementaire.

Dans une des parties du territoire national, la métropole, les ministres civils n'ont rien à voir dans les détails de l'administration, de l'organisation et du commandement de l'armée, toutes choses techniques qui sont dans les attributions spéciales du ministre de la guerre; il n'y a pas de raisons pour que, dans l'autre partie du territoire national : les colonies, le ministre civil des colonies partage les attributions du ministre de la guerre.

Soit qu'il y ait ou non dans le Gouvernement un secrétaire d'État des colonies, c'est en principe au ministre de la guerre seul que peut appartenir la direction supérieure et la responsabilité des affaires militaires de la métropole et des colonies.

*
* *

Certaines objections peuvent, il est vrai, être faites à l'assimilation complète de la métropole et des colonies.

On peut dire, en effet, que notre domaine colonial comprend non seulement des colonies, mais encore des pays de protectorat, — que ces possessions sont plus ou moins éloignées de la métropole, — qu'elles ne sont pas peuplées uniquement de citoyens français, — que toutes nos lois ne peuvent pas être uniformément appliquées à leurs habitants indigènes ou ne peuvent l'être qu'avec certains tempéraments, — que les besoins, les intérêts, les affaires de ces pays, ne peuvent être exactement les mêmes que ceux de la métropole, et que, par suite, il pourrait y avoir injustice, inconvénients et dangers à leur imposer un régime absolument semblable à celui de la métropole.

Il y a lieu certainement de tenir compte de ces objections, tout au moins dans une certaine mesure; cela tend à justifier amplement l'utilité d'adjoindre un ministre des colonies aux autres membres du gouvernement central.

Si nos lois semblent devoir être applicables aux citoyens des colonies ayant les mêmes droits et les mêmes devoirs que les citoyens de la métropole, elles ne sauraient être applicables que dans des conditions bien déterminées à certaines populations indigènes de ces colonies, et elles ne le seraient guère, dans les pays de protectorat, que pour la portion peu importante de leur population française.

Nos colonies sont à une distance plus ou moins grande du siège du gouvernement central de la métropole, c'est vrai; mais on peut dire qu'aujourd'hui, en temps de paix, les distances ne comptent plus, puisque, grâce à l'emploi de la télégraphie sous-marine, les ministres peuvent correspondre presque aussi rapidement avec le gouverneur général de l'Indo-Chine qu'avec les préfets des Bouches-du-Rhône ou de la Corse. En temps de guerre, si les câbles sont coupés, si les communications sont interrompues, le gouvernement central sera, vis-à-vis des colonies, dans la même situation que vis-à-vis des portions du territoire métropolitain, avec lesquelles les opérations de l'ennemi ne permettraient pas de correspondre pendant un temps plus ou moins long.

On doit constater, de plus, que les principales objections que nous avons signalées plus haut s'appliquent à l'Algérie et à la Tunisie presque aussi exactement qu'aux autres colonies et pays de protectorat administrés par le Département des colonies. Pourquoi donc la loi du 7 juillet 1900 n'a-t-elle été faite que pour les colonies et pays de protectorat « *autres que l'Algérie et la Tunisie* ».

L'Algérie est une colonie habitée par des citoyens français et des indigènes comme la Cochinchine; la Tunisie est un protectorat comme le Cambodge. Pourtant, et c'est cette partie de la question qui nous intéresse en ce moment ici, au point de vue militaire le régime de l'Algérie et celui de la Tunisie diffèrent essentiellement de celui adopté pour les autres colonies et pays de protectorat. Le commandant du 19ᵉ corps d'armée en Algérie marche bien hiérarchiquement après le haut fonctionnaire civil, gouverneur général de l'Algérie, mais il dépend uniquement du ministre de la guerre pour le commandement, l'administration et la discipline des troupes de son corps d'armée, et le ministre de l'intérieur, sous la haute autorité duquel est placé le gouverneur général de l'Algérie, n'a rien à voir dans l'organisation et le commandement du corps d'armée de l'Algérie.

*
* *

Des idées générales exposées sommairement ci-dessus, il semble ressortir ceci :

1º Ou bien toutes nos colonies et nos pays de protectorat, y compris l'Algérie et la Tunisie, peuvent être assimilés purement et simplement à nos départements métropolitains, administrés et gardés de la même manière que ces derniers ;

2º Ou bien toutes nos colonies et nos pays de protectorat, doivent être soumis au même régime civil, politique et militaire que l'Algérie et la Tunisie, ce régime expérimenté dans ces dernières possessions donnant des résultats satisfaisants d'une part, et, d'autre part, ces deux possessions, Algérie et Tunisie, se trouvant dans des conditions relativement analogues à celles des autres colonies et pays de protectorat, en ce qui a trait à leur séparation géographique du territoire national, à leurs populations, aux besoins et aux mœurs de leurs habitants, à leur gouvernement, et, principalement pour la question qui nous occupe, à leur garde et à leur défense.

Arrêtons-nous un moment sur chacune de ces deux solutions qui présentent à première vue un avantage réel, celui d'être simples, et d'éviter pour une partie importante du *tout* constituant le territoire national la création d'un régime exceptionnel.

Est-il possible d'assimiler complètement à nos départements métropolitains toutes nos possessions lointaines, colonies et protectorats ?

On peut, sans aucun doute, répondre à cette question par l'affirmative pour les colonies de la Guadeloupe, de la Martinique, de la Guyane, de la Nouvelle-Calédonie, de Tahiti, de la Réunion. Chacune de ces colonies pourrait constituer un département outre-mer, être administré et gardé de la même manière que la Corse, en temps de paix comme en temps de guerre.

Mais, pour les autres colonies et pays de protectorat, la solution paraît un peu moins simple. L'Indo-Chine, par exemple, se compose d'une colonie, la Cochinchine, et de protectorats, le Cambodge, le Laos, l'Annam et le Tonkin. Si, au point de vue de sa politique générale, de son administration générale, de sa situation militaire, l'Union indo-chinoise constitue un tout autonome, elle comporte des éléments divers qui ne peuvent être entièrement soumis chacun aux mêmes règles de gouvernement intérieur. Il ne semble donc pas possible de faire de l'Indo-Chine un seul département. Elle ne peut être qu'une espèce de confédération composée des cinq provinces, la Cochinchine, le Cambodge, le Laos, l'Annam et le Tonkin, intérieurement administrées suivant des règles particulières.

Ce que nous disons de l'Indo-Chine pourrait également s'appliquer à nos possessions de l'Afrique occidentale, en raison de l'étendue de leurs territoires, du nombre et de la diversité de leurs fractions constituées, et également à nos possessions de l'Afrique orientale pour les mêmes motifs.

Dans l'état actuel de nos possessions coloniales, quelque séduisante que soit cette solution de prime abord, il n'est donc pas possible d'assimiler *toutes* nos possessions d'outre-mer à nos départements de la métropole, et en assimiler quelques-unes seulement serait compliquer la situation actuelle au lieu de la simplifier et de l'améliorer, puisqu'on aurait trois régimes à appliquer : le premier, nouveau, régime départemental, pour quelques anciennes colonies peu importantes ; le second, actuellement en vigueur pour nos grandes possessions de l'Indo-Chine, de l'Afrique orientale et de l'Afrique occidentale ; le troisième, également en vigueur actuellement, pour l'Algérie et la Tunisie.

L'assimilation complète ou partielle de nos colonies à nos départements de la métropole doit donc être écartée.

Examinons maintenant la seconde éventualité que nous avons exposée plus haut : Est-il possible et avantageux de soumettre toutes nos possessions d'outre-mer au régime en vigueur en Algérie et en Tunisie ? Nous croyons pouvoir répondre affirmativement à cette question.

Nous n'avons pas la prétention de tracer ici un plan général du régime gouvernemental à donner à nos colonies ; cela n'est pas de notre compétence et nous écarterait un peu trop de la question militaire, que nous voulons seulement traiter ; nous nous bornerons à indiquer dans quelles lignes générales il y aurait à inscrire l'organisation de ce régime en ce qui se rapporte au commandement et au service de l'armée.

Avant tout, il faut reconnaître comme base fondamentale du régime à adopter pour le gouvernement et l'administration des colonies des règles analogues à celles en vigueur dans la métropole. Nous voulons dire par là que, si aux colonies comme dans la métropole la suprématie doit appartenir à l'autorité civile, chaque pouvoir doit conserver la direction et la responsabilité des affaires de sa spécialité. C'est aux fonctionnaires civils, aux hommes politiques qu'il appartient d'administrer, de gouverner, d'ordonner la guerre, de traiter de la paix ; mais c'est l'autorité militaire seule qui est compétente pour organiser les armées, les instruire, les discipliner, les faire combattre, en un mot, les commander.

Cela posé, adoptant la répartition de nos colonies en cinq groupes, formés comme l'indique le décret du mois d'avril 1903, voyons s'il est possible d'appliquer à chacun de ces cinq groupes un régime analogue à celui qui est en vigueur aujourd'hui en Algérie et en Tunisie.

Prenons d'abord le premier groupe, l'Indo-Chine.

Le groupe de l'Indo-Chine se compose d'une colonie — la Cochinchine, à laquelle peut être adapté un régime analogue à celui de l'Algérie — et des protectorats, le Cambodge, l'Annam et le Tonkin, auxquels peut être adapté un régime semblable à celui de la Tunisie. Un gouverneur général, relevant directement du ministre des colonies, aurait, comme aujourd'hui, sous ses ordres le lieutenant-gouverneur de la Cochinchine et les résidents supérieurs des trois protectorats pour toutes les affaires politiques, civiles et administratives de l'Indo-Chine. Il n'y a aucune raison à invoquer pour donner à ce gouverneur général, en ce qui concerne les affaires et les pouvoirs militaires, des attributions plus étendues que celles dont on a jugé utile d'investir le gouverneur général de l'Algérie.

Dans le second groupe, celui de l'Afrique occidentale, on pourrait également instituer un gouverneur général exerçant sa haute autorité sur les lieutenants-gouverneurs et résidents des diverses parties du groupe, et il en serait de même dans le troisième groupe.

L'organisation du quatrième groupe, celui des Antilles, serait plus simple encore, avec un gouverneur général à la Martinique, ayant sous ses ordres les gouverneurs particuliers de la Guadeloupe et de la Guyane; il en serait de même du cinquième groupe avec un gouverneur général en Nouvelle-Calédonie.

Enfin, l'Afrique septentrionale (Algérie et Tunisie) pourrait former un sixième groupe, ayant à sa tête le gouverneur général de l'Algérie, et placé, comme les autres groupes coloniaux, sous la haute administration civile du ministre des colonies.

D'autre part, le ministre de la guerre, responsable de la garde et de la défense du territoire national, métropolitain et colonial, aurait seul, dans ses attributions, l'organisation, l'administration et le commandement de toutes nos forces militaires, métropolitaines et coloniales.

Dans chacun des six groupes coloniaux, le commandant supérieur des troupes aurait, sous la haute autorité du ministre de la guerre, la responsabilité de la garde et de la défense de son groupe, le commandement des forces militaires affectées à ce groupe.

Un tel système présenterait, à notre avis, l'avantage de baser le régime général de la France coloniale sur les mêmes principes que celui de la France métropolitaine en enfermant les membres du gouvernement central, les hauts fonctionnaires civils et les autorités militaires dans les limites de leurs attributions spéciales et respectives. Il n'y aurait qu'un seul régime politique pour toutes nos possessions d'outre-mer. Les attributions du ministère des colonies, privé de ses pouvoirs militaires, ne serait pourtant pas sensiblement diminuées, puisqu'elles s'exerceraient sur toutes nos colonies, en y comprenant l'Algérie et la Tunisie. Enfin, au point de vue militaire, on ferait disparaître tous les inconvénients, toutes les difficultés, tous les dangers, en donnant exclusivement au ministre de la guerre les responsabilités attachées à ses fonctions spéciales, celles de la garde et de la défense de tout le territoire national, métropolitain et colonial. De plus, les troupes coloniales actuelles seraient naturellement fondues avec l'armée d'Afrique, et formeraient ainsi une grande armée coloniale homogène, ce qui faciliterait considérablement la bonne organisation de cette partie importante de notre armée nationale.

*
* *

Nous ne pouvons nous dissimuler que des changements aussi radicaux que ceux dont nous venons de donner une simple indication n'auraient que bien peu de chances d'être réalisés à brève échéance, quand bien même ils seraient présentés par des personnalités ayant, en matière politique surtout, une compétence et une autorité moins discutables que les nôtres. Il est même possible que nos *desiderata* ne se réalisent qu'à une époque fort éloignée de nous, peut-être jamais. Diminuons donc nos prétentions et cherchons à trouver, à une situation que nous considérons comme mauvaise, des améliorations plus faciles à réaliser.

Avant tout et plus que tout, ce qui paraît le plus important à obtenir, c'est que le ministère des colonies soit cantonné dans les limites d'attributions convenant à sa qualité de ministère civil, et que le ministère de la guerre, en vertu de sa compétence technique, ait seul la responsabilité de toutes les affaires militaires aux colonies, comme il a celle des affaires militaires de la métropole, sans plus d'interventions et participations du ministre des colonies pour les unes, que du ministre de l'intérieur et des autres ministres pour les autres.

Laissons donc, à notre colonie de l'Afrique septentrionale et à notre protectorat de Tunisie le régime en vigueur aujourd'hui. Quant à nos autres colonies et protectorats, en leur conservant le groupement institué par le décret d'avril 1903, on pourrait, croyons-nous, apporter à leur régime actuel les modifications suivantes :

Le gouverneur général ou principal de chaque groupe colonial a, sous la haute autorité du ministre des colonies, les pouvoirs civils et militaires dévolus au gouverneur général de l'Algérie.

Les gouverneurs des colonies et les résidents des pays de protectorat sont sous l'autorité du gouverneur général ou du gouverneur principal du groupe dont font partie les colonies ou les protectorats qu'ils administrent ; ils sont, vis-à-vis du gouverneur général ou principal du groupe dans la même situation subordonnée qu'un préfet en Algérie vis-à-vis du gouverneur général de cette colonie. Ils ne correspondent avec le ministre des colonies que par l'intermédiaire du gouverneur général ou principal du groupe.

Le commandant supérieur des troupes de chaque groupe est placé hiérarchiquement sous l'autorité du gouverneur général ou principal du groupe. Il est, seul, chargé du commandement des troupes, de la préparation et de l'exécution sous sa responsabilité personnelle, de toutes les opérations militaires que, toutefois, il ne peut commencer, interrompre ou cesser que sur les réquisitions écrites du gouverneur général ou principal.

Il est vice-président du conseil de défense du groupe dont le gouverneur général est président. Il est chargé de la préparation du plan de défense.

Il correspond directement avec le ministre de la guerre, sous le couvert du gouverneur général ou principal, qui ne peut ni arrêter ni retarder sa correspondance, mais qui a le droit d'y joindre des observations personnelles qu'il fait connaître au commandant supérieur des troupes.

Il a sous ses ordres directs le commandant de l'artillerie et les directeurs des services militaires administratifs et de santé.

Il a également sous ses ordres les commandants des troupes de chacune des colonies du groupe, avec lesquels il correspond directement.

Dans chacune des colonies du groupe, le commandant des troupes est placé dans l'ordre hiérarchique après le gouverneur de la colonie. Il n'a à recevoir d'ordres que du commandant supérieur des troupes du groupe, pour ce qui concerne le service militaire journalier, la discipline intérieure des corps, l'instruction, l'administration, mais il doit obéir aux réquisitions écrites du gouverneur, en cas d'urgence et de troubles intérieurs. Il rend compte de ces réquisitions et des événements qui en ont été la suite au commandant supérieur des troupes du groupe.

En réalité, l'adoption d'un tel régime relativement à la limitation des pouvoirs civils et militaires ne constituerait pas une innovation radicale, car ce ne serait qu'une application à toutes nos colonies et à nos protectorats d'un régime analogue à celui fonctionnant en Algérie et en Tunisie.

Le ministre des colonies représenterait dans le gouvernement central les intérêts et les besoins de notre domaine colonial. Il aurait, dans sa spécialité, la direction supérieure de l'administration et de la politique intérieures et extérieures des colonies et pays de protectorat. Une seule de ses attributions actuelles lui serait retirée, celle qui le constitue illogiquement, même illégalement, on peut le dire, un troisième ministre militaire chargé d'une partie de la défense du territoire national.

Il y aurait, croyons-nous, d'autres améliorations à introduire, soit dans les divers services du ministère des colonies, soit dans l'organisation et le fonctionnement des diverses branches de l'administration aux colonies. Mais ces questions ne touchent pas à l'organisation et au service de l'armée coloniale, et sont, par conséquent, en dehors du cercle de cette étude. Nous ne ferons à ce sujet qu'une simple observation dont un séjour de plus de vingt-cinq années dans les colonies, aux différents grades de notre longue carrière, nous a permis de constater la valeur. Nous avons aux colonies, peut-être comme en France, beaucoup trop de fonctionnaires, et par suite on a pu dire, sans une trop grande exagération, que nous paraissons avoir des colonies pour entretenir des fonctionnaires, mais non des fonctionnaires pour régir nos colonies.

*
* *

Il est malheureusement à craindre qu'il faille attendre encore bien des années avant que des changements du genre de ceux que nous venons d'exposer, soient apportés à l'organisation du ministère des colonies, et aux attributions des gouverneurs des colonies. Les progrès sont lents à se réaliser dans notre pays malgré nos institutions parlementaires (peut-être plutôt à cause d'elles). La création du ministère des colonies est récente ; plus récente encore est la loi du 7 juillet 1900 (sur l'organisation des troupes coloniales) qui a rendu légale cette illégalité donnant des attributions militaires à un autre ministre que ceux de la guerre et de la marine. Les ministres des colonies vraisemblablement tiendront toujours à conserver ces prérogatives militaires, que le Parlement leur a laissé prendre sans y porter beaucoup d'attention peut-être, et les ministres de la guerre de l'avenir, comme ceux du passé, sous la charge de la lourde responsabilité de la garde et de la défense de la patrie continentale, de l'organisation, de l'administration et du commandement de l'armée métropolitaine, ne se soucieront pas de compliquer encore leur tâche écrasante en réclamant toute la responsabilité des affaires militaires coloniales, et ils préféreront n'en assumer qu'une partie aussi petite que possible.

Il est donc infiniment probable que le régime actuel subsistera de longues années encore malgré les inconvénients qu'il présente et dont les principaux consistent :

1° A imposer à un ministère civil et à des fonctionnaires civils la responsabilité de la garde et de la défense des colonies, responsabilité purement militaire étrangère à leur compétence et à leur état ;

2° A détruire l'autonomie des troupes coloniales, voulue pourtant par la loi du 9 juillet 1900 en faisant de l'ensemble de ces troupes deux parties distinctes, l'une en France l'autre aux colonies ;

3° A faire administrer et commander une de ces parties par le ministre de la guerre, et l'autre par le ministre des colonies ;

4° A confier l'organisation d'une partie de ces troupes au ministre de la guerre seul, et celle de l'autre partie aux deux ministres de la guerre et des colonies se concertant ensemble.

Si l'on ne veut pas supprimer radicalement ces inconvénients en retirant au ministère des colonies des attributions militaires qu'on a eu le tort de lui donner ou tout au moins de lui laisser prendre, ne pourrait-on pas trouver des moyens susceptibles d'en atténuer la gravité dans une certaine mesure ? C'est ce que nous allons examiner.

Autrefois, lorsque les troupes coloniales appartenaient au ministère de la marine, une partie de ces troupes était employée en France et l'autre aux colonies ainsi que cela a lieu encore aujourd'hui, mais l'organe de l'*Inspection générale* permettait au ministre de la marine d'être tenu au courant de la bonne exécution du service en tout temps et en tout lieu, et par suite de donner à l'ensemble de ses troupes une direction et une impulsion uniformes et énergiques. En effet, l'inspecteur général de l'infanterie et celui de l'artillerie de la marine, secondés par les inspecteurs généraux adjoints, étaient délégués chaque année par le ministre pour visiter et inspecter les troupes et leurs services, en *France et aux colonies*, pour s'assurer de l'exécution complète et uniforme des lois et règlements militaires, pour apprécier et noter le personnel, faire des propositions pour l'avancement et les récompenses honorifiques, etc.; enfin rendre compte personnellement au ministre, au moyen de rapports détaillés, verbaux et écrits, de leurs investigations multiples. Le ministre de la marine, mis ainsi au courant de tout ce qui concernait ses troupes, en France et aux colonies, les avait sous son entière responsabilité, et était en état de les commander entièrement. Grâce à cet organe actif de l'inspection générale permanente, les troupes de la marine, en France et aux colonies, formaient un bloc homogène, soumis au même contrôle, au même commandement. Depuis le passage des troupes de la marine au département de la guerre, l'inspection générale permanente a été supprimée, et voici ce qui résulte de cette suppression : Les troupes coloniales en France, groupées en un corps d'armée, sont soumises à l'inspection permanente du général de division commandant ce corps d'armée sous l'autorité directe et exclusive du ministre de la guerre ; mais les troupes coloniales aux colonies, formées en cadres et en une partie considérable de leurs hommes de troupe d'éléments venant de France, et appelés à y rentrer à la fin de chacun de leurs séjours réglementaires aux colonies, échappent, pendant toute la durée de ces séjours outre-mer, au commandement et à l'administration, au contrôle et à l'appréciation du ministre de la guerre. Ce bloc des troupes coloniales, dont la loi du 7 juillet 1900 a posé en principe l'autonomie absolue, l'homogénéité complète, est donc coupé en deux morceaux séparés, l'un relevant du département de la guerre, l'autre de celui des colonies, n'ayant plus qu'un point de contact : leur commune origine.

Si l'on tient à laisser au ministre des colonies les attributions militaires dont il a la possession, il importe, pour conserver aux troupes coloniales leur autonomie sagement prescrite par la loi, de trouver un ciment qui joigne entièrement et intimement entre eux les deux morceaux du bloc. Le souvenir de l'inspection générale des troupes de la marine nous paraît fournir une indication pour la solution du problème ; cette solution, nous l'avons déjà montrée dans le cours de cette étude ; nous allons l'exposer ici dans son ensemble, ne cherchant pas à présenter des innovations trop hardies, mais nous bornant à demander pour les troupes coloniales un régime analogue à celui en vigueur pour les troupes métropolitaines.

Par l'importance et la composition de leurs effectifs en France et aux colonies dès le temps de paix, les troupes coloniales forment *une véritable armée.* L'ensemble des troupes métropolitaines constitue plusieurs armées soumises chacune à l'inspection d'un général de division, membre du Conseil supérieur de la guerre. Par suite, un général de division, membre du Conseil supérieur de la guerre et provenant des troupes coloniales, pourrait exercer sur *l'armée coloniale* en France et aux colonies les fonctions d'inspecteur d'armée. A cet effet, il ferait personnellement des tournées d'inspection générale en France et aux colonies, et centraliserait les rapports des commandants de corps d'armée et des commandants supérieurs des troupes. Il serait ainsi en état, comme l'était autrefois l'inspecteur général des troupes de la marine, de tenir constamment le ministre au courant de tout ce qui concernerait les troupes coloniales en France et aux colonies, de recevoir et de provoquer les ordres de ce ministre responsable, et de veiller à leur exécution.

Mais une objection grave se présente immédiatement à l'esprit. Sous les ordres directs de quel ministre cet inspecteur d'armée serait-il placé; à quel ministre devrait-il rendre compte, puisque dans l'organisation en vigueur les troupes coloniales intéressent en même temps deux ministres, celui de la guerre et celui des colonies? La question est sans doute assez embarrassante. Nous ne voyons pas qu'on puisse décider que l'inspecteur général des troupes coloniales serait à la fois sous les ordres directs du ministre de la guerre et du ministre des colonies en même temps et au même titre ; qu'il pourrait recevoir de l'un et de l'autre des instructions peut-être contradictoires, et qu'il devrait rendre compte de ses missions pour une partie au premier de ces ministres et pour une autre au second. Il faut, en matière militaire plus qu'en toute autre encore, *unité* de vues, de direction, de commandement. Si nous obtenions cette unité envers l'armée coloniale par les attributions données à son inspecteur général, nous la détruirions pour cet officier général en le soumettant lui-même à deux directions, à deux commandements.

Pour obvier à cette difficulté, il y aurait peut-être un moyen, ce serait de créer un sous-secrétariat de la guerre et des colonies, centralisant toutes les affaires des troupes coloniales en France et aux colonies.

La 8ᵉ Direction du ministère de la guerre (Direction des troupes coloniales) passerait à ce sous-secrétariat, ainsi que le Bureau militaire du ministère des colonies.

Voyons comment pourraient fonctionner ces nouveaux rouages en France et aux colonies. En allant de bas en haut jusqu'à l'inspecteur d'armée coloniale inclusivement, tout paraît assez simple. Les membres de la hiérarchie, aux différents échelons, se conforment tous aux ordres de leurs supérieurs directs, chefs de corps et de services, commandants de détachements, de brigades, de divisions, de corps d'armée, et reçoivent une direction et une impulsion supérieures uniques de l'inspecteur d'armée. Mais on ne peut songer à réunir dans les mains de cet officier les attributions dévolues à la fois aux deux ministres de la guerre et des colonies, qui sont membres responsables du gouvernement national. Il ne peut avoir qualité pour présenter au Parlement des lois au nom du gouvernement, ni pour soumettre à la sanction du chef de l'État des décrets contresignés par lui. Il faut donc qu'il relève d'un ministre responsable, mais duquel? du ministre de la guerre ou de celui des colonies? Non, ni de l'un ni de l'autre séparément, mais des deux simultanément, puisqu'aux deux appartiennent l'administration, le commandement des troupes coloniales.

La création du sous-secrétariat de la guerre et des colonies aurait pour effet de faire disparaître ce dualisme, qui ne se manifesterait plus dans le haut commandement des troupes coloniales et resterait confiné dans les sphères gouvernementales. L'armée coloniale n'aurait plus qu'un seul directeur supérieur, le sous-secrétaire de la guerre et des colonies, agissant au nom des deux ministres et conformément à leur entente préalable.

Le sous-secrétaire d'État recevrait les rapports de l'inspecteur d'armée, du commandant du corps d'armée colonial en France, des commandants supérieurs des troupes aux colonies, les extraits des rapports des gouverneurs généraux et principaux relatifs aux affaires militaires. Il rendrait un compte particulier aux deux ministres des parties de ces rapports concernant leur spécialité. Il leur ferait ses propositions, prendrait leurs ordres, préparerait les décisions à soumettre à leur entente. Quand il s'agirait des questions de défense des colonies, de préparation et d'exécution d'opérations militaires, d'organisation des troupes, d'administration, de discipline, d'instruction, etc., il joindrait à ses propositions les avis motivés du conseil supérieur de défense des colonies, du comité technique des troupes coloniales qu'il consulterait en vertu de la délégation permanente des deux ministres.

Le sous-secrétaire d'État rédigerait et soumettrait à l'approbation des deux ministres les instructions adressées chaque année à l'inspecteur d'armée, et ce dernier, annuellement aussi, adresserait au sous-secrétaire d'État ses rapports techniques et ses propositions.

Le sous-secrétaire d'État aurait auprès de lui un cabinet militaire dirigé par un officier général des troupes coloniales, chef du cabinet composé d'officiers et de fonctionnaires.

La Direction des troupes coloniales (ancienne 8e Direction) conserverait les attributions qu'elle possède actuellement augmentées de celles du Bureau militaire des colonies.

Le sous-secrétaire d'État serait l'intermédiaire entre la Direction des troupes coloniales et les ministres de la guerre et des colonies.

*
* *

Il résulte de ce qui précède qu'il y aurait à étudier des moyens plus ou moins compliqués pour apporter au régime général des colonies des modifications de nature à amener des améliorations désirables dans l'organisation et le service des troupes coloniales, mais on voit poindre en même temps combien on aurait à vaincre des difficultés diverses, quand il s'agirait de réglementer ces moyens d'une façon ferme pour les mettre en pratique.

Les maux dont souffraient jadis les troupes de la marine sont les mêmes que ceux dont souffrent aujourd'hui les troupes coloniales; ils ont tué les premières, ils menacent les secondes du même sort, car ils proviennent de la même cause, le rattachement de ces troupes à deux ministères différents.

À leur origine, les troupes de la marine n'étaient que des corps secondaires, auxiliaires du grand corps naviguant, placées en toutes circonstances sous les ordres et l'autorité supérieure de l'état-major-flotte. Pourtant les troupes de la marine n'avaient alors qu'un chef suprême, le ministre de la marine, puisque celui-ci avait dans ses attributions le gouvernement et l'administration des colonies; mais, toujours soumises à la tutelle jalouse des officiers généraux de la flotte, bien qu'elles possédassent elles-mêmes un état-major général, elles étaient déjà dans un véritable état morbide.

Plus tard, quand la Direction des colonies, sans cesse grandissante, échappa au ministère de la marine, un peu, sinon beaucoup par la faute de ce dernier, le mal, qui rongeait les troupes de la marine, prit un caractère plus grave par la raison qu'elles eurent deux maîtres, deux médecins pour les traiter, le ministre de la marine, le sous-secrétaire d'État et bientôt le ministre des colonies, ne s'entendant toujours pas bien entre eux quant aux soins à leur donner, aux remèdes à leur administrer; ces deux docteurs étant d'ailleurs presque aussi incompétents l'un que l'autre pour le choix et l'application des traitements à suivre.

Intervint enfin la loi du 7 juillet 1900. Les troupes coloniales purent espérer un moment leur guérison, puisque cette loi rattachait ces *troupes de terre* au ministère seul dont elles pouvaient dépendre logiquement, celui de la guerre. Cet espoir fut bientôt déçu. En effet, les troupes coloniales en service en France étaient bien mises sous la dépendance absolue du ministre de la guerre, mais celles en service aux colonies, continuaient à être placées sous la dépendance du ministre des colonies. Le mal était donc sensiblement le même que par le passé ; le ministre de la guerre était simplement substitué à celui de la marine.

C'est donc toujours la même situation anarchique ; au lieu d'être tiraillées en sens divers entre deux directions, marine et colonies, ces malheureuses troupes le sont entre deux autres, guerre et colonies. Il est vrai qu'on a réalisé un progrès important, celui de placer la partie de ces troupes stationnée dans la métropole sous l'autorité, l'administration et le commandement absolus du ministre de la guerre, mais pour la seconde partie rien n'est sensiblement amélioré, c'est toujours la même anomalie, ayant pour effet de laisser à la disposition complète d'un ministère civil, pendant des périodes de temps plus ou moins longues, des forces militaires soustraites alors à l'autorité du ministère militaire auxquelles elles ne devraient jamais cesser d'appartenir. Dans de telles conditions l'organisation des troupes coloniales ne peut être appuyée sur une base fondamentale bien assise, et elle manque par suite de fixité et de solidité. Et pourquoi arrive-t-on à ce précaire résultat ? Uniquement parce qu'on a laissé le ministère civil des colonies s'emparer d'attributions et de pouvoirs ne devant logiquement, et conformément même à l'esprit de nos lois constitutionnelles, appartenir qu'à un ministère militaire. On est arrivé à cette étrange conception par la raison qu'à un moment donné le ministère militaire de la marine était chargé à la fois de l'administration des armées navales, flottes et troupes, et de celle des colonies ; en partageant cette double administration entre deux Départements ministériels, on a cru pouvoir donner à celui civil des colonies une partie des attributions appartenant à celui militaire de la marine, et l'on a perpétué le malentendu, dans la loi du 7 juillet 1900, en substituant le ministre de la guerre à celui de la marine.

Il n'y a qu'une façon de rentrer dans la logique et la légalité, c'est d'enlever au ministre civil des colonies les attributions militaires qui ne sont pas dans sa spécialité, de les faire passer au ministre de la guerre, et de donner à toutes nos colonies et à nos protectorats le même régime militaire que celui de l'Algérie et de la Tunisie.

*
* *

Aussi longtemps qu'il y aura sur cette terre des hommes et des agglomérations d'hommes formant des nations, il y aura des différends et des luttes entre les hommes, des guerres entre les nations. Les progrès de la civilisation, l'adoucissement des mœurs, le développement sans cesse croissant dans le monde entier des relations commerciales et industrielles inviteront de plus en plus les nations à régler pacifiquement leurs désaccords. Néanmoins, il n'est pas permis d'entrevoir encore un avenir heureux, dans lequel il ne serait plus indispensable d'avoir des forces de police, des gendarmes pour protéger la vie et les intérêts des individus, des armées pour sauvegarder les sociétés. Puis, si dans notre vieux continent européen, le rôle des armées est appelé à diminuer progressivement d'importance, notre expansion grandissante dans les autres parties du monde implique l'extension de nos forces militaires coloniales.

On sait comment nos troupes coloniales se sont successivement développées pendant le siècle dernier, et l'on a pu remarquer qu'elles sont encore, aux premières années du vingtième, à peine suffisantes pour satisfaire aux exigences de notre situation mondiale. En admettant que nous limitions nos ambitions à l'étendue de nos possessions coloniales actuelles, nous devons au moins être en état de conserver ces possessions et de parer aux éventualités qui peuvent surgir des convoitises de puissances rivales et des conflits de voisinage. Par conséquent, nous devons apporter tous nos soins à l'organisation et à l'entretien de cette partie importante de nos forces militaires : nos troupes coloniales. Leur rôle, constamment actif depuis un demi-siècle surtout, consacré presque entièrement à conquérir, doit être maintenant presque exclusivement ramené à conserver et à défendre.

Les troupes coloniales ne peuvent avoir exactement la même composition et la même organisation spéciales que les troupes métropolitaines ; nous avons exposé pour quels motifs ; toutefois certaines grandes règles principales s'appliquent aux unes comme aux autres. Par exemple, en ce qui concerne le personnel, la hiérarchie, la discipline, l'instruction, les mêmes principes doivent être appliqués (avec cette différence pourtant que le commandement devrait être plus fortement organisé aux colonies que dans la métropole, ce qui n'a pas encore été fait malheureusement), et, en ce qui concerne le matériel et les approvisionnements, les colonies doivent être pourvues, dès le temps de paix, de tout ce qui leur serait nécessaire en armes, munitions, vivres, effets d'habillement et de campement, pour se suffire à elles-mêmes en temps de guerre pendant le temps probable de l'interruption des communications régulières avec la métropole.

Afin de pourvoir au service de la relève, de donner aux cadres d'officiers et de sous-officiers le moyen de refaire en France leur santé plus ou moins compromise par leurs séjours aux colonies, d'entretenir et de perfectionner leur instruction professionnelle, un corps d'armée des troupes coloniales est stationné dans la métropole. Il serait de la plus grande utilité de tenir constamment une division de ce corps d'armée (qui en compte trois aujourd'hui) mobilisée, avec tout son matériel et ses approvisionnements de campagne, prête à être embarquée du jour au lendemain à destination d'outre-mer. Cette force aurait pour rôle de parer immédiatement à des éventualités qui pourraient surgir à l'improviste (comme se sont présentées les affaires d'Égypte, de Chine, de Madagascar, comme il pourrait s'en présenter au Maroc ou partout ailleurs), sans qu'on soit dans la mauvaise et dangereuse obligation de toucher au plan de la mobilisation générale de l'armée, ou de créer à la hâte des unités de marche assez imparfaites à cause de leur composition en éléments disparates puisés de tous côtés.

Les troupes coloniales stationnées en France devraient être concentrées en masses aussi grandes que possible dans des garnisons et des camps du centre et du midi, à proximité des ports d'embarquement. Appelées à fournir un corps d'armée à la grande armée métropolitaine en cas de mobilisation générale, elles ne devraient plus être affectées à la défense de la première heure des ports militaires, lesquels devraient être organisés et défendus, à terre, comme les autres places de guerre de nos frontières.

On peut enfin avoir l'espoir légitime que du jour où l'organisation et le commandement des troupes coloniales appartiendraient uniquement au ministère de la guerre, ces troupes seraient sous tous les rapports traitées de la même manière que celles de l'armée métropolitaine et de l'armée d'Afrique.

Enfin nous rappellerons une considération dont l'importance ne saurait être méconnue. Il est aujourd'hui presque impossible de se rendre exactement compte des charges imposées au budget de l'État pour la garde et la défense de nos colonies, ces dépenses étant réparties entre trois ministères (guerre, marine, colonies) et dans divers chapitres des budgets de ces ministères. Si le ministre de la guerre avait seul la direction et la responsabilité de toutes les affaires militaires coloniales, il pourrait présenter au Parlement et au pays, dans une section à part de son budget, le total exact et détaillé de toutes les dépenses résultant de la garde et de la défense de notre domaine colonial.

*
* *

Dans le cours de cette étude nous avons critiqué à différentes reprises le ministère de la marine et surtout le ministère des colonies. Nous tenons à dire que nous n'avons jamais entendu blâmer les hommes, mais que nous avons voulu nous attaquer seulement aux institutions. Ayant servi dans les colonies un quart de siècle, plus de la moitié de la durée de notre longue carrière militaire, nous nous souviendrons toujours, avec de profonds sentiments d'estime et parfois d'amitié, de tous ceux, officiers de marine et fonctionnaires coloniaux qui ont été nos compagnons d'armes et nos collaborateurs, qui ont partagé nos misères, nos souffrances, et aussi nos succès. Les uns et les autres ont eu à se plaindre comme nous de la réglementation imparfaite de leurs fonctions, amenant fatalement dans le service des conflits d'attributions suivis parfois de dissentiments personnels. Il est malheureusement incontestable que des relations, qui auraient dû rester toujours cordiales, ont été souvent troublées et difficiles. Aux colonies, le climat, la maladie, les fatigues rendent les caractères impressionnables, ombrageux, ce qui donne parfois à des faits insignifiants une gravité qu'ils n'auraient pas en France. Cela provient en partie de notre humaine imperfection, mais surtout du régime en vigueur dans nos colonies instituant un parallélisme dangereux entre les divers services civils et militaires, et faisant dépendre à la fois de ces divers services une grande quantité d'affaires. Mais nous avons la conviction que du jour où les pouvoirs civils et militaires seraient délimités d'une façon absolue, comme en Algérie et en Tunisie, comme dans la métropole, toutes les causes de conflits disparaîtraient.

Tout concourt donc à faire désirer cette conclusion définitive : l'application, au point de vue militaire, à toutes nos colonies et pays de protectorat du régime actuellement en vigueur en Algérie et en Tunisie; au point de vue civil et politique, il n'y aurait sans doute d'ailleurs à apporter que quelques modifications de détail, imposées dans chacune de nos possessions, par la diversité des races de leurs habitants, leurs mœurs, leur degré de civilisation, leurs besoins et leurs intérêts dans le présent et dans l'avenir.

Nota. — Cette étude, terminée en décembre 1903, est, ainsi que les lecteurs ont pu le constater, antérieure à certaines modifications récentes survenues dans l'organisation des troupes coloniales. L'auteur a cru néanmoins devoir maintenir intégralement le texte de ce dernier chapitre.

NOTE

relative au projet de loi de M. Messimy, député, sur l'organisation de l'armée

L'importante question de l'organisation des troupes coloniales a déjà fait couler des flots d'encre depuis un certain nombre d'années, et a donné naissance à de nombreux projets de loi émanant de l'initiative parlementaire.

Un de ces derniers projets est dû à M. Messimy, député, et il fait partie d'un projet complet sur l'organisation générale de notre armée nationale.

Nous n'avons pas l'intention de discuter ici les conceptions de l'honorable député; nous pensons néanmoins qu'il n'est pas inutile de montrer sommairement ce qu'elles semblent présenter de semblable ou de dissemblable aux nôtres.

M. Messimy constate comme nous que les troupes coloniales de notre armée de terre (qui, d'après la loi du 7 juillet 1900, ne devraient former qu'un tout autonome) sont divisées en trois tronçons :

1º Les troupes coloniales employées aux colonies autres que l'Algérie et la Tunisie, et rattachées au ministère des colonies;

2º Les troupes coloniales en service en France, et rattachées au ministère de la guerre;

3º Les troupes en service en Algérie et Tunisie, rattachées au ministère de la guerre.

Il rappelle que les effectifs de ces troupes sont les suivants :

	Officiers.	Hommes de troupe.
Aux colonies	2,860	56,500
En France	1,500	25,000
Totaux	4,360	81,500
(Pour les troupes coloniales proprement dites.)		
En Algérie et Tunisie	2,800	78,500
Totaux	7,160	160,000

*
**

M. Messimy constate que l'organisation actuelle des troupes coloniales est défectueuse; que le ministre des colonies est chargé de la garde et de la défense des colonies, et il ajoute : « Il faut, pour assurer cette défense, créer des troupes indigènes ; mais il doit avoir recours à son collègue, le ministre de la guerre, pour obtenir l'envoi du cadre de ces troupes, pour obtenir aussi celui des troupes coloniales stationnées en France ou des troupes d'Algérie-Tunisie. *La responsabilité du ministre des colonies* en matière de défense des territoires coloniaux n'est donc pas *effective*, puisqu'il n'a pas dans ses mains les moyens d'assurer cette *défense.* »

Nous sommes d'accord avec M Messimy sur ce point que le ministre des colonies ne peut être *effectivement* responsable de la défense des colonies, non pas parce qu'il n'a pas *seulement* les moyens d'assurer cette défense, mais, à notre avis, *principalement* parce que, chef d'un département civil, ce ministre ne peut être investi d'attributions techniques qui doivent être réservées à un département militaire.

L'honorable député dit ensuite :

« L'autorité du ministre des colonies est nulle sur les troupes coloniales stationnées en France, et plus radicalement nulle sur les corps d'Algérie-Tunisie, qui cependant, d'après la loi du 7 juillet 1900, constituent la réserve même de l'armée coloniale, légion étrangère, tirailleurs algériens, bataillons d'infanterie légère, etc. »

Cela est très exact; mais, pourtant, est-il possible d'admettre un seul instant que le ministre civil des colonies puisse avoir sous son autorité absolue le corps d'armée des troupes colo-

niales en France, qui entre dans la composition de notre armée
mobilisée, qui fait à l'intérieur, en temps de paix, le même service que l'armée métropolitaine ? Peut-il avoir sous son autorité
exclusive les troupes de la colonie d'Algérie et du Protectorat
tunisien, pays qui ne relèvent pas de son administration et dont
la défense est confiée au ministre de la guerre ? Peut-on donner,
comme nous l'avons maintes fois répété, à un ministre civil, qui
ne possède aucun des organes spéciaux à un ministre chef d'un
département militaire, la charge d'organiser, d'administrer, de
commander une armée qui, d'après M. Messimy lui-même, a un
effectif total de 7,160 officiers et 160,000 hommes de troupe en
temps de paix ?

Pour répondre à de telles questions, il n'y a qu'à les poser.
Mais tout ce que dit M. Messimy, et tout ce que nous avons dit
nous-même, met en évidence cette conclusion absolue, à savoir
que dans tous les cas l'organisation des troupes coloniales
devrait s'appuyer sur cette base fondamentale : leur rattachement complet à un seul ministère.

*
* *

M. Messimy pose cette autre question : A quel ministère doit-
on rattacher les troupes coloniales ?

Nous sommes complètement de son avis pour écarter le ministère de la marine et, en somme, pour les mêmes raisons que lui ;
mais nous ne partageons pas du tout sa manière de voir quant à
l'égalité d'avantages et d'inconvénients qu'il y aurait à rattacher
les troupes coloniales à l'un ou à l'autre de ces deux ministères :
guerre ou colonies. Il pense qu'il n'y a là que des *préférences*,
et ses préférences personnelles vont au ministère des colonies.
Nous, si nous sommes absolument convaincu, comme l'honorable député, qu'il faut aux troupes coloniales une direction et
un commandement uniques, — non en raison de nos *préférences*, — pour des motifs techniques et logiques, nous affirmons que cette direction et ce commandement ne peuvent être
exercés que par un seul ministère, celui de la guerre.

*
* *

Quant aux diminutions que M. Messimy propose d'apporter aux effectifs de l'armée coloniale, nous ne les discuterons pas ici. Nous avons la conviction profonde, basée sur notre longue carrière militaire coloniale, que les effectifs de nos troupes coloniales sont aujourd'hui à peine suffisants pour le temps de paix, et que pour la seule raison (grave, nous en convenons) de réaliser quelques économies, nous ne saurions songer à les voir réduire encore.

Si nous voulons conserver nos colonies, faisons les sacrifices d'argent nécessaires pour cela; si nos moyens financiers ne nous permettent pas les lourdes dépenses nécessaires, abandonnons nos colonies ou quelques-unes d'entre elles ; cela vaudra mieux, au double point de vue de notre puissance et de notre prestige militaire, que de nous les laisser prendre un jour ou l'autre faute d'avoir fait tout ce qu'il fallait pour les défendre avec chances de succès.

TABLE DES MATIÈRES

CHAPITRE II.

IIIe PARTIE.

CHAPITRE PREMIER.

CHAPITRE II.

CHAPITRE III.

CHAPITRE IV.

CHAPITRE V.

CHAPITRE VI.

IVᵉ PARTIE.

CHAPITRE PREMIER.

CHAPITRE VIII.

Vᵉ PARTIE.

CHAPITRE PREMIER.

CHAPITRE II.

CONCLUSIONS.

PARIS. — IMPRIMERIE R. CHAPELOT ET Cⁱᵉ, RUE CHRISTINE, 2.